ZHONGGUO QIYE ZAI DONGNANYA TOUZI DE
HUANJING FENXI YU ZHANLUE YANJIU

中国企业在东南亚投资的环境分析与战略研究

田广峰◎著

中国商务出版社
CHINA COMMERCE AND TRADE PRESS

图书在版编目（CIP）数据

中国企业在东南亚投资的环境分析与战略研究 / 田广峰著. -- 北京 : 中国商务出版社, 2018.5
ISBN 978-7-5103-2417-8

Ⅰ. ①中… Ⅱ. ①田… Ⅲ. ①对外投资—投资环境—研究—东南亚 Ⅳ. ①F753.307

中国版本图书馆CIP数据核字(2018)第107789号

中国企业在东南亚投资的环境分析与战略研究
ZHONGGUO QIYE ZAI DONGNANYA TOUZI DE HUANJING FENXI YU ZHANLUE YANJIU

田广峰　著

出　　版: 中国商务出版社
地　　址: 北京市东城区安定门外大街东后巷 28 号　邮编：100710
责任部门: 职业教育事业部（010-64218072 295402859@qq.com）
责任编辑: 周青

总 发 行: 中国商务出版社发行部（010-64208388 6415150）
网　　址: http//www.cctpress.com
邮　　箱: cctp@cctpress.com

排　　版: 博图天下
印　　刷: 廊坊市国彩印刷有限公司
开　　本: 710 毫米 x1000 毫米 1/16
印　　张: 14.25　　**字　数:** 200 千字
版　　次: 2018 年 8月第 1 版　　**印　次:** 2022 年 8月第 2 次印刷
书　　号: ISBN 978-7-5103-2417-8
定　　价: 55.00 元

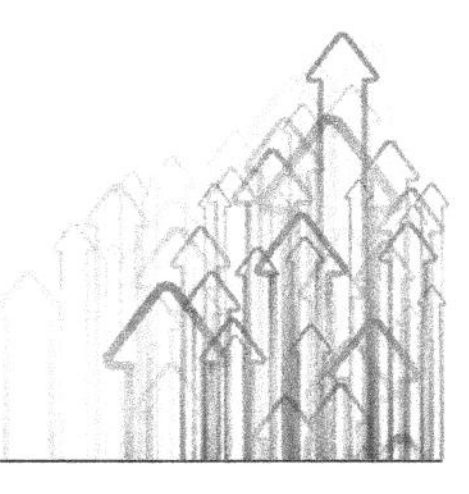

前　言

“一带一路”是经济全球化大环境下的必然选择，是开放新时代的新道路。在漫长的三十多年开放进程中，从经济特区到沿海开放城、再到经济开放区和浦东新区的设立，进入新世纪后加入世贸组织，直到如今中国成为世界第二大经济体，中国的开放战略与时俱进，逐步深化，符合日益深化的全球格局。同时，在“一带一路”倡议中，“丝绸之路经济带”贯通东南亚、东北亚国家及地区并最终联通欧洲。“21 世纪海上丝绸之路”通过海路联通欧亚非大陆，并最终与前者形成闭环。“一带一路”沿线国家和地区间的能源、资源和经济社会需求、发展现状等因素以及中国的能源产业现状，都为中国企业提供了良好的对外投资合作机遇。在复杂的东南亚局势中，相互依靠与相互影响的开放战略是必然的，同时“一带一路”倡议秉持的思路应是求同存异、尊重特色、加强合作。

本书从中国视角全景式地分析了“一带一路”东南亚相关国家的贸易投资关系。既有对这些国家的经济实力、资源禀赋、地域特征、人口状况、产业发展等基本情况的梳理，又有对各国进出口贸易总量、结构、参与贸易协定等情况的深入分析。同时，本书详细分析了这些国家与“一带一路”其他相关国家的贸易关系和自身地位，并重点分析了这些国家与中国的贸易竞争互补关系。此外，本人近几年频繁游历东南亚各个国家，作为资深投资人的我发现，在“一带一路”的大环境下，东南亚国家存在非常好的掘金机会。并且本人所在的公司也正向着这个大方向前行。最后，希望本书能够帮助读者把握东南亚较好的投资机会。

本人在写作过程中，查阅了大量国内外的最新研究成果、文献资料，借鉴了部分专家学者和前辈们的经验及著作，在此特向诸位作者表示由衷的感谢！由于时间仓促，加之笔者精力有限，书中难免出现不足之处，望广大读者谅解并期待提出宝贵意见。

作者简介

田广峰，男，财晟资本首席合伙人。同济大学经济学硕士；法国格诺布商学院DBA博士（在读）；同济大学客座教授；东开研究院客座教授、校董。2000年至2003年响应“十万英才西进计划”，作为多部委联合突击提拔的青年后备干部前往甘肃省定西市，历任经贸局、招商局副局长（处级），时年26岁；

2003年5月被国家授予“全国杰出创业青年”称号；2003年获“东方之子”称号；2004年至2007年作为专业投资人，投资了20余例项目：金芋马铃薯种业、海之海房地产、点正电脑媒体、逸峰堂生物科技等；2007年至今任威甲投资（香港）有限公司董事长；2008年至今任上海财晟股权投资管理有限公司（即财晟资本）首席合伙人，基金投资项目超过40例，若干项目已经通过并购及IPO退出；个人投资天使项目超过20例；被评为2013年度“全国百优投资人”；兼任中国民营协会专家委员会委员、中国金融行业协会理事、中国常春藤联盟创始理事、中国老龄委基金会管理委员会项目副主任、同济大学投融资联谊会首任秘书长兼常务副会长等社会职务；2015年6月25日财晟资本投资的众兴菌业（002772）于创业板上市，2015年10月15日财晟资本投资的庄园牧场（01533HK）于香港主板上市；2015年度获得中国经济高峰论坛“中国经济新领军人物”称号；2017年10月31日财晟资本投资的庄园牧场（002910）于创业板上市，成功完成H+A上市；2018年度获得青牛奖“2017年度中国榜样投资人”称号。

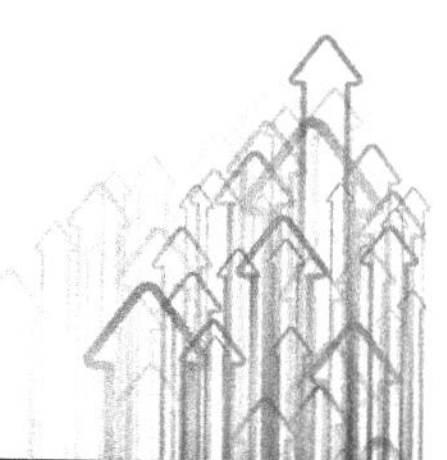

目　录

第一章　绪　论

第一节　我国经济的现状

一、我国经济结构存在的问题

（一）需求结构不合理，经济增长动力不均衡

我国需求结构不合理主要表现为投资需求与消费需求失衡，长期以来我国经济增长过于依赖投资推动。在投资方面，虽然投资规模很高、投资强度很大，但是投资结构不够合理，投资效益不高，在一些领域仍然存在薄弱之处。在消费方面，消费需求特别是居民消费需求一直以来难以有效提振，有支付能力的消费需求相对不足，消费潜力未合理挖掘，有效的消费供给不充分，消费环境仍然有待改善。

另外，近年来我国内需与外需失衡局面虽然得到改善，但是这主要基于金融危机带来的外需疲软因素，内需还没有得到有效提振和扩充。从外部需求来看，我国开放型经济发展层次仍然不高，出口方面亟待升级，出口的质量效益受到了很大限制，同时外贸依存度比较高，使得我国经济发展容易受到外部冲击影响。

（二）过于依赖高投资的经济增长模式根深蒂固

按照支出法分析，GDP 可分为三大需求因素，即消费、投资（资本形成）和净出口。2013 年，我国最终消费对 GDP 的贡献率是 50%，投资对 GDP 的贡献率是 54.4%，货物和服务净出口贡献率是 -4.4%。

总体来看，20 世纪八九十年代，我国 GDP 贡献率中投资比重虽然存在一定起伏但是大体上保持稳定，21 世纪以来投资比重则快速上升，2013 年达到新的历史高点（54.4%），比 2000 年的 35.3% 提高了超过 19 个百分点。期间，投资比重仅仅在 2012 年落后于消费比重，但是 2013 年投资比重就再

次超过了消费比重。

从投资结构来看，我国长期偏重基础设施投资、房地产投资以及制造业投资。据学者研究，过去五年我国基础设施投资和房地产投资在投资总额中的比重都大约为25%，制造业投资则占30%以上。同时，制造业投资又在很大程度上是由基础设施投资、房地产投资和出口产业所带动的。可见，高投资率在我国主要源于基础设施投资和房地产投资所带动。

另外，我国投资强度大但是效益不高的问题也十分突出，集中体现为固定资产投资占GDP比重不断提高，单位固定资产投资所创造的GDP贡献却持续减少。这与我国粗放式的投资增长方式紧密相关。顺周期时民间投资和政府投资双双旺盛，逆周期时民间投资萎缩而政府投资加大马力，因此经济周期各个阶段都保持了很高的投资强度。同时，长期以来我国投资过程中常常注重外延扩张而不注重内涵式发展，导致了投资效益不高，一些行业产能过剩严重，开发区遍地开花，造城运动盛行，耕地面积减少，生态环境遭到破坏。

粗放的投资增长方式源于我国市场经济体制改革不彻底。政府、国有企业和金融机构“三位一体”的金融体系尚未被彻底打破，导致地方政府和国有企业投资行为的软约束。金融改革进程滞后，利率市场化尚未完成，投资资金成本过低，刺激了投资不合理增长。土地、资源品等要素价格也没有充分反映其全部成本，成本外部化问题严重，也导致了粗放式投资。投资审批制度改革滞后，企业投资主体地位没有真正得以确立，投资领域的市场化进出机制不畅，影响了投资效率和效益的提高。

（三）外部需求稳定性弱，开放型经济发展层次不高

虽然我国对外贸易总量庞大，但是长期以来我国处于产业链低端的出口模式并未根本改变，出口结构上仍然以劳动密集型产业、一般加工装配产业和中低端机电产业为主，出口产品附加值不高，而且不少出口产品优势是建立在高能耗高污染、粗放式土地利用和劳动者待遇低下的基础之上。因此，整体国民福利受损，呈现了“中国补贴全球”的尴尬局面。目前，我国在出

口方面对于主要市场的渗透度已经很高，如果不提升产业价值链，难以进一步扩大出口市场份额。同时，劳动力成本、要素成本不断上升，如果没有及时提高劳动生产率，那么传统优势出口产业将受到很大冲击。

另一方面，我国开放型经济体制不完善，不能够充分适应国内外形势发展需要，主要体现在吸引外资投资和对外投资体制不健全，内陆地区开放水平不高，政府职能转变相对滞后等方面。这些因素都限制了我国开放型经济水平层次的提升。

（四）我国经济发展方式转变困难

1. 制度供给缺乏压力

在发达的市场经济国家，经济社会发展是一个具有内在逻辑的自发演变过程，几乎不存在经济发展动力机制问题。而我国经济发展是一个政府主导的市场化过程，在缺乏社会和市场等外部力量的有效参和监督的情况下，当经济发展方式转变触及其自身利益时，出于对自身利益的考虑，政府的职能转型以及经济发展方式转变或多或少都要受到影响，从而削弱了制度的有效供给，影响了制度变迁进程。

国家作为制度供给的主要提供者，通过制度供给促进了经济社会的快速发展，但在制度供给方面，国家并不总是有力的支持者与供给者。新制度经济学认为，国家是在暴力方面具有比较优势的组织，国家也面临着生存发展的问题，他们与选民是一种交换关系。此外，作为国家的统治者自身也具有经济人的属性和特征，也追求自身福利或效用的最大化，国家在为公民提供基本的公共服务、界定产权等方面具有不可替代的作用。国家提供经济社会运行的基本规则具有政治和经济双重目的，一是通过在要素和产品市场上界定所有权结构，形成市场竞争与合作的运行规则，实现统治者的收益最大化；二是在上述框架中降低交易费用使社会产出最大，使国家税收最大化。一般来说，这两个目标是一致的，但也存在冲突，这在制度变革中尤为明显。比如，在制度变迁伊始，国家会积极推进制度创新，改善当前经济社会发展中的不利状况，但是当经济社会发展到一定阶段，制度创新和国家的政治目标发生了冲突，甚至影响到了制度供给者的自身利益，在这种情况下，国家或政府主导的制度创新便会受到影响，有可能出现停滞甚至终止，维持着一种低效或无效的制度。可见，对于国家推进的制度创新来说，税收最大化、政治支持都是影响制度创新的重要因素，只有推行制度创新的总收益（包括经济收益和政治收益）大于预期的总成本时，国家才会提供新制度供给，否则制度创新就会面临供给不力的局面。

2. 制度创新需求不足

（1）外部环境对制度创新的影响：我国在转变经济发展方式提出以来取得了明显成效，但仍面临着诸多困难，这在很大程度上缘于政府在转变发展方式缺乏足够的“外部压力”。我国生存危机引发的计划经济体制改革尽管发端于农村，但生存危机不仅仅存在于农村。从制度变迁动力的角度来看，这种生存危机构成了经济转型、制度创新最主要的内在推动力量。正如杨瑞龙所言，“在中国渐进式改革的初试阶段，权力中心是改革的倡导者和组织者，权力中心的制度创新能力和意愿是鉴定制度变迁方向的主导因素”。随着经济发展以及人们生活水平改善，生存危机已经基本不存在了，我国以往的经济发展所依赖的这种“内部激励机制”的作用在日渐消退，直接表现为改革精神的日渐丧失，具有“革命”性质的经济发展方式转变缺少足够动力。

（2）制度的公共物品属性对创新需求的影响：制度作为一种公共物品，具有典型的不可分割性、非竞争性和非排他性等特点，这决定了理性的组织或群体在公共选择的制度创新过程中，难免会出现坐享其成的“搭便车”行为，致使制度创新者的创新报酬少于制度创新给社会带来的整体报酬，导致制度创新动力不足。而且，制度创新还需要支付相应的创新成本，同时还面临许多不确定性的风险，尤其是对于政府官员来说还包括政治风险，比如制度创新需要打破一些现存的政治规则，或触及某些政治经济利益集团的利益，这显然存在着一定的风险，会影响地方政府进行制度创新的积极性和热情。在这种情况下，创新群体从自身的成本收益角度出发，很有可能出现拒绝支付创新成本、搞投机行为、坐享别人制度创新成果的现象。地方政府从制度创新主体地位上的退出，直接削弱了制度创新的推动力量。

3. 自主创新进展缓慢

对于制度创新与技术创新之间的联系，新制度经济学和马克思主义政治经济学都有相应的研究。尽管二者的研究体系和理论表述不同，但是都认为制度创新对技术创新的形成和扩散具有重要作用，技术进步离不开必要的制度安排。在两者的关系问题研究方面，现有研究都认为技术创新是经济发展的关键因素，是经济发展方式转变的重要支撑条件。

从历史角度看，依靠自主创新实现技术进步、实现经济的内生性增长是一个艰难的长期的过程，受多方面因素的制约。目前，受经济发展阶段、综合国力等多方面的影响，我国科技创新的基础、投入与西方发达国家甚至一些发展中国家相比还有较大差距，主要表现在：一是我国科技教育整体水平与发达国家存在差距，科技整体竞争力还有待提高，直接表现为科技创新人才储备相对匮乏、科研人员的激励机制存在缺陷，这使科研人员产出效率不高，对我国科技创新产生负面影响；二是国家科技创新投入相对不足，从绝对科研经费数量以及科研经费占国民生产总值的比重看，我国科研投入水平都处于劣势，“2009 年我国研发投入强度只有 1.7%，与世界领先国家 3%左右的水平相比仍具有较大差距”；三是科技创新投入结构失衡，基础研究投入不足，这显示出我国科技发展根基不够坚实，原始创新能力薄弱，无法对我国长期经济发展提供战略技术储备；四是科技创新成果转化率不高，产学研未能实现有效的衔接，导致很多创新成果只能停留在实验室阶段，无法转化成先进的生产力。

二、我国经济增长模式转变的必要性

（一）我国国内、国际环境的要求

我国 GDP 虽然保持了连续高增长的奇迹，但是经济增长的质量却令人担忧。我国企业和产业的国际竞争力相对不足，许多产业的核心技术和核心环节仍然被发达国家所控制。产业结构仍需进一步升级优化。

由于受比较优势理论的影响，我国在过去相当长的时间内，都在大力发展劳动密集型产业，这些产业同时也往往是高消耗、高污染产业，经过这么多年的发展，我国现有的土地、矿产资源等已经被消耗殆尽，相当多的资源需要大批量从国外进口。因为我国是大国经济，对国际市场的供求会产生不利于我国经济的影响。比如，当我国进口某种要素资源，该种资源的国际价格会大量攀升，铁矿石就是典型例子。当我国出口某种商品，该种商品的价格会大幅下跌。这对原本资源就不丰富的中国而言，是极为不利的。在过去几十年的发展中，我国相当多的区域为了追求 GDP 的增长，而引入了一些高污染的项目。这些项目对生态环境造成的负面影响逐渐凸现，环境恶化、气候异常，土地和水资源被污染。如果说过去我们牺牲了环境来换得了增长，今天，过去的老路显然是行不通的。科学发展观不允许，以人为本的发展理念不允许，客观经济现实也不允许。

从国内市场来看，国内的资源约束、环境污染已经到了不得不改变的地步。当前，为了节约资源，保护环境，我们必须要改变过去那种依靠要素和资源投入数量的旧有增长模式。

从劳动力供给角度看，支撑我国经济长期增长的人口红利即将消失，加上新劳动法的出台，我国企业使用劳动力的成本在逐渐上升，原有的那种低成本生产模式受到威胁。特别是近两年沿海城市出现的“民工荒”现象使得这些地区的企业不得不寻求新的出路。

从技术水平看，我国企业普遍缺乏自主知识产权，处于全球价值链的低端，成为全世界的廉价制造工厂，而产品利润的大部分被掌握核心技术的发达国家所赚取。与实力强大的外资企业相竞争的是核心技术缺乏的中国企业，由于技术实力不足，许多民族企业被外资企业收购或兼并。留心一下我们身边的日用品，不难发现，如今我们衣食住行的许多方面，都已经被外资企业所掌控。

（二）提高我国经济竞争力的必然要求

我国经济虽然保持了持续快速增长，但我国经济整体的竞争力不强。因为在全球化背景下，外商直接投资的大量涌入在带来税收和知识溢出的同时，外资企业对中国实施了相对比较严格的技术控制和技术封锁，中国国内的企业很多从事的是国际分工中的OEM环节，处于国际产业价值链的低端，而且普遍患有严重的技术依赖症。

我国民间投资获得了快速发展，民营经济成为经济增长和增加就业的重要力量。但是这些创业企业基本上都是生产导向型的企业，它们的活动主要以加工制造业为主，也存在一定程度的学习和模仿，但是这些企业整体的创新能力和创新意识比较缺乏。

我国经济增长主要依靠资本、劳动和其他生产资源，企业自主创新能力缺乏，严重制约了中国企业和国际竞争力的提升。中国经济可能在长期内可能会出现报酬递减，陷入“追赶陷阱”和“路径锁定”。因此，我国经济增长模式必须要转变，从要素驱动型增长转为创新驱动型增长。

三、我国经济体制的优化改革

（一）我国的经济体制改革方向

1. 由外部改革向内部改革转型

在建立社会主义市场经济体制阶段，我国所进行的主要是外部改革，即通过发展非公有制经济、培育市场体系、建立市场机制、制定法律法规来为市场经济发展创造外部环境。这在很大程度上是一种增量改革和体制外改革，较少涉及计划经济体制内部。在完善社会主义市场经济体制阶段，市场经济的良性发展在某种程度上依赖于内部改革，因此需要对作为计划经济体制产物的行政机构和国有企业进行深入改革，理顺社会主义市场经济运行的内部机理，也就是由外部改革向内部改革转型。

2. 由打基础向攻坚战转型

在建立社会主义市场经济体制阶段，经济体制改革的主要目标是为发展市场经济奠定制度基础，创造有利于市场经济发展的运行机制，因此这一阶段的主要任务是进行市场体系建设、基础设施建设和制度环境建设。在完善社会主义市场经济体制阶段，有利于市场经济发展的市场竞争机制、产权保护机制和激励约束机制初步形成，经济体制改革需要在转变经济发展方式、协调城乡和区域发展、健全现代市场体系、深化国有企业改革等重点领域取得突破，也就是由打基础向攻坚战转型。

3. 由浅水区向深水区转型

我国的经济体制改革从最紧迫、最容易解决的农村改革入手，首先解决的是人们的吃饭问题，在解决生存问题和总结成功经验的基础上，进而将改革以磅礴之势推向其他领域，是一个由浅入深、由易到难的过程。建立社会主义市场经济体制属于改革的浅水区，社会各阶层都能从这一阶段的改革中受益，容易达成改革共识，因而改革可以顺利推进。但在完善社会主义市场经济体制时期，改革进入深水区，深化经济体制改革需要对既得利益进行调整，因而难以达成改革共识，进一步推进改革的阻力和难度较大。

（二）理顺政府与市场关系的对策建议

1. 理顺政府与市场关系的总体思路

在完善社会主义市场经济体制的后改革时代，理顺政府与市场关系的总体思路是健全和完善“政府—中介组织—企业”这样一个组织架构，其关键是依托中介组织搭建政府与企业之间的桥梁。在“政府—中介组织—企业”的组织架构下，政府为中介组织和企业的有序运行制定制度与法律框架，它自已将从微观经营活动中退出，主要职能在于调控宏观经济、维护市场环境和供给公共产品，并通过监督中介组织而间接调节微观主体的市场行为；中介组织作为介于政府与企业之间的桥梁和纽带，其主要作用是在政府指导下对企业进行服务和监督，从而规范各类企业的市场行为，促进企业持续快速健康发展；规范运行的国有企业和非国有企业是市场经济的微观基础，通过国有企业和非国有企业公平竞争、共同发展，有助于全面理顺政府与市场之间的关系。

2. 理顺政府与市场关系的抓手

（1）调控宏观经济：现代市场经济是政府宏观调控下的市场经济，改进和加强政府宏观调控是社会化大生产的客观要求，同时也是完善社会主义市场经济体制的内在要求。在后改革时代，转变经济发展方式、保持经济平稳较快发展是重要而紧迫的任务，这就决定了政府必须在调节宏观经济运行中发挥积极作用。政府通过制定经济发展规划，并利用财政和货币政策调控宏观经济运行，一方面有利于保持社会总需求和总供给的基本平衡，另一方面有利于促进产业结构优化和经济发展方式转变，从而引导宏观经济长期平稳较快发展，实现充分就业和物价稳定。

（2）维护市场环境：在完善的市场经济体制下，政府不直接干预微观主体的市场行为，而是通过监管中介组织而对微观主体进行间接调控。为保证市场经济有序运行，政府必须通过经济手段、法律手段和必要的行政手段规制破坏市场经济规则的行为，创造良好的市场运行环境。具体来说，政府应该在四方面有所作为：一是加强市场体系建设，尽快形成统一、开放、竞争、有序的现代市场体系；二是加强对产权和契约的保护，完善市场交易规则，降低市场交易成本；三是消除市场经济的负外部性，使个人收益等于社会收益、个人成本等于社会成本；四是防范和破除市场垄断行为，控制垄断价格和垄断利润，提高市场机制配置社会资源的效率。

第二节 我国与东南亚国家的贸易

一、中国与东南亚国家的国际贸易关系

（一）东亚地区经济发展过程中的两种范式

理论界对东亚地区经济发展的认识上存在着两种范式：第一种范式就是所谓的“雁行模式”，此范式将日本作为整个地区发展中的雁头，处于技术开发和产业出口者的核心地位；亚洲四小龙为雁翅，中国与东盟四国为雁尾，作为技术与产业的进口者，产业的梯次转移由日本逐渐向四小龙进行，然后是中国和东盟四国。在过去20年的发展过程中，最能体现这一范式观点的是劳动密集型产业的国别梯次转移，先是在20世纪60至70年代从日本向

亚洲四小龙转移，20 世纪 80 年代开始向中国及东盟四国转移，到 20 世纪 90 年代整个产业的梯次转移就宣告结束。

另一种范式是“贸易竞争模式”，即认为由于中国和东亚各国在国际贸易中相似的国际分工、出口结构和贸易国别分布，所以东亚地区中任何一个国家为刺激出口而实行货币贬值，就将对其他国家的出口形成负面影响，对该国货币形成较大的贬值压力，从而在一定条件下就会引发多米诺骨牌效应，导致其他国家也不得不加入货币贬值行列，以防止其在国际市场中的出口份额不会因为别的国家出口份额的扩大而减少，如此就会形成一浪接一浪的货币贬值竞赛，最终会损害到大多数国家和地区的利益。

（二）中国与东南亚国家出口贸易的关系

中国与东南亚各国的出口工业主要是劳动密集型加工业，集中在服装、轻纺、鞋类及日用产品上。东亚各国的贸易国别分布也较为类似，主要集中于发达国家，其中美国是东亚各国最重要的贸易伙伴国之一。因此，中国与东南亚各国在对美国贸易出口份额中的结构与比重可以反映出东亚各国的关系（以下“出口”除非特别说明都是指对美国出口）。在过去的十年中，服装、鞋类和日用产品出口方面，中国出口的增加并不是建立在东南亚各国出口份额减少的基础上。相反，而是中国和东盟国家出口的总体增长是建立在亚洲四小龙对美出口减少的基础上，换句话说，这种此消彼长的关系正是反映了劳动密集型产业由亚洲四小龙向中国和东盟国家的区域转移，这和 20 世纪 60 至 70 年代劳动密集型产业由日本逐渐向亚洲四小龙转移是基本类似的。东亚国家的这种关系恰恰是第一种范式，即“雁行模式”所体现出的主要是一种相互学习与合作的伙伴关系。

除美国市场之外，东亚各国在日本市场和欧洲市场的出口情况也基本和美国类似，无论从各国出口增长速度、所占市场份额，还是从出口贸易结构来看，中国都不成为东南亚国家的主要竞争对手。从经验数据分析来看，在 1989—1998 年间，中国对发达国家的出口贸易的迅速增长，在一定程度上对东南亚国家存在替代效应，但正如贸易结构和市场份额的变化所反映的，这种替代效应是很微弱的。1993年之后，这种竞争程度就进一步降低，这是因为中国在劳动密集型产品出口方面主要是替代了亚洲四小龙在美国等发达国家市场上的份额，但这方面主要反映出“雁行模式”下，产业的地区转移和亚洲四小龙的产业结构调整。

二、中国与东南亚地区国家贸易现状分析

（一）中国与东南亚地区贸易发展存在的问题

1. 贸易发展不平衡

从中国—东盟自由贸易区的发展来看，东南亚国家与其合作伙伴中国一直保持良好的合作环境。但事实上，在贸易发展过程当中，中国与东南亚国家还是存在这样那样的阻碍因素。中国与东南亚国家对于双方来说都不是最主要的经济贸易伙伴，两者在很多发展领域都是比较强劲的竞争对手。在发展的10年当中，东南亚与中国的贸易联系频繁，但是在中国的贸易额中，东南亚仅占了$^1/_{10}$，贸易额有待进一步的提升。在中国与东南亚国家的贸易发展中，转口贸易在其中是处于规模比较大的贸易，新加坡是其主要的合作对象。另外，我国与东南亚贸易也存在很多问题，例如：一方面是发展不平衡的问题，另外一个方面是逆差正在不断地扩大。2005年以来，泰国、菲律宾、马来西亚三个国家与我们中国的贸易出口额比进口额少了250亿美元左右。因此，我国与东南亚国家的发展有待进一步地完善与发展。

2. 产品出口市场竞争激烈

中国的出口以劳动密集型产品为主，同样，东南亚国家也不例外，他们同样也是出口劳动密集型产品，所以两者的出口产品的相似性很高，这无疑给中国还有东南亚国家带来巨大的挑战。从这种国际形势来看，在未来很长一段时间内，中国出口市场将遭受东南亚国家的严峻挑战。探究其原因，中国与东南亚国家在自然环境、地理位置、生产条件、技术水平等方面具有很大的相似性。双方利用本国自身发展的核心竞争力或者一些其他因素，在产业生产环节，还有产品出口的过程中，劳动密集型产业不仅是其主要的部分，

而且出口资源密集型产品也占了很大的比重，因而导致出口的相似性。在国际分工中，中国与东南亚国家在很多相同的领域，两者的相似度也比较高，日本、美国和欧盟是其主要的出口国家，产品在国家市场上都大同小异，出口商品具有重叠性，这给进口国拥有很大的选择权利，无形中给中国带来出口竞争和挑战。

3. 东南亚国家的政治制度和自身条件影响

东南亚国家的政治制度和经济发展水平与中国在各方面存在很大的差异。为了更好地进行贸易合作，需要针对不同国家的经贸合作的具体情况进行不同的谈判，从而给双方合作带来利益。在东南亚国家，各国发展的历史渊源各有不同，在中国与东南亚国家发展的过程中必定会给中国带来一些问题。中国需要对东南亚国家不同的制度情况采取不同的应对措施，这会给对方造成不同的影响。在东南亚国家的内部情况，它们的矛盾关系错综复杂，与外界的合作关系亟待改善，内部的共同目标缺乏领导者的引领和指导，所以东南亚国家之间的发展比较缓慢，需要不断加强内部合作和外界联系，取长补短，达到双赢的局面。

4. 美国、日本等发达国家的干预

从以往的贸易交易数额来看，东南亚的主要贸易伙伴依然还是美国和日本等发达国家，与中国相比较，总的贸易额远远多于中国。但是，近年来，中国对东南亚国家的出口产品不断增多，在国际市场上，无疑与美国、日本等发达国家形成一定的竞争。中国日益与东南亚的合作关系不断加强，交往更加密切，使得美国坐立不安，感到大大的危机感。2002 年 2 月，美国“东盟贸易咨询理事会”要求布什政府坚决阻止中国—东盟自由贸易区的建立，它的目的就是想阻止中国与东南亚国家的发展，与中国进行对抗。日本身为一个经济大国，在经济一体化的进程中，发挥了不可替代的领导作用。而面对中国与东南亚国家的日益友好发展的关系，在国际上的国家竞争力不断加强，给日本带来重重的打击，所以日本和美国是不会那么轻易就甘心被夺取风头的，在未来发展过程中，必定会介入和干预。2015 年美国与环太平洋地区的国家一系列国家间签订《跨太平洋伙伴关系协定》（TPP），其中与中国贸易往来比较密切的东南亚国家中的新加坡、越南、马来西亚都加入其中，势必会对其与中国的贸易往来造成影响。

（二）中国与东南亚地区贸易发展对策

1. 加强双边政治经济合作，完善合作机制

虽然现在世界的形势还是比较复杂，特别是南海问题，但是积极巩固和促进两者之间的合作，维护和平发展是双方的共同选择。中国与东南亚合作的历史源远流长，而且经历了曲折的发展，应该本着互利互信，共同发展的信念，排除干扰，把精力专心放在经济合作和文化交流上。以谋和平，促发展为目标，强调以对话的形势来化解矛盾争端，共同促进社会经济的发展。中国近年来提出的“一带一路”“海上丝绸之路”等倡议，都在企图加强中国与东南亚各国的经济联系。

2. 加强互补产业之间的联系和合作

因为中国与东南亚地区的发展水平不一样，有些部门发展水平也不同，所以中国与东南亚在经济技术领域有很大的发展前景。有些东南亚国家经济发展水平比较落后，缺乏高薪技术和技术人才，需要向外寻求帮助。而中国相对它而言，拥有雄厚的资本和技术开发能力，两者可在能源、交通、通信、网络等方面进行合作，加强双方的互补性。企业还可以通过增加投资、加强技术合作、善于承包工程等众多渠道，加强基础设施的建设，加大农业生产的力度，加快资源的开发，创新合作方式，从而达到双赢的效果。

3. 加强交流与合作，加快自由贸易的发展

建立中国—东盟自由贸易区以来，中国与东南亚国家的交往越发频繁，推动中国市场经济的快速平稳发展。但是，在自由贸易区蓬勃发展的进程中，既有发展的困难，也有不少障碍因素。因此，为了更好地发展经济，中国应采用的应对方法就是克服困难，利用国内优质资源和广阔市场来巩固市场份额，以良好国内环境吸引外部国家合作。通过不断与东南亚国家加强日常往来，从而有效增进并达成共识，极大促进中国与东盟之间自由贸易区未来的

发展。

三、中国与东南亚经济合作的意义

（一）化解东南亚对中国的疑虑，促进亚太的长治久安

中国与东南亚各国的关系一直比较微妙。大多数东南亚成员国出于自身政治和经济利益的考虑，需要与中国保持良好的邻居关系；但同时，又认为中国的发展崛起对它们构成威胁。在经济上，认为中国抢走了东南亚的市场，分流了东南亚的外资；在安全上，担心中国终有一天会用武力解决南沙问题，或以大欺小，实行霸权政策。此外，再加上美日不断鼓吹“中国威胁论”的影响，东南亚一些国家对中国存有种种戒心与疑虑。然而，近几年来，中国与东盟关系的迅速发展，特别是中国—东盟自由贸易区的确立、共同签署《南海行为准则》、正式加入《东南亚友好合作条约》并与东盟结为战略伙伴关系等重大举措，在很大程度上降低了“中国威胁论”的影响，增进了双方的相互信任。如果说中国—东盟自由贸易区的确立使中国和东盟各国的经济关系发生了根本性的变化，那么，中国正式加入《东南亚友好合作条约》则是标志着双方关系在政治上发生了实质性的变化。此举为中国与东盟关系奠定了政治和法律基础。东盟再无须担心中国的所谓“进犯与威胁”。东盟大多数国家转而认识到，中国的发展给它们带来的机会要大于威胁。当然要彻底消除“中国威胁论”影响，还有待条约长期的实践和考验。

中国的“入约”举措，不仅对稳定和巩固我国的周边环境具有积极意义，也有利于维护东亚和亚太地区的和平与稳定。中国“入约”行动必将出现多米诺骨牌效应，为其他亚太国家特别是大国产生示范与带头作用。实际上，此举已对日本、印度产生了影响。日本、印度已紧随中国之后相继加入该条约。如果亚太地区其他国家如美、俄、澳、韩都加入这一条约，那么该地区的和平繁荣将更有保障。因此，中国“入约”举措可谓一举两得：化解东盟对中国的疑虑，促进东亚和亚太地区安全。

（二）打破美国对中国的战略围堵与南海争端国际化的图谋

随着中国和东亚国家的崛起，美国日益重视亚洲的地位，已逐渐由“欧洲第一”，转而实行“亚洲第一”的战略。2003年，美国兰德公司阿罗约研究中心为美国陆军提供了《美国陆军与新的国家安全战略》的报告，在该报告第五章中专门叙述了实行所谓“亚洲优先”的战略，其目的有三：一是利用中国周边国家和地区影响并牵制中国的发展；二是主导东亚地区的政治经济；三是防范东南亚、中亚与南亚恐怖主义。美国的这一战略部署虽然与中国在反恐上有共同利益，但在围堵中国和主导东亚问题上则与中国有着利害冲突。为自身安全，中国必须打破美国的战略围堵。东南亚地区恰是中国打破这一围堵的重要突破口。近年来，中国与东南亚地区和中亚地区各国的关系取得了显著进展，特别是与东南亚战略伙伴关系的确立，为中国打破美国的围堵提供了一个良好的政治氛围。

（三）打击“台独”势力拓展东亚“国际空间”的图谋

由于东南亚国家邻近中国台湾，长期以来与台湾有着广泛的经贸联系。东南亚各国由于对中国的崛起怀有戒心，因而在某种程度上存在利用台湾问题牵制中国的意向。而“台独”势力一直费尽心机在东盟国家拓展所谓“国际空间”，从事种种“台独”行径，竭力推行所谓“南向政策”。

然而，中国与东盟关系的迅速发展和战略伙伴关系的确立，使得东南亚国家更加重视与我国的经贸联系，而把与中国台湾的关系摆在次要和从属的地位，从而在客观上对台湾的“南向战略”起到了明显的钳制作用，对“台独”势力的政治图谋无疑更是一个沉重的打击，对促进两岸的融合与统一具有深远的积极影响。

（四）有助于扩展中国战略边疆，确保南海主权并拓宽资源进口渠道

这里的所谓“战略边疆”不同于自然疆域或地理边疆（即以国界为标志并由国家实际管辖的领域），特指国力、影响力实际能够延伸或达到的区域。随着经济的不断发展和对外联系的日益密切，中国的利益范围必将逐渐向外扩展，中国为维护自己的利益与安全有必要确立自己的战略边疆。但这绝非

是侵略与扩张，与殖民主义、强权霸权理论有着本质区别。从中国地缘战略考虑，东北亚、东南亚、南亚与中亚地区成为中国战略边疆所包含的较为重要的几个地区，恰好在中国周边东、南、西三侧构成宽 U 字形地缘带。东南亚地处两洋交界之地，处于宽 U 字形地缘带的底部，是沟通太平洋和印度洋的重要通道，其对中国的重要战略价值不言而喻。

从国家安全角度分析，中国要走出近海、进入大洋，就必须经过由口本列岛、琉球群岛、台湾岛和东南亚诸群岛组成的“岛链”，然而这一岛链的北部为美口同盟所控制，正面则受中国台湾的阻隔，这两个地区在战时极易被封锁。目前，只有东南亚地区是中国进出大洋受牵制较小、比较安全的通道。通过这一通道，中国可以东出太平洋，西进印度洋，对中国在未来开发和利用海洋空间极为重要。因而，东南亚地区已构成中国海上地缘线的重要组成部分，成为中国东南部的战略边疆。

从经济角度分析，随着经济现代化步伐的加快，中国对于自然资源和能源的需求量越来越大。20 世纪 90 年代以来，中国已经从石油净出口国变成石油净进口国，对铁、木材、橡胶等战略物资的进口也不断增加。近年来由于中国连续在俄罗斯的国际石油开发计划和中俄安大线石油运输管道计划中受挫与搁浅，迫使我国积极筹措新的资源与能源。南海与东南亚可以弥补这方面的难题。目前在南海海域已经发现 11 个油气盆地，油气储量丰富。东南亚石油、天然气、铁、镍、煤等其他矿产的含量也十分丰富。因此，加速开发南海资源、积极拓展来自东南亚的资源和能源进口渠道，对解决我国当前自然资源与能源的需求具有重大的现实性和紧迫性。

第三节　我国与东南亚国家的基础建设

一、中国与东南亚自由贸易区环境合作法律机制

1967 年东南亚五个国家（印度尼西亚、马来西亚、菲律宾、新加坡和泰国）

由于政治原因组成东盟。20 世纪 70 年代，随着世界政治经济格局的变化，东盟开始向自由贸易区发展。1984 年文莱成为第六个成员国，1991 年东盟六国达成 15 年内将东盟建成东南亚贸易区的协议，1992 年签定了《东盟经济合作框架协定》，1995 年越南正式加入成为第七个成员国。1997 年 12 月，东盟召开了东盟成员国会议，为 2020 年的东盟做了一个远景规划——《河内行动计划》。2000 年，东盟进一步扩大，吸收了老挝、缅甸和越南（ASOEN 1999）。至此，东盟发展为由十个国家组成的自由贸易区。

东盟自由贸易区成立后，经济迅速发展，使该地区许多国家摆脱了贫困问题，但也带来了很多环境问题。例如，跨边境烟雾污染已成为东盟面临的最突出的环境问题。1997-1998 年印度尼西亚已经发生了多起大规模火灾和烟雾事件，这些火灾和烟雾所造成的破坏远远超过了森林和生态系统的破坏。跨边境烟雾虽然来自印度尼西亚，但却污染了整个地区的空气，危害人体健康，使成百万人的经济状况倒退。而且跨边境烟雾对温室气体排放、热带雨林以及相关生物多样性消失造成的影响也波及了全球环境，东南亚国家水污染、海洋污染也较为严重，商船、海军日益扩大的来自陆地的污染都影响了共享水资源的质量。2001 年 6 月 13 日，一艘载满有毒化学物质的印度尼西亚油船在新加坡对岸、马来西亚南岸倾覆。当时该船正驶往马来西亚，船上装了约 600 吨有毒的工业化学苯酚和 16 吨柴油。根据报道，这些有毒物质导致大批鱼类死亡。

由于环境资源保护与经济快速发展需要之间的矛盾，东南亚国家在环境法制方面进行了广泛的合作与协调，促进了区域间的经济发展与环境保护。1977 年在联合国环境规划署（UNEP）的支持下，成立了东盟环境开发项目 I（ASEP I），它以区域合作为框架，列出了有关环境问题的不同重点和行动。在东盟科技委员会的建议下，1978 年 12 月在雅加达召开了首次东盟环境专家小组会议。1981 年 4 月在马尼拉召开的首次东盟环境部长会议认可了 ASEP I 会上通过的马尼拉宣言，确定了合作的大目标是为了保护东盟的环境和自然资源的可持续性，消除贫困，使东盟国家的人民过上高质量的生活。

在国际法渊源方面，签订了一些多边条约，主要有《东南亚无核武器区条约》（1995 年）、《湄公河流域可持续发展合作协定》（1995 年）、东盟国家《自然和自然资源协定》（1985 年）等。为了防范与治理跨境烟雾污染，2002 年 6 月 10 日，东盟 10 国在马来西亚首都吉隆坡“世界田地和森林火灾危害大会和展览”期间签署了东南亚联盟越境烟雾污染协议，旨在联合解决来自田地和森林大火的越境烟雾污染问题。随着泰国政府 2003 年 9 月 26 日成为第六个东南亚联盟越境烟雾污染协议的批准国，11 月 25 日，该控制越境烟雾污染的地区联盟协议将正式生效。在环境执法方面，原东南亚国家联盟（简称东盟，ASEAN）设有东盟高级环境官员（ASOEN），其具有常设秘书处的成员资格，东南亚国家也相互配合，有柬埔寨、老挝、泰国和越南各国代表（中国作为观察员）的湄公河委员会（MRC）是一个负责湄公河下游流域水资源使用和开发的合作与协调的政府间组织。

东南亚国家环境合作模式的形成一方面是发达国家的压力，另一方面是自身发展的需要在多边自由贸易体制下，发达国家经过几十年的关税削减后，关税水平大幅度下降，关税壁垒正在逐渐消失，一些国家开始将贸易保护措施转向非关税壁垒发达国家要求将环境问题纳入多边贸易体制，环境保护要求的日益提高，虽然出于保护环境的目的，但也是一种新的贸易保护措施。在世界经济一体化的趋势下，自由贸易区有助于处于共同区域环境中的各国合作开发特定区域，有助于应对多边贸易体制下的环境壁垒压力。随着 2004 年柬埔寨、2005 年越南加入 WTO，东盟中的主要国家如新加坡、泰国和缅甸等均为 WTO 的成员国，只有老挝还只是 WTO 的观察成员。在 WTO 框架下允许区域经济特殊利益存在，这对自由贸易区经济环境合作提供了国际法上的依据东南亚自由贸易区的成功经验，对中国在国际经济格局中的定位有很大影响。中国与东南亚国家唇齿相依，或边境相连，或一衣带水，一国的污染不会限于一国的版图，它可以影响到他国的资源，在环境资源方面有着许多共同利益。中国与东南亚国家又都是发展中国家，有着共同的国际法律地位与国际环境责任，这促使我们必须加强国际环境对话中的合作，在国际环境合作与对话中力争做到用“同一种声音说话”，这样中国—东盟贸易区将成为国际环境领域不可或缺的力量。

二、企业对东南亚投资与贸易的法律风险控制

（一）严格遵守东道国法律从事经贸活动

东南亚国家总体而言法制并不完善，人治多于法治。制度不健全，政府的腐败可能会给一些外国投资者带来直接的利益，但若不严格依据其法律，一旦与东道国政府或合作方有一点不愉快，不遵守东道国法律的行为将成为我方企业的软肋。因此，我国企业到东南亚投资或贸易，更应严格遵守其法律，以免授人以柄，甚至受制于人。

我国药品难以进入越南市场便是一个例证。众所周知，越南民众对我国中药有比较高的认可度，越南在东南亚国家中人口算比较多的，市场相对较大。很多中国药品企业希望能进入越南市场，这也包括云南省的不少药品制造企业。有些药品企业花了两三年的时间仍然不能进军越南市场，而反观越南药品市场上的产品，泰国、印度、韩国、我国台湾的药品都在越南药品市场有不少份额，品种也比较多，为什么唯独我国大陆的药品难以进入？经过我们的调查研究发现，根本原因在于我国大陆企业对越南法律规定的程序不重视，往往是直接找越南卫生部的相关人员，认为打通关系便可办理，结果却是一拖再拖。越南对国外药品的进入规定了很复杂的审批程序和严格的准入条件，涉及多个部门，找到某个部门官员不可能把所有的程序办完。因此，稳妥的办法不是首先找关系，而是找专业的服务机构。现在我国企业也逐渐意识到这点，慢慢有成功进入的案例。

（二）充分重视资本要素的掌控

无论是贸易还是直接投资，资本要素法律风险控制与管理是项目进入运作阶段的关键，包括土地、担保、知识产权等，稍有疏忽就可能功亏一篑。

土地这个资本要素在很多国家规定都不一样，比如在老挝，外资公司使

用土地的方式只能是特许或租赁，这样就意味着至少当前老方公司在法律上不能用土地出资。

融资担保也是资本要素风险控制的一个点，因为直接投资往往需要融资，融资则涉及担保。受英国法的影响，缅甸担保相关的法律规定比较复杂，融资担保应当作为重大风险点进行监控。再比如，越南土地不能直接向外国银行担保，而要通过将土地抵押给信托机构，再由越南的信托机构向外国银行提供银行保证。

（三）严格合同风险的控制，避免无效约定

在对东南亚投资与贸易的具体操作中，还要注意对合同风险的控制，避免无效的约定，这就要求对东道国的相关规定比较熟悉。这个时候最好的控制方法就是通过我国律师找到合适的东道国本地律师。

根据老挝法律，老挝外资企业的土地使用方式为特许和租赁，不能获得物权法意义上的老挝土地使用权。如果我国企业不清楚这个规定，在合作合同中约定老挝合作方用土地出资，就可能导致该合作合同无效，因为老挝合作方如果用土地出资了，则该作为出资的土地必须过户到合作设立的企业名下，但如果合作企业性质为外资企业，根据现行老挝《土地法》，则不能过户，即使该合同不被认定为无效，老挝合作方所谓的出资也是空话。

与我国关于违约责任的规定类似，越南合同违约责任可以约定，但不得超过损失的 8%，如果对这个比例不清楚，约定了超过损失 8% 的违约责任，则违约责任的约定超过部分无效。显然，根据此项规定，我国企业不能通过约定高额违约责任来限制越方违约，或充分保护己方利益。

老挝 2008 年《矿业法》规定，最长开采期限为 20 年，可以延长 5 年。与老挝政府签订投资协议或特许协议时，如果不注意这个问题，可能会因为约定更长的开采期限而做了更为长期的规划，最终可能面临无效而造成不必要的损失。在老挝从事特许经营（包括采矿）的企业的注册资本（规定的股份资本）不得少于总资本的 30%，在合同中做了不符合该规定的约定也会给经营带来风险。

第四节 我国与东南亚国家合作的潜在机会

一、中国与东南亚国家的合作领域

（一）经贸、交通、能源、旅游等经济领域的合作

1. 经贸领域的合作

中国与东南亚国家间的次区域经济合作首先是从大湄公河次区域经济合作（GMS）开始的，因而这一合作的成果也最为显著。据亚行2005年的《大湄公河次区域经济合作规划》介绍，虽然遭受了东南亚金融风暴的冲击，大湄公河次区域合作还是取得了显著的成就：经过十余年发展，区域内部的出口量已增长了10倍以上，人均国内生产总值也从1992年时的630美元左右增加到2003年时的900美元左右。从其进出口总额来看，云南从加入次区域经济合作之前的1991年的55 051万美元，增长到2008年的959 936万美元，增长了17倍多；而广西从2004年的428 847万美元增长到2008年的1 324 179万美元，增长了3倍多。据统计，次区域内部贸易（大嵋公河次区域自身国家间的贸易）大约增加了24倍之多，远远超过了次区域各国（地区）与外部贸易的增长速度。

2. 交通领域的合作

大湄公河次区域地区虽然历史上早就有相互交往的互市通道，但由于地处内陆，社会发展程度相对偏低，缺乏现代化的交通是制约次区域地区发展的实际因素，因此，我国云南在参加第一次大湄公河次区域合作会议上即提出倡议，将交通列为最优先的合作领域，并得到了各方的认同。在此后的次区域经济合作中，实现连通性一直是GMS的重点。经过将近二十年的发展，中国（云南、广西）与大湄公河次区域地区的交通运输建设，取得了非常大的成就，基本上形成了比较完善的水陆空立体交通体系。

3. 能源领域的合作

能源领域的合作是GMS一开始就关注的一项重点合作内容，尤其是澜

沧江—湄公河所蕴含的水能开发潜能和中国在水电开发上的技术，促成了中国（云南）与湄公河下游国家之间在能源方面的合作。

（二）人力资源开发、环境保护、卫生防疫等非经济部门的合作

1. 人力资源开发方面的合作

资金与人力资源的不足是不发达地区经济社会发展面临的最大现实问题，因此人力资源开发也一直是大湄公河次区域合作的重点领域。为此，大湄公河流域六方 1996 年于泰国孔敬大学设立了湄公河学院，为成员国提供经济、财政、行政、管理等领域的人才培训，从而促进本地区的可持续发展（广西于 2008 年业成为为其成员之一）。中国政府高度重视与 GMS 成员国的人员交流与合作，积极利用由中方出资的"中国—东盟合作基金"和"亚洲区域合作专项资金"，为 GMS 国家培训了大量各级官员和各类实用技术人员。商务部亚洲司 2008 年指出，中国政府每年通过举办各类官员研修班和技术培训班，为 GMS 国家培训了约 1500 名各类人才。尤其是云南省招收的留学生 70% 以上为次区域国家所派，而广西利用语言优势，建立中国—东盟人才开发与合作广西基地，为次区域国家培养各类人才。

2. 环境保护方面的合作

环境保护于 1995 年被 GMS 确定为主要合作领域之一。同年，环境工作组成立，具体协调环境项目的开展和执行。此后，2005 年 5 月在上海成功举办了第一届次区域环境部长会议，并于 2006 年在曼谷设立大湄公河次区域环境运营中心，承担环境工作组的秘书处职责，建立了一个比较完善的大湄公河次区域环境合作机制。GMS 环境工作组会议每年召开一次会议，轮流在各国召开，其成果向部长级会议报告，迄今已经举办了 16 届。中国高度重视并积极参与 GMS 次区域的环境合作，积极推动了"澜沧江流域及红河流域防护林体系建设""自然灾害防治""GMS 环境监测及信息系统合作项目""GMS 边远地区扶贫和环境管理""GMS 战略环境框架合作项目"和"GMS 生物多样性保护走廊计划"等六个合作项目的建设。

3. 卫生防疫方面的合作

卫生防疫工作虽然不是大湄公河次区域合作九大重点之一，然而，在经

济全球化条件下，人员和物资流动极其迅速而且频繁，一个地区的公共卫生事务很容易被放大，2003年的“非典”、2004年的“禽流感”和2007年的“甲流”等就是典型案例。因此，中国在2003年第十二次GMS合作部长级会议上，建议次区域各国加强卫生领域的合作，构筑次区域国家传染病监测防治体系，并进一步提高次区域合作的工作效率。此后，在中国政府的推动下，老挝万象和中国广西的桂林分别于2007年和2009年承办了第一、第二届大湄公河次区域公共卫生论坛，分别讨论了传染病控制和增强卫生体制、食品和药品安全以及传染病跨境防控合作等问题，取得了一定的成效。

二、中国与东南亚的地缘安全合作

（一）中国的地缘安全利益

安全的国际环境对一个国家的生存至关重要。安全包括传统安全和非传统安全。从地缘政治来说，周边既是中国安全疆界的延伸，也是中国安全的屏障。中国背陆面海的地理位置决定了中国既拥有陆地和海洋两个方面的利益，也面对来自陆地和海洋两个方面的威胁。因而，在制定中国的地缘战略时必须兼顾陆地和海洋两个因素。东南亚作为中国海上地缘线和陆上地缘线的重要组成部分，是中国的重要利益所在，自然成为中国的地缘战略所包含的重要地区。这一地区不仅是中国维护国家安全的主要方向，也是对外开放，进行经贸交流的主要通道。就目前而言，中国进出大洋相对比较安全、受牵制较小的通道主要是东南亚地区。通过这一地区，中国不但可以东出太平洋，而且可以西进印度洋，对中国在21世纪开发和利用海洋空间十分有利。

（二）中国与东南亚面临的非传统安全问题

客观上说，中国的利益与东南亚地区相邻国家的利益在安全方面也相互渗透，相互重叠，应当共同维护。在中国与东盟之间关于主权和领土争端等传统安全问题基本得到控制或解决的情况下，非传统安全问题的负面影响不断显现。

随着中国与东南亚国家经济合作的展开，双方在非传统安全上的利益共同点增大。双方面临经济发展的紧迫任务，因而有着建立稳定与合作的发展环境这一共同要求；同时也面临着资源和环境安全、金融安全、人口等问题的挑战与威胁，因而需要加强合作共同对付威胁。发展上的竞争也使得各国更注重争取一个稳定与合作的环境。因此，中国应当更积极地参与这一地区的政治和安全领域方面的合作。

（三）中国与东南亚合作反恐

面对严峻的反恐形势，东南亚各国紧急制定各项措施、采取多种手段探索提升本国反恐能力及打击恐怖活动的途径。东南亚各国加强了对多个国际级的旅游胜地、马六甲等最繁忙的海上通道、美在印度尼西亚的石油设施，外国尤其是西方国家使领馆及侨民的保护。

三、中国与东南亚农业合作机会展望

（一）加强制度与政策的协调

中国和东南亚各国都是农业比重较大的国家，农业发展的好坏直接影响各国的经济总体发展，发展中国与东南亚地区农业合作是一件互惠互利的好事，各国可以通过农业合作以充分发挥本国的优势，实现战略分工。对国内经济的发展可以起到重要的促进作用。而要进行合作，最重要的事情莫过于各国相关的制度和政策的协调。所以，中国与东南亚国家之间开展农业合作首先就是各方制度和政策协调。

（二）农产品贸易的自由化和便利化

农产品贸易是农业合作最基本的内容之一，相对于农业技术和农业劳动力合作，农产品的合作是较为容易实现的合作形式，可以为各方更深层次的合作奠定基础。中国与东南亚各国的农业贸易虽然从数额上看保持着强劲的势头，但是也要看到关于农产品贸易出现的摩擦也时有出现，贸易壁垒仍然存在，有的国家从本国利益出发，在农产品贸易上采取保护主义的做法，只要求中方对它采取贸易优惠政策，而对于自己的弱势产品则千方百计保护。从世界上比较成功的几个大经济圈，如欧盟和北美自由贸易区来看，农业合作要取得进展，各方都需要不断地减少贸易壁垒，加强协商，出台具体措施促进农产品贸易的自由化和便利化，来推动农业合作的深入发展。

（三）加强农业技术合作

农业技术是农业发展水平的主要标志，农业技术已经成为深层次农业合作的标志，也是发展现代农业的重要条件。我国是农业大国，在农业技术方面有很多强项，东南亚某些传统农业强国如泰国，在农业技术方面也有自己的长处；如果想要提高中国与东南亚农业合作的整体水平，加强农业技术方面的国际转移和合作开发无疑是必要的。对于各方来讲，在农业技术上的交流还可以发挥各方的长处，提升农业的整体质量；对于中国来讲，农业技术合作还是一个很好的可以实现走出去的设想的机会。就东南亚来说，我国在通过开展农业技术交流与输出中，在实现农业“走出去”战略方面已经取得了一些成功经验。

（四）农产品贸易结构的升级

目前来看，中国与东南亚的农业合作仍是以初级农产品和农业资源的合作开发为主。随着各国农业技术和农业经济的逐步发展，中国与东南亚的农产品贸易结构也必然会随之升级。而当前，不仅我国向东南亚国家出口的农产品仍以低技术含量、低附加值的初级产品为主，东南亚国家向我国出口的农产品结构也是较为低级的。随着中国—东盟自由贸易区建设的不断深入，先进的农业技术和科学管理经验将会互相交流传播，这都会推进中国与东南亚各国农产品贸易结构升级。

第二章 泰 国

第一节 泰国房产市场的潜力

一、泰国房地产发展前景

随着东盟一体化的逐步建成，中国通过对与东盟自由贸易协定实施，推进和东盟的贸易投资发展、打造“升级版”中国—东盟合作的举措，这是泰国房地产经济的 SWOT 分析中最优的 O（Opportunity），而泰国占尽天时地利的地缘优势则是其最大的 S（Strengths）。泰国房地产的前景极为乐观。

（一）比较经济

从区位因素来看，泰国在东南亚相当于比利时于欧洲，这是个占尽天时地利的地方。比利时的布鲁塞尔在整个欧洲来说，是至关重要的交通枢纽。从旅游前景来说，泰国又与法国极为相似，不管是风土人情还是自然景观都对境外游客有着极大的吸引力。简单来说，随着东盟一体化的建成，泰国以其独有的地缘优势将成为东南亚的经济龙头，这一股浪潮将催生大量中产阶级，直接带动内需消费。而这部分人就是房地产投资的潜在客户。在此过程中，段一鸣认为，若是当局能对商品增值税做一些合理降低，让游客能在泰国买到与在法国原产地购买价格相当的香水，让游客能在芭提雅的游艇上喝到与澳大利亚原产地标价相当的葡萄酒，必然能进一步发挥本国的比较优势，从而助力推动整个泰国的产业发展。

（二）流体经济

有一个物理定律叫“流体力学”，对于这样的经济现象我们可以套用称之为“流体经济学”。东盟一体化的建成必须依靠交通基础设施的辅助，泛亚铁路以及相关高速公路、铁路的建设将会成为东盟的经济大动脉。其中最直接的表现就是人口流动加大，而人口流动带来的是经济大国的资本转移或者产业转移。日本在经济高速发展时期，将其国内的劳动密集型产业往韩国、中国台湾地区转移。随后十年韩国与中国台湾等和地区经济逐步发展起来，于是劳动密集型产业又被转移到廉价劳动力资源充沛的中国大陆。现在中国经济腾飞了，东南亚国家成为中国最好的经贸合作伙伴，其中泰国非常特殊，中、泰经贸合作往来密切，却不是中国劳动密集型产业的转移国，中泰之间确实相互建立了一些工业园区，譬如罗勇工业园就汇集了 60 多家中国著名的企业，但这部分企业转移来泰国的目的大多不是为了当地的廉价劳动力，而是为了向第三国出口时控制关税成本。

二、泰国政府对房产市场的把控

泰国房地产业的兴起是政策拉动起来的。1984 年，泰国政府为了促进经济的发展，将房地产业列为拉动经济增长的主要领域，采取了一系列措施鼓励房地产业的发展。例如：敦促商业银行将一部分贷款偏向“低成本住宅计划”以及出台购房按揭以税收抵免的优惠，同时，由泰国财政部控制的住房银行实施“超级储蓄计划”，将按揭利率由 16.5% 降低到 10.5%。这些措施极大地刺激了消费者的购房需求，泰国的房地产市场在政策的拉动下繁荣起来，这一时期的房地产热一直持续到 20 世纪 90 年代初。

新政府的上台助燃了泰国的房地产热。1992 年，泰国新政府出台了一系列措施促进了土地价格的上涨，而这一时期的泰国证券交易委员会对泰国上市的房地产公司提出了“必须保持充足的土地储备”的要求，同时由于政策的刺激，银行也放任了对房地产商的贷款，大量的开发商和投机者涌入了泰国的房地产市场。大量的住宅项目工程开始实施，致使供大于求，使泰国的房地产市场进入了房产泡沫时期。基于房地产事务局 1995 年的报告，曼谷的空置住宅大约有 30 万个，空置率达 14.5%。

接下来两个因素导致了泰国房地产泡沫的破灭。1994 年底开始，四大商业银行开始提高贷款利率，这一举措提高了开发商的投资成本，加剧了投资商的资金压力，很多投资商无法偿还银行的贷款，投资商的处境步履维艰。

与此同时，泰国的经济低迷，使外国投资者失去信心，外资纷纷撤离房地产市场，加剧了房地产泡沫的破灭。这时，泰国政府在推动房地产业复苏的过程中扮演着重要的角色。政府推出了各种措施来缓解民众的购房压力和投资商的资金压力，例如降低手续费率、个人贷款利率与个人所得税额相抵、降低房地产企业所得税额以及降低贷款利率。在这种情况下，泰国房地产从2000年开始逐步复苏。然而泰国的经济却仍然处于缓慢增长的状态，加上人们还没有完全走出房产泡沫和经济危机的阴影，投资商在这一时期仍然处于观望态势。泰国经济增长缓慢削弱了消费者的购房能力，因此2005年以来，泰国房地产市场再度呈现放缓趋势。

据泰华农民研究中心认为，泰国房地产业在2007年下半年将仍然呈现缓慢增长态势，这主要还是由于泰国经济整体发展的影响。实际上，对于目前的泰国房地产业来说，2007年下半年是泰国房地产重见曙光的时期，虽然经济增长仍然放缓，泰国央行对外资投资房地产的基金限制不变，然而目前的经济环境有利于泰国房地产业的发展，如2007年泰国国内生产总值预期达到4%~5%，银行利率下调（这是刺激购房者增多的主要原因）。虽然总体来说目前泰国经济仍然低迷，但由于目前房地产的价格水平较低，而且泰国拥有广阔的开发前景，2007年泰国房地产吸引外资超过800亿泆。外资主要来源于英国、中国香港、中国台湾和中东地区等，这一期的开发商主要集中在房产的中低档市场，与泰方合资兴建酒店式公寓或分户出售的公寓楼，很受购房者的欢迎。

第二节　泰国医疗体系的启示

一、泰国的医疗救助制度及其对我国的启示

（一）泰国的医疗救助

泰国政府早在1975年就设立了“低收入者免费医疗项目”，1992年将

该项目的覆盖范围扩展到没有任何其他医疗保障覆盖的60岁及以上的老年人和中小学生。同时，政府还设有“健康卡”制度、“30铢人人健保”计划等公共医疗保险制度，通过不断完善医疗救助和公共医疗保险，以及两种制度之间的有效结合基本上覆盖了全体国民。

“低收入者免费医疗项目”由公共卫生部中的“医疗保险办公室”主管，在1975年实施之初由政府向公立医院拨付一定的预算，要求医院为月收入在1000泰铢以下的家庭提供免费服务，救助对象的确定也完全由医院负责。1976年，政府将目标定位的工作从医院中分离出来，直接向符合条件的贫困人群颁发“低收入卡”。救助对象必须在一家社区卫生服务中心、区级医院等公立医院机构注册，接受门诊服务，并在必要的情况下接受转诊。政府则根据各医疗机构所注册的医疗救助者人数按人头拨付一定的财政预算，额度一般也会逐年增加。泰国的医疗救助计划在20世纪中后期就已经比较完善了。

除特定的医疗救助之外，农村地区的“健康卡”是面向农村低收入居民的医疗保障，农民以家庭为单位每年缴纳一定的费用自愿参加，政府相应补贴保费，并发放健康卡。持有健康卡的农民在一定条件下就可以享受到公立医疗机构的免费服务。在“健康卡”制度的基础上，泰国政府又于2001年正式推出“30铢人人健保”计划。政府向签约参与该计划的医疗机构提供财政补助，参与该计划的国民到定点的医疗机构只需支付30泰铢即可获得基本的门诊和住院服务，对于符合条件的医疗救助对象更是可以豁免30泰铢。

（二）医疗救助的服务递送：目标定位与给付结构

在社会政策文献中，医疗救助一般被定位为一种非现金型的社会救助（social assistance in kind）。社会救助的服务递送的好坏主要取决于两大环节：即目标定位的准确性和给付结构的合理性。

1. 目标定位

在社会救助中，最为重要的工作环节之一就是目标定位，也就是把符合受益资格的人准确地找出来。目标定位工作的重要性在于它能够使有限的社会救助资源真正流向那些需要救助的人群之中。但是，目标定位工作是有成本的，并且有很多种，其中，行政成本，也就是识别、监测目标人群的工作会耗费大量成本。在很多情况下，众多社会救助项目依赖于同一种目标定位机制，那么有关行政成本就可以大幅度减少。总体来说，行政成本占总给付金额的 3%~8% 属于正常的情况。

目标定位的机制或者方法有很多种。最为常见的就是家计调查，包括收入调查（income test）和资产调查（asset test）。在发展中国家，贫困者家庭一般没有什么有价值的资产，因此资产调查非常罕见。家计调查的具体方式也多种多样。最直接的方式就是核定申请人一定时间段内的收入；另一种方式是选用适合当地民情的一两项容易辨别的指标，例如是否拥有黑白电视，来判断申请者个人或家庭的经济状况。后一种家计调查的方式被称为“代理性家计调查”。第二种常见的目标定位方法是类别定位法，即依照某些社会经济人口特征确定出一些特定的人群，例如老年人、儿童、妇女、残疾人等，为他们提供社会救助。第三种是区域定位法，也就是确定一些贫困地区，然后对该地区所有人实施救助。这两种方法都假定，在特定的人群或区域，即便不经过家计调查，社会救助受益者并不穷的概率也非常小，因此社会救助目标定位不当造成的浪费或许还会小于家计调查的成本付出。第四种目标定位的方法是“社区提名法”，即由社区以当地民众认为是公正、公平的方式鉴别出适当的社会救助受益者。在实践中，这四种方法往往混合起来使用。

2. 给付水平与救助服务包的设计

泰国在现金型社会救助方面比较谨慎，但是其医疗救助的给付水平却比较高。一旦获得医疗救助，受益者便可以基本上获得免费医疗服务。与泰国的情形相比，我国城乡医疗救助，也包括新型合作医疗，都存在自付率过高的问题。自付的制度安排本来只是为了防范受益者滥用免费医疗服务。如果自付率过高，那么有关制度的医疗保障功能就要大打折扣。因此，从制度比较的角度来看，泰国的医疗救助（以及健康卡制度）是一种医疗保障制度，而目前中国正在实施的医疗救助制度（甚至包括新型合作医疗制度）在某种意义上只不过是一种救济制度。

另一方面，泰国医疗救助的期限较长。泰国医疗救助的受益资格一旦确定，那么受益人可以获得有效期三年的“低收入卡”。中国的医疗救助同最低生活保障制度挂钩；而低保制度实行“动态管理”，一旦低保对象的收入超过了低保线，其低保资格就会丧失，相应地其医疗救助资格也会丧失。因此，从受益期限的角度来看，泰国的医疗救助者具有较长的缓冲期。

除了在需求方给予低收入者以充分的医疗保障之外，泰国还非常注重医疗资源的合理配置，在农村地区建立了公立卫生中心，从而为民众提供价格低廉的医疗服务。在 20 世纪 80 年代和 90 年代初期，泰国政府实施了医疗服务发展计划，大力投资于社区医疗卫生服务体系。到 1999 年，全国每 5000 人就拥有一个大约有 3 名 ~ 4 名卫生技术人员的公立卫生中心（相当于我国的社区卫生服务站），每 2 万 ~ 10 万人口有一个拥有大约 30 个床位的区级医院，在 75 个省中分布了 92 个省级医院。参加健康卡计划的人享受同样的医疗服务待遇。

（三）泰国医疗救助的启示

1. 完善医疗救助是实现全民医保的现实要求

在覆盖层次上，全民医保可以通过高收入人群自愿加入商业医保，一般收入人群加入政府主办的社会医疗保险和对低收入人群实施医疗救助来实现。医疗救助是实现全民医疗保障覆盖最低层次、最基本的要求，也是必经之路。泰国的全民医保主要就是通过医疗救助不断完善而实现的。一方面，医疗救助作为一种不以受益者缴费为前提的国家救济措施，只有政府足够的支持才能保证其发展。政府要在制度与机构建设、资金配套等方面加强支持。另一方面，全民医保的真正实现要求医疗救助与主体医疗保险有效衔接。中国目前虽然实现了全民医保的制度覆盖，医疗救助也纳入到了基本医疗保障范畴，但是部门归口不同、制度间衔接不畅、待遇水平差异大，并未真正实现“人人享有公平的医疗保障”。因此，需要进一步加强政府支持，扩大医疗救助覆盖面，做好医疗救助与其他制度的衔接，才能真正做到全民医保。

2. 医疗定位目标方法需更合理

中国目前的医疗救助目标定位方法主要是根据民政部门的城乡低保对象来定位，本质上是一种收入定位方法。虽成本低，但并非一种直接针对医疗救助的定位方式，且不能保证医疗救助的全覆盖，因为并不是所有需要救助的人口都纳入了低保范围。因此，需改进中国医疗救助的目标定位方法。借鉴泰国，可以事先根据经济调查为低收入群体发放相关证明，或者借鉴新加坡，由专门的机构负责审核医疗救助申请。以提高医疗救助针对性，充分发挥其作用。

3. 改事后救助模式为事先救助模式

事后救助是指符合条件的被救助对象在患病就医时先行垫付全部医疗费用，随后再到特定的医疗救助部门寻求补偿。事先救助则是提前确定符合条件人群的资格，在其发生医疗费用时，需要救助的部分直接扣除。中国目前主要采用事后救助模式，这对于提高贫困人群医疗服务可及性并不如事先救助模式有效。应在疾病风险发生前，依据收入水平或其他条件确定被救助群体，并提供相应的证明，该群体患病就诊时产生的费用由医疗救助计划直接与医疗服务机构结算。这种事先救助模式在一定程度上也有助于医疗救助机构通过身份准入的审核来控制医疗费用。

二、泰国的医疗融资改革分析

（一）医保改革经验

1. 证据很重要

证据引导了正确的方向和正确的决策。值得注意的是，常规工作与政策研究同等重要，二者均为改革提供了支撑。此外，改革还需要在提高常规数据质量和建立新数据平台方面付出额外努力。对全覆盖计划的数据进行分析，可以获得与医疗服务购买者有关的信息，这些信息可以用于对医疗服务提供商的支付、对全覆盖计划的审计以及为改进数据质量提供反馈意见（Pongsanon 等，2008）。

2. 基于证据的决策平台很重要

实际上，政策制定者不可能仅仅依据可获得的经验证据就采取行动（Sue 和 Fitzgerald，2005）。如果仅仅是简单地向政策制定者展示研究成果，还不足以将政策与研究工作结合起来（Sudsawad，2007）。在研究管理方面，用户和公众群体的参与是扩大研究成果应用的关键。

3. 培养发现证据的能力并将证据转化为政策决策很重要

医保改革具有特殊性。培养发现证据的能力，有利于为基于证据的医保改革提供支持。泰国培养研究力量的努力始于 1992 年建立的医疗体系研究院。此后，在国际合作伙伴的支持下，国际医疗政策项目、医保体系研究办公室以及医疗干预与科技评估项目等研究机构在加强研究能力建设，以及将研究成果转化为政策方面发挥了重要作用。

4. 医疗体系的能力和弹性很重要

医疗基础设施投资和医疗人才培养都是实现医保全覆盖的前提条件。泰国为了在农村地区留住医生，出台了很多政策措施，包括强制性农村地区医疗服务、农村地区招聘以及为偏远地区医生提供额外的财务激励等。此外，社区医院还与医疗中心网络密切合作，形成了可以为农村地区的贫困人口提供医疗服务的社区医疗体系。

（二）经验：基于证据的政策

第一，由主要利益相关者提出议题、议题提交过程透明、鼓励参与，保证了程序合法。这一议题提交过程也得到了泰国社会的广泛认可。按照程序，任何患者及有关个人或公司多不可能直接向委员会提交议题，这就避免了裙带关系和徇私舞弊现象的发生。

第二，个人和机构在增量成本—效益比率、预算影响评估以及其他方面的研究能力非常重要，为在充分掌握信息的条件下，深思熟虑地制定政策提供了智力支持。泰国的研究能力有可能为政策制定提供支持。泰国培养了大量药物经济学方面的高质量研究人员，伞形研究机构（例如医疗干预与科技评估项目和国际医疗政策项目）为研究人员开展研究工作提供了可持续支持。此外，由国际医疗政策项目和医疗干预与科技评估项目的研究人员进行经济评估，也避免了可能存在的利益冲突。经济评估的资金完全由全国健康安全委员会提供。开展评估工作（例如评估供给方能力及其承受新干预措施的能力、评估新干预措施对医疗体系的要求）越来越需要混合使用研究医疗体系的各种技巧。

第三，有一个可以以透明且深思熟虑的方式向政策制定者展示证据的论坛，是泰国成功的关键。该论坛由福利委员会提供。

第四，对公务员医疗福利计划改革的实证分析证明，为控制对非基本药物的过度使用及由此而带来的巨额财务费用，必须全面禁止报销使用葡萄糖胺的费用。这些举措遭到了药物生产行业的反对。药物支出负面清单制度可能失效。为此，政策制定者可能会采取旨在控制整体费用的医疗服务提供商的支付改革，例如按人头付费。

第三节　泰国旅游业的发展与启示

一、泰国旅游业长期稳定发展的原因

（一）不断完善的旅游设施及环境

泰国为了不断完善旅游环境十分重视交通、电讯等方面的建设，大幅度增加在这方面的投资，目前泰国对内对外营运的机场有 26 个，其中对外开放的国际机场就有四个。曼谷的廊曼机场是东南亚最大的航空港之一，不仅是泰国内的航空枢纽，而且有世界近 40 家各国航空公司的航班飞经曼谷，在廊曼机场降落，其航线可通往 32 个国家和地区。泰国公路的发展也很迅速。公路纵横交错，四通八达，布局合理。从曼谷到各主要城市开往各旅游点十分方便。全国 460 多公里长的铁路也为泰国的旅游业发展创造了基本条件，泰国旅游业以安全便捷的交通、电讯赢得顾客。

泰国也特别重视对旅游环境的开发与保护。泰国旅游局积极推动全国旅游宾馆、餐厅、有关交通部门等采取切实有效的措施减少对环境的负面影响。

曼谷东方宾馆连续8年被评为世界最佳宾馆，关键在于优质服务。泰国旅馆中既有每晚收费160美元以上的高层次星级宾馆，又有收费低廉每晚不到4美元的旅馆、招待所，以满足不同层次游客的需要。泰国的饮食业也十分发达，茶楼饭馆在大街小巷比比皆是，游客进餐十分方便。各种档次的餐馆都为旅客准备了品种繁多的菜肴，有中餐、西餐、印度尼西亚餐、越南餐、马来餐、日本餐等，而且饮食卫生很好，让旅客们吃得饱、吃得好、吃得放心。为了营造一个良好的社会环境，泰国还特别注重强化旅游安全保障，1982年泰国警察局与泰国观光局合作，设立了泰国旅游警察，为旅游泰国的客人提供安全服务等。

为了方便游客，泰国大大简化入境手续，对来自55个国家和地区旅游者入境，提供免予签证，逗留15天的方便，取消对香港游客必须有保方能入境的规定，允许新加坡、马来西亚的旅游车办理登记手续后即可入境。最近又拟在曼谷机场就地发给7天签证，给那些没有入境许可证的旅客提供方便。

（二）高素质的旅游从业人员

不断改进旅游服务质量是泰国旅游业成功的又一个重要原因。泰国历来重视对包括导游在内的旅游从业人员的培养和培训工作，这种工作是经常性和持久性的，从而保证旅游业服务人员能够普遍具备良好的服务意识和水平。现在泰国的各主要大学都开设有旅游专业课程，还有各种专门的旅游学校，为泰国及时输送导游、酒店管理和旅游规划等方面的专门人才。泰国规定旅游服务员必须具有高中或职业学校毕业水平；还按不同行业进行高、中等水平的培训，有专门培训经理、导游、负责公共关系的班级，也有培训一般服务员的班级。因此，泰国旅游从业人员素质普遍较高，他们能让游客在泰国心情愉快，消费舒心。

（三）政府的高度重视及支持

旅游业是泰国历届政府高度重视的产业之一，为了保持旅游业的持续稳定发展，泰国政府认识到要提高地方政府管理者的能力，从而使他们为承担旅游管理的责任做好准备。为了加强地方政府组织以便能够管理好旅游，一方面对地方相关政府部门的权力和责任做出明确的规定，每个省建立一个省级旅游开发促进委员会，创建一套旅游监控系统；另方面泰国政府还规定划拨一笔特别预算来实施可持续旅游发展规划，预算的数额应该不少于国际旅游收入的 2%。预算应该用于支持旅游规划的编制，而且应该把其中的一半拨到地方政府。规定地方政府应该有权收取各种旅游费用。这样即调动了地方政府对发展旅游业的积极性，又使各地旅游资源得以很好的保护。为了协调各地区旅游业的发展，保持全国旅游业的平衡有序，泰国特别设立了全国旅游开发促进委员会秘书处，其职能是解决旅游管理方面存在的问题和清除障碍。它还应该是国家各部门和地方政府之间的一个协调机构，创建一个旅游快速成功之道，使旅游管理更加有效和持续发展。

二、泰国旅游业对泰国经济发展的影响分析

（一）改善了泰国的基础设施条件

基础设施建设与旅游业的发展可以说是相辅相成的。由于泰国基础设施尤其是交通设施的便利，带动了泰国旅游业的发展；反过来，泰国旅游业的进一步发展也大大促进了泰国基础设施的完善。目前，无论游客乘船、坐飞机还是走公路和铁路都可以到达泰国。因为泰国目前的交通设施已经逐渐完善，尤其是近几年来，泰国还增加了通往邻国的铁路建设。以泰国的曼谷为例，泰国曼谷被称为“天使之城”，是一座非常美丽和充满魅力的城市。它是泰国的政治、经济与文化的中心城市，同时也是泰国的旅游交通中心。在 20 世纪 80 年代以前，泰国的曼谷交通设施条件并不十分发达，而且面临着严重的空气污染等问题。但如今的曼谷，无论是铁路、公路还是航空，交通设施都十分发达，交通种类也十分齐全。以前，曼谷只有一个国际机场——廊曼机场，如今曼谷又增设了一个大型国际机场——素万纳普机场，以此来满足客流量的往来。两个机场的规模都很大，管理有条不紊，平均每隔几分钟就会有一家大型飞机起飞或者降落。据统计，泰国的曼谷每年承载的客流量大万人次，而这些人中的是出于旅游目的往来的。

除了交通设施以外，泰国旅游业的发展也促进了其他生活基础设施的逐渐完善。为满足旅游业的快速发展，泰国政府打造了一整套协调发展的相关部门和产业，使泰国的每一个旅游景区都会配有购物中心、医疗中心、游客服务中心等，为游客提供全面、满意的服务。在泰国的每一个旅游景区或景点，都能看到游客的投诉电话以及维护治安与保障游客安全的泰国警察。值得一提的是泰国旅游景点中的卫生间设施也非常完善，不仅其外表的建筑风格独特，在建筑过程中将其与景区环境相协调，而且其内部也十分明亮、干净，给游客留下了很深的印象。

（二）增加了泰国劳动就业率

从20世纪90年代以来，泰国经历了国内外大小的危机很多次，但是，泰国旅游业在这一发展过程中，却一直保持着稳步增进的发展势头。旅游业的发展，除了带动了泰国相关产业能源、手工业、交通、餐饮、住宿以其他基础设施等经济的增长。同时，也为泰国劳动力的就业率做出了重要贡献。蒙古国有一半以上的人口从事着旅游业以及与旅游业相关的产业，正是因为旅游业的迅速发展，使得泰国在现代化过程中，大量的剩余劳动力以及农村剩余劳动人口的就业问题被逐渐减压。这主要应该归功于旅游业及其带动相关产业的发展，才促使泰国就业市场变得庞大起来。

（三）促进了工业以及服务业的发展

一国的旅游业收入涉及多个产业，我们不能说单一的某一产业收入是完全源自于旅游者的，但是，也不能说没有一个行业，不与旅游者的消费是无关的，尤其是作为旅游大国的泰国而言，从目前泰国的任何一个经济产业部门来看，都或多或少与旅游活动存在着一定的关联。一方面，旅游经济的发展以来其他许多相关经济部门的配合与合作，如酒店行业、手工业、保险业以及交通业等，另一方面，旅游经济的快速发展也相应地带动了这些产业部门的经济发展，根据研究预算，旅游收入每增加10泰铢，就会相应地为泰国其他产业部门带来45泰铢的收入利润。而且，从国际贸易组织/OMT的统计数据来看，旅游业与相关产业的投资带动作用呈现出了1：7的比例。

并且伴随泰国旅游经济部门多年来持续的快速发展，泰国旅游业的市场也在不断扩大，旅游产品以及旅游项目也在逐渐增多，因此，旅游业与其他产业之间的倒动作用也逐渐加强，旅游业与相关产业间的协作关系也就变得更加密切。也就是说，随着旅游业的产业关联度的不断增强，其能够辐射到的其他产业的范围与面积也在逐渐拓广。

三、泰国的发展优势分析及建议

（一）泰国的发展优势

1. 资源优势

旅游资源是发展旅游业的先决条件。泰国的旅游资源不论是人文资源还是自然风光都十分丰富、分布广、品位高、特色浓。泰国有地理优势，位于区域的中心，泰国还有适宜全年旅游的温暖气候，曼谷、芭提雅、普吉岛是广大游客喜爱的旅游胜地。真诚好客的泰国人民的魅力和不尽的乐趣，吸引着世界各地的游客。

2. 文化优势

吸引国外游客的泰国文化形式主要有泰语、泰式服装、泰国节日及宗教。泰国大部分人民都信仰佛教，在泰国源远流长，对泰国人民的生活及文化各个方面都有深远的影响。除泰国的雕塑、绘画、舞台艺术、音乐艺术、合十礼及泰式饮食外，各类佛教庙宇中所体现出来的文化以及富有特色的泰式建筑等都是吸引广大外国游客的旅游特色。

3. 区位优势

泰国位于东南亚的中心地带，位于印度和中国这两大国之间，为泰国的政治和经济发展打开方便之门，与周边多个国家的交通都很便利，有良好的贸易、文化及外交交流。泰国是东盟国家中向中国输出商品的第二大国，使得泰国成为陆路和空路的交通中心。泰国是一个以热带季风气候、热带雨林气候为主的低纬度半岛国家，热带风光独特，海岸线漫长，四季如夏。其旅游点分布于全国各府，游客可以在境内不同的地区享受不同的旅游形式。

（二）促进泰国旅游业发展的对策与建议

1. 从政府角度分析泰国旅游业发展对策

第一，政府应完善旅游设施与管理体系。一国旅游业的快速发展，与该国的基础设施建设密切相关。泰国政府应进一步加大对基础设施的建设和完善，使泰国旅游业的发展不会受到限制。在交通方面，主要是增加航空和铁路的建设，为外国游客进入泰国提供便利。对住宿设施的完善主要是改善居住环境。泰国旅游业的进一步发展还要求政府加强对旅游业管理体系的完善力度，进一步对旅游业人力资源进行管理，培养更多优秀、专业化的旅游业人才。第二，需要增强泰国旅游业宣传与促销，整合优势旅游资源。泰国旅游业自然和旅游资源都极为丰富，应发挥政府的主导作用，增加旅游宣传促销的文化内涵，按照市场规律，整合各种文化宣传资源，实现旅游与影视、广播、音像、演出的有机组合，形成文化促销的整体效应。泰国旅游业应以市场为导向，进行旅游产业结构的优化，全面整合特色旅游资源，融合景区风土人情、大力发展特色旅游。第三，泰国政府应稳定国内政治局势。泰国政府应尽快完善各种危机管理及应用机制、保障旅游者的安全。政府和民间部门为外国游客推出安全防护措施，以增加外国游客对泰国旅游业的信心，维护好旅游治安，保障游客人身和财产安全。

2. 从企业角度分析泰国旅游业发展对策

首先，旅游企业应提高旅游管理与服务质量。旅游业的服务质量是决定一国旅游业在国际市场竞争中成败的关键，这就要求泰国首先对旅游行业人员的服务意识以及综合素质进行培训和开发，并对旅游行业的服务质量进行定期考核，提升泰国旅游业服务质量，增强国际竞争力。其次，旅游产品应推陈出新。企业应做好对旅游资源的综合规划与开发工作，整合旅游资源，打造精品旅游线路，使游客既快捷又方便地开展其游览活动。泰国旅游行业应加大旅游产品的开发力度，实现多样化、特色化，可通过发展旅游业带动其他产业的发展，真正发挥旅游业的联动效应。

三、针对中国旅游客源市场未来发展的措施

（一）保持高质量的服务水平

想要提高服务水平，应当增加旅游服务人员的数量和质量，泰国旅游业一方面，要加大对旅游服务人员的专业教育与培训，培养一部分高素质人才，提高泰国的旅游服务水平；另一方面，引入竞争机制，进一步提高旅游市场的开放度，简单化旅游管理层次，提高旅游产品的性价比，以高质量，更合理的价格来吸引中国旅游者，让更多的中国旅游者能来泰国旅游，使来过的人们感更满意，产生再访的欲望。此外，泰国还要改变旅游市场的产品单一性，在做大做强观光旅游市场的同时，时发展商务旅游、会展旅游和度假旅游，以多元化的旅游产品拓展中国市场。只有这样，才能将泰国的旅游市场做得更大更强。

（二）加强对中国旅游客源市场的研究

泰国旅游业想更加一步提高自己的竞争力，建立一个更适合中国旅游者的具有泰国特色的旅游产，泰国旅游业还要更加一步地了解中国客源市场各种特征。想做好这工作必须进行市场研究及调研工作。因为市场调研是为目标市场建立一个长期发展规划的基础。通过市场研究和调研可以做出旅游者更喜欢的产品，同时还可以对目标市场的潜在的客源进行有效地宣传。这些方面的工作将使泰国旅游业从被动接待中国旅游者的局面转变成主动进行开发。由于中国国土面积很大、地域差别也很大，因此来自各地的旅游者的偏好、消费习惯、收入水平、支付能力都不一样，因此调研其市场应该包括中国境内各地的调查。这项工作也可以利用中国国内人士研究的二手资料。通过泰国境内对中国旅游者的调研统计数据加上中国境内的统计数据，从此推出中国人出境旅游、东南亚旅游、泰国旅游的旅游者特征、选择旅游产品的偏好、旅游产品的需求等等方面。在了解中国旅游市场需求的基础上，采取有效的方案进行开发符合中国市场的需求的旅游产品又具有泰国的特色。对泰国和东南亚在开发中国市场上作比较，从中提取泰国和东南亚各国之间竞争优势

和劣势的结果。泰国旅游业可以从其增加自己的优势，减少劣势的影响力，泰国旅游业将会更好的发展。

（三）开发符合中国旅游者的具有泰国特色的旅游产品

在市场研究及调研的基础上，泰国旅游业可以开发更符合中国旅游者的旅游产品。过去泰国没有为中国旅游者提供特别的旅游项目。现有的旅游路线人们已经很熟悉了，很难再有新的突破。这几年，泰国旅游业虽然已有了不小的发展，旅游服务种类也现多样化的发展趋势，旅游产品越来越丰富，政策法规也放宽了不少，为中国旅游者赴泰旅游提供了更多的方便。但目前与一些东南亚国家相比，泰国的旅游产品还是很单调，未能满足中国旅游者目前和未来的发展趋势的所有需求。要知道中国地域面积比较广，由于地域的差距会导致旅游产品需求的差距所以要按地区设计更多的符合本地区的旅游产品。如：针对不同收入和长期，长途旅游者设计更长的旅游时间和线路，可以是天以上。旅游项目可以是纯粹的观光旅游、海滨休闲旅游、海底探险旅游、饮食旅游、生态旅游、会展旅游和购物旅游、商务旅游等等。

（四）加大在中国市场的宣传和促销力度，建立营销渠道

为让中国旅游者更多的了解泰国、前往泰国旅游，泰国旅游业需要多方的配合，一起配合树立一个在中国旅游者心中的美好的泰国旅游形象。要加强在中国市场开发与设立泰国旅游的代理商，旅游经销商。还要保证代理有效益，要明确规定代理和被代理双方的权利和义务，代理的种类和范围等。加大在中国的广告宣传工作，通过代理商了解和研究、分析中国市场的需求、特点和发展趋势等，同时提供更符合更有力度的宣传方案，让中国旅游者在了解泰国的同时也能找到自己需求的旅游产品。营销渠道方面，到目前为止，泰国的旅游市场营销及营销政策还停留在集中建立和发展跟国外旅行社的伙伴关系上，也可以说，泰国旅游业的营销策略还很单调，不足以直接影响到国外游客，在中国也是这样。因此泰国旅游业在目前要主动与国外合作的基础上建立长久的战略联盟，共同进行营销活动。另外，必须把发展多样化经营视为一个长久性的营销策略。加入世界贸易组织的同时，有利于泰国旅游

业在中国设立代理商进行宣传以吸引游客，联合联营旅游事务。随着中国公民可支配收入的不断增加，可能实现出境游的地域也由中国的东部、南部等地区向更为广阔的中西部地区拓展。宣传促销也应由传统的重点城市向其它地区延伸，为未来可能的市场未雨绸缪。方式也可更为灵活，这冗中互联网的作用不可小觑，应予充分利用。

第三章　马来西亚

第一节　马来西亚的建筑市场

一、马来西亚概述

（一）自然环境

马来西亚位于太平洋和印度洋之间，国土面积 330 257 平方公里。海岸线部长 4 192 公里，是东南亚国家之一，全境被南中国海分成马来西亚半岛和马来西亚沙砂两部分。马来西亚位置近于地球赤道，因位于赤道附近，属于热带雨林气候和热带季风气候，无明显的四季之分，一年之中的温差变化极小，常年比较炎热多雨，紫外线照射力强，空气中的湿度非常高。半岛位于马来半岛南部，北与泰国接壤，西濒马六甲海峡，东临南中国海，南濒柔佛海峡与新加坡毗邻，并建有两条长堤相通，半岛上共 11 州属；沙砂即沙巴州和砂拉越州，位于婆罗洲北部，文莱则夹于沙砂两州之间。

（二）行政区划

马来西亚分为 13 个州，包括在马来西亚半岛的柔佛、吉打、吉兰丹、马六甲、森美兰、彭亨、槟城、霹雳、玻璃市、雪兰莪、登嘉楼以及马来西亚沙砂的沙巴、砂拉越，另有三个联邦直辖区：首都吉隆坡、纳闽和布城。首都吉隆坡人口约 167.4 万人，面积达 243 平方公里。具有观光和通信两大功能的吉隆坡石油双塔高达 466 米，曾是世界上最高的建筑物。目前仍是亚洲最高塔之一，如两柄银色利剑直插云端。吉隆坡还是这个多民族、多宗教国家的缩影，市内清真寺以及佛教、印度教的寺庙随处可见，基督教的教堂也有 20 多座。联邦政府行政中心布城位于吉隆坡以南 25 公里处，面积达 49 平方公里。

（三）经济水平

马来西亚是相对开放的、以国家利益为导向的新兴工业化经济体。国家宏观经济计划在指引经济活动发挥了重要作用。大力推动旅游业，并已成为该国第三大的外汇收入来源。马来西亚已发展成为伊斯兰银行的一处中心，而且该国在伊斯兰银行拥有最多的女性劳工。知识经济服务也正在扩张。马六甲海峡在其国际贸易表现地位至关重要。是一个农业与自然资源如石油的出口国，制造业在国家的经济影响很大。

（四）交通条件

马来西亚高速公路网络比较发达，主要城市中心、港口和重要工业区都有高速公路连接沟通。高速公路分政府建设和民营开发两部分，但设计、建造、管理统一由国家大道局负责。铁路运输分布于马来西亚半岛和沙巴州。铁路系统为国营，2003 年，铁路总长 2267 公里，主要贯穿马来半岛。半岛的铁路和曼谷及新加坡都有链接。亚细安铁路有望打通新加坡、马来西亚、泰国等多个国家铁路网络马民航公司主要由马来西亚航空公司经营，有飞机 110 余架，开辟有航线 113 条，其中 80 条为国际航线。1996 年 11 月，第二家航空公司——亚洲航空公司投入运营。

（五）语言文化

马来西亚的语言有马来语、华语和印度语，国语和官方语言是马来语，英语为通用语言和函电语言。马来人会讲英语的一般能找到薪水高的工作，但由于对华人的政策不同，无论是上大学还是找工作，竞争都比较激烈，华人一般能说三种语言：华语、英语和客家话，华人迁居马来西亚数百年，其祖居地大多位于福建、广东、广西、海南等地，是以各种方言也随着祖先南来且在马来西亚继续流传。现金仍为人们所使用的方言依据祖居地由北而南排列，包括闽清话、兴化话、闽南语、客家语、潮州话、粤语、海南话、广西粤语等。在乡村地区，同一方言群聚居较多，会有较单一的方言。在市镇地区虽有一到两种强势方言，但人们中多通晓各种方言，能够快速转换对答。但想找一个薪水高的工作至少要会英语、马来语和华语。

二、建筑市场概述

（一）建筑市场概念

建筑市场是建设工程市场的简称，是进行建筑商品和相关要素交换的市场。建筑市场是固定资产投资转化为建筑产品的交易场所。建筑市场有有形建筑市场和无形建筑两部分构成，如建设工程交易中心——收集与发布工程建设信息，办理工程报建手续、承发包、工程合同及委托质量安全监督和建设监理等手续，提供政策法规及技术经济等咨询服务。无形市场是在建设工程交易之外的各种交易活动及处理各种关系的场所。

狭义的建筑市场是指交易建筑商品的场所。由于建筑商品体形庞大、无法移动，不可能集中在一定的地方交易，所以一般意义上的建筑市场为无形市场，没有固定交易场所。它主要通过招标投标等手段，完成建筑商品交易。当然，交易场所随建筑工程的建设地点和成交方式不同而变化。我国许多地方提出了建筑市场有形化的概念。这种做法提高了招投标活动的透明度，有利于竞争的公开性和公正性，对于规范建筑市场有着积极的意义。广义的建筑市场是指建筑商品供求关系的总和，包括狭义的建筑市场、建筑商品的需求程度、建筑商品交易过程中形成的各种经济关系等。

（二）建筑市场的主客体

业主是指既有进行某种工程的需求，又具有工程建设资金和各种准建手续，是在建筑市场中发包建设任务，并最终得到建筑产品达到其投资目的的法人、其他组织和个人。他们可以是学校、医院、工厂、房地产开发公司，或是政府及政府委托的资产管理部门，也可以是个人。在我国工程建设中常将业主称为建设单位或甲方、发包人。市场主体是一个庞大的体系，包括各类自然人和法人。在市场生活中，不论哪类自然人和法人，总是要购买商品或接受服务，同时销售商品或提供服务。其中，企业是最重要的一类市场主体。因为企业既是各种生产资料和消费品的销售者，资本、技术等生产要素的提供者，又是各种生产要素的购买者。

承包商是指有一定生产能力、技术装备、流动资金，具有承包工程建设任务的营业资格，在建筑市场中能够按照业主的要求，提供不同形态的建筑产品，并获得工程价款的建筑业企业。按照他们进行生产的主要形式的不同，分为勘察、设计单位，建筑安装企业，混凝土预制构件、非标准件制作等生产厂家，商品混凝土供应站，建筑机械租赁单位，以及专门提供劳务的企业等；按照他们的承包方式不同分为施工总承包企业、专业承包企业、劳务分包企业。在我国工程建设中承包商又称为乙方。

中介机构是指具有一定注册资金和相应的专业服务能力，持有从事相关业务执照，能对工程建设提供估算测量、管理咨询、建设监理等智力型服务或代理，并取得服务费用的咨询服务机构和其他为工程建设服务的专业中介组织。中介机构作为政府、市场、企业之间联系的纽带，具有政府行政管理不可替代的作用。在此种情况下诞生的造价通等建材询价网站，此类网站的诞生也大大地方便了造价信息的查询。发达市场的中介机构是市场体系成熟哥市场经济发达的重要表现。

市场客体是指一定量的可供交换的商品和服务，它包括有形的物质产品和无形的服务，以及各种商品化的资源要素，如资金、技术、信息和劳动力等。市场活动的基本内容是商品交换，若没有交换客体就不存在市场，具备一定量的可供交换的商品是市场存在的物质条件。

三、马来西亚建筑市场特点

（一）市场开放

马来西亚是资本主义国家，几乎所有公司都是私人的，在马来西亚注册公司很容易。而且，一个人可以注册几个公司，当一个人的某个公司破产时，法律规定只对该公司的财产进行清算，而该人的其他公司不负连带责任，所以有许多外国公司因对发包项目的公司不十分了解而遭受损失。另外，马来西亚政府为了保护本地公司，规定外国公司一般不能直接从业主处承接工程，而是从当地公司分包，除非是两国政府间的特殊项目或是私人投资项目，但要注意，如果业主把项目直接发包给外国公司，一般来说这种项目资金不足或有苛刻条件，风险大，要特别小心。

马来西亚建筑市场相对开放，任何符合规定的公司均可参与竞争，本地企业、中、日、韩、欧美等国企业均参与其中，市场竞争较为激烈。历经多年发展，马本地大型建筑企业数量逐年增加、实力日益增强，例如金务大、怡保工程等龙头建筑企业，占有较高的市场份额。中国企业在马拓展业务多年，目前在马建筑企业 30 余家。由于市场参与者众多，大型基础设施项目的竞争极为激烈，同一项目往往有数家甚至十数家公司或联合体参与。本地公司与外国公司既竞争又合作，外国公司往往需要发挥自身技术或资金优势与本地公司组成联合体，方有中标可能。

（二）项目分包

分包是指从事工程总承包的单位将所承包的建设工程的一部分依法发包给具有相应资质的承包单位的行为，该总承包人并不退出承包关系，其与第三人就第三人完成的工作成果向发包人承担连带责任。转包，是指承包者将承包的工程转包给其他的施工单位的行为。分包和转包的不同点在于，分包工程的总承包人参与施工并自行完成建设项目的一部分，而转包工程的总承包人不参与施工。二者的共同点是，分包和转包单位都不直接与建设单位签订承包合同，而直接与总承包人签订承包合同。

马建筑市场规模相对较小，因承包商数量庞大，建筑业分包情形极为普遍，形成很长的分包链。为保护本地公司，马政府规定外国公司一般不能直接从业主处直接承接马政府财政拨款项目，而必须向本地公司分包，除非是政府间特殊项目或私人投资项目。

绝大多数大公司作为主承包商承揽项目，然后将项目分段或分块以竞标方式交由一些小型分包商，而分包商再将工程分包给更小的分包商，甚至有三包、四包的现象。由于分包往往通过最低价竞标方式进行，导致分包商报价常常低于实际水平，项目竞争激烈，分包商经营风险增加，同时也对发包企业的经营管理构成一定挑战。

（三）招标隐蔽

招标是指招标人事先发出招标通告或招标单，品种、数量和有关的交易条件提出在规定的时间、地点，准备买进的商品名称、件，邀请投标人参加投标的行为。招标投标，是在市场经济条件下进行的大宗货物的买卖、工程建设项目有发包与承包，以及服务项目的采购与提供时，所采用的一种交易方式。在这种交易方式下，通常是由项目采购的采购方作为招标方，通过发布招标公告或者向一定数量的特定供应商、承包商发出招标邀请等方式发出招标采购的信息，提出所需采购项目的性质及其数量、质量、技术要求，交货期、竣工期或提供服务的时间，以及其他供应商、承包商的资格要求等招标采购条件，表明将选择最能够满足采购要求的供应商、承包商与之签订采购合同的意向，由各有意提供采购所需货物、工程或服务的报价及其他响应招标要求的条件，参加投标竞争。经招标方对各投标者的报价及其他的条件进行审查比较后，从中择优选定中标者，并与其签订采购合同。

对于重大政府项目，虽然大多实行公开招标，但马政府决策透明度不高，人为因素影响较大，获得项目公司往往同执政党或政府有着某种特殊关系。某些大型项目通过直接谈判方式给予既无建设经验、也无资本实力的公司来承建，其后政府又批准向公司提供巨额贷款；一些项目交由与执政党关系密切的关联公司来实施，该公司再将项目分包，赚取高额利润；更有甚者，政府虽公开招标，但最终的中标者却并未参与投标。因此，公司能否获得大项目，一定意义上取决于其对政府高层的公关力度。

（四）依赖外工

外来务工人员通常指的是外地来本地城市打工的人员，和农民工含义相近。一般泛指建筑行业，搬运行业等技术含量低，体力劳动为主的从业人员。马来西亚建筑业严重依赖外国劳工，特别是印度尼西亚、孟加拉、缅甸和尼泊尔的劳工。目前，外劳已经成为马建筑业劳动力的重要组成部分。根据马统计局 2010 年数据，外劳占据马建筑业劳动力总数的约 31%，且绝大多数外劳都是普通工人和非技术劳务。考虑到尚有大量未经注册的非法外劳，马建筑业实际雇佣外劳数量要比上述数字高得多。由于外劳数量充足、成本低，大量使用外劳导致马建筑企业采用先进施工技术的动力不足，一定程度上影响到马建筑业的健康发展。

四、中国在马来西亚建筑市场投资优势

（一）丰富的劳动资源

劳动力资源是指一个国家在一定时期内，全社会拥有的在劳动年龄范围内、具有劳动能力的人口总数。劳动年龄的范围，各国不尽相同。劳动力资源的开发和利用是一个国家劳动力资源的状况，是基本国情的重要组成部分，因而也是制定经济、社会发展战略的重要依据之一。

马来西亚高校毕业生具有一定的规定，中高级管理技术人才的招聘虽然存在一定的困难，但通过猎头公司、熟人介绍等渠道和形式，基本上也能满足需要。目前，有上百万孟加拉国、印度尼西亚、越南等国劳务工人在马来西亚务工，外籍劳务资源的供应比较充足。

目前来看，使用外籍劳务比较成功，同一个项目上存在成建制、小班组等不同的管理模式，用工方式比较灵活。只要管理措施到位，足额及时发放工资，外籍工人的管理与稳定工作能够得到保障。随着东盟一体化的形成，东盟内部人力资源的流动更为自由灵活，公司在外籍劳务用工方面，将会有更多的选择余地。

（二）低价的劳动成本

劳动力成本是指企业因劳动力、劳动对象、劳动手段、雇佣社会劳动力而支付的费用以及资金等，生产要素的投入构成劳动力成本是劳动核算体系的主要组成部分。劳动力成本是指企业因雇佣社会劳动力而支付的费用。随着中国经济的高速发展，人们生活水平的提高，国内劳务的成本优势已经不在。

据了解，目前国内派到马来西亚一般水平的木工月工资也在 1 万元人民币以上，而孟加拉国的木工月工资约在 3 000 元人民币左右。马来西亚高校

毕业生具有一定的规模，属地员工虽然也存在与此相关的福利补助津贴，但受工资水平、属地消费水平等因素影响，这部分费用要低得多。

（三）丰富的物产资源

马来西亚钢筋、水泥等大宗建筑材料基本上能够满足需要。部分在建项目属地采购材料量达到100%。由于距离中国地理位置较近，海运快捷方便，部分大宗物资可以考虑从中国采购。马来西亚都要向国外出口大量的锡矿砂，这是它除了旅游业之外，赚取外汇最多的行业。马来西亚的锡矿十分容易开采，因为它们大多分布在坚硬的花岗岩石带两旁，形似两条南北延伸的带子。

此外，橡胶的年产量很高，在1 200万吨左右。橡胶园的面积也很大，全国耕地一半以上都种植橡胶树，世界上种植的橡胶40%在马来西亚，它是世界上最大的天然橡胶生产国和出口国。东南亚气候条件好，一年四季高温多雨，土层也很深厚，非常适合橡胶树的生长。马来西亚的橡胶主要产在马来西亚地区的西部山城地带，在排水良好的平原和低矮丘陵地上分布着许多橡胶种植园。

（四）多元的文化环境

文化环境是指包括影响一个社会的基本价值、观念、偏好和行为的风俗习惯和其他因素。马来西亚是一个多种族的国家，主要居住着巫裔、华裔和印裔。在各种族在和谐相处的同时，都保持了自己的独特文化，整个国家体现出文化上的多元性和包容性。由于中华文化符号随处可见，国内员工来到马来西亚少有外来的感觉。在一个单位里，各个种族的员工关系也比较融洽，团队精神较强。

各种族的员工虽然在生活习惯、文化传统方面存在一定的差异，但并不妨碍员工友好相处、共同共事。另外，马来西亚属于英联邦国家，在建筑设计、施工技术、验收规范、项目管理模式等方面采用英标体系。对于许多中方员工来说，这是一个崭新领域，更是学习机会。从这个角度来说，对于培养国际化人才、提高公司海外业务的国际化和竞争力，具有重要意义。

第二节　马来西亚房地产市场初探

一、房地产市场概述

（一）房地产

房地产是一个综合的较为复杂的概念，从实物现象看，它是由建筑物与土地共同构成。土地可以分为未开发的土地和已开发的土地，建筑物依附土地而存在，与土地结合在一起。建筑物是指人工建筑而成的产物，包括房屋和构筑物两大类。作为一种客观存在的物质形态，房地产是指房产和地产的总称，包括土地和土地上永久建筑物及其所衍生的权利。房产是指建筑在土地上的各种房屋，包括住宅、厂房、仓库和商业、服务、文化、教育、卫生、体育以及办公用房等。地产是指土地及其上下一定的空间，包括地下的各种基础设施、地面道路等。房地产由于其自己的特点即位置的固定性和不可移动性，在经济学上又被称为不动产。

（二）房地产市场

房地产市场是从事房产、土地的出售、租赁、买卖、抵押等交易活动的场所或领域。房产包括作为居民个人消费资料的住宅，也包括作为生产资料的厂房、办公楼等。所以，住宅市场属于生活资料市场的一部分，非住宅房产市场则是生产要素市场的一部分。房产也是自然商品，因而建立和发展从事房产交易的市场是经济运行的要求。房地产市场的供给和需求的高度层次性和差别性。由于人口、环境、文化、教育、经济等因素的影响，房地产市场在各个区域间的需求情况各不相同，房地产市场供给和需求的影响所及往往限于局部地区，所以，房地产市场的微观分层特性也较为明显。具体表现在，土地的分区利用情况造成地区及一个城市的不同分区，不同分区内房产类型存在差异，同一分区内建筑档次也有不同程度的差异存在。

房地产市场上进行交易的商品不仅有各种各样的、不同用途的建筑物，还包括与其相关的各种权利和义务关系的交易。交易方式不仅有买卖、租赁，还有抵押、典当及其他的让渡方式。由于房地产可以保值、增值，有良好的吸纳通货膨胀的能力，因而作为消费品的同时也可用作投资品。房产的投资性将随着收入的提高得到进一步的拓展。房地产市场供求关系的不平衡状态是经常会发生的。虽然价格和供求等市场机制会产生调整供求之间的非均衡态的作用，但随着诸多市场因素的发展变化，原有的均衡态将不断被打破，因此，房地产市场供求之间的不平衡性将长时期存在，而均衡始终只能是相对的。

（三）房地产开发

房地产开发是指在依法取得国有土地使用权的土地上，按照城市规划要求进行基础设施、房屋建设的行为。因此，取得国有土地使用权是房地产开发的前提，而房地产开发也并非仅限于房屋建设或者商品房屋的开发，而是包括土地开发和房屋开发在内的开发经营活动。简言之，房地产开发是指在依法取得国有土地使用权的土地上进行基础设施、房屋建设的行为。房地产开发与城市规划紧密相关，是城市建设规划的有机组成部分。为了确定城市的规模和发展方向实现城市的经济和社会发展目标，必须合理地制定城市规划和进行城市建设以适应社会主义现代化建设的需要。

二、房地产开发项目特征与周期

（一）房地产开发项目特征

土地不为人们主观意识来移动，同样建筑物依赖于土地上，一般情况之下也是不可移动。虽然特殊情况下可采取工程技术进行移动建筑物，但需要较多的人力物力投入，这种情况一般较少出现。因此人们一般把土地与房屋称为不动产。房地产区别于其他商品的重要特性之一就是其不可移动性，其必然带来房地产的区域性和个别性，而房地产其所处的地块位置在很大程度上决定了其价值。不同的地域存在不同的市场需求，不同的市场供求关系选择影响着产企业实现最大利润。建筑文化是每个地方在一定的历史时期内，形成的具有地方特色的精神财富。因此，每个地方都有着自己独特的建筑居住文化，房地产企业需要因地制宜研究当地建筑居住文化，设计迎合当地需求的户型。不同城市之间的发展千差万别，房地产市场供求、消费者的购买力、需求倾向都不一样，房地产企业需在前期决策时进行深入的市场调研，以防范风险。

房地产项目开发建设有严格的施工规范和时间要求。从项目前期可行性分析、土地获取、勘探设计、筹措资金、正式进场施工建设、定价销售到正式交付都有相应的要求，往往完成一个项目的开发需要较长时间。此外，房地产开发的整个周期都涉及不同政府部门的审批，手续繁多，每个步骤的审批时间都会影响到项目开发周期的长短。与其他商品相比，商品房一般价格较高。同时，房地产开发项目也是一个高投入的经济活动，一般体量较大，各个阶段都需要高额资金投入，特别是土地征收费、建安费、公共配套设施费和营销费用。由于开发周期较长，投资规模越大，需要占用的资金就越多，房地产企业需要承担的风险就越大。为了应对资金压力和流动性差，房地产企业大多采取长期融资手段来获取资金，能否从资本市场及时筹措和归还资金，成为由房地产企业必须面临的风险因素之一。

（二）房地产开发项目周期

虽然在投资决策阶段，房地产企业并未对项目进行实质性的投资，但往往房地产企业能否对目标项目进行深入调研做出客观科学的评价，往往一早就已决定着整个项目的成功与否。房地产企业在此阶段主要集中精力做好以下工作：进行市场调研、编报项目可行性研究报告、进行相关融资调研及进行开发立项。我们把项目立项成功在进入正式施工建设前的时间段划分为项目前期阶段。此时我们需要项目工作人员进行一些基础性工作，为项目正式施工建设进行铺垫。主要包括：组织筹措项目开发资金、勘探设计单位招标、项目设计申报、进行征地拆迁补偿安置、获取土地、建筑工程施工招标及分包等。

施工建设阶段是房地产开发项目的主要阶段，一般耗费的时间最长，资金占用最多。大多开发商出于自身规模和风险转移的原因，会将工程分包给建筑公司，由建筑监理公司监督。一般情况下，当施工主体完成后，需要交由当地政府建设部门进行施工验收后方能交付客户。一般情况下当项目施工建设达到一定的条件，房地产开发商可以向政府建设部门申请预售，少部分国家或区域规定开发商只能销售现房。能否在销售阶段实现快速销售，获取最大利润，成为此阶段开发商面临的最大挑战。开发商需要重点做好以下工作：商品房的预售申请、销售推广、选择合适销售渠道、合理的销售时机、合理定价等。

三、马来西亚房地产市场前景

（一）市场供需潜能大

市场供求关系是指在商品经济条件下，商品供给和需求之间的相互联系、相互制约的关系，它同时也是生产和消费之间的关系在市场上的反映。供不应求是指一定时间内，市场上生产部门生产出的商品，也就是提供给人们消费的商品总额，小于人们在这段时间内满足物质资料生活所需要产品的总额。在这种情况下，需求大于供给，这时候市场就成了卖方市场，卖方处于有利的地位。供过于求说的是一定时间内，市场上生产部门生产出的商品，也就是提供给人们消费的商品总额，大于人们在这段时间内满足物质资料生活所需要产品的总额。这使得供给大于需求，这时候市场成了买方市场，买方处于主动地位。供需平衡。是指在一定时间内，商品的供给与人们的需求达到了理想的对等状态，即供给刚好满足需求。这种平衡只是种趋势，只能是相对的平衡，这需要在严格的假定条件下才能实现。在这种情况下，买方和卖方处于对等关系，双方的关系是相对和谐、稳定的。

马来西亚商品房建造以私人发展商为主，当地房地产行业处于发展起步阶段，相当大部分开发商的产品，风格简约，交楼标准多为精简装修，加上热带雨林气候影响，材料单一，注重隔热和通风排水设计，小开发商无销售体验展示区的概念，绿化园林设计简单、风格单一，与国内开发项目的设计水准存在一定的差距。马来西亚的国策是鼓励人口增长，马来西亚形态各异的住宅比比皆是，住房需求很旺，尤其是廉价房十分抢手。而每年市场上建成的房子远远满足不了市场需求。因此，马来西亚的房地产市场容量较大。

在马来西亚经营房地产开发，只要对发展地点深入做好可行性研究，地段选对，销售一般没有问题。主要原因是马来西亚的房地产市场发育比较成熟，各类房屋的地价、售价、建筑费用及施工进度均相对稳定，利润可以大致预测到。当地市场上推出的众多地盘，通常地主或者楼师都做了市场评估、资金投入、利润率、资金回报率等方面的预测报告，可供发展商参考。

（二）资金来源广泛

购买土地的费用可由发展商自己出资或提供银行担保后获取贷款，当地银行在融资时又相当于为其免费做了再次咨询，有双保险作用。但是，银行的房地产开发贷款仅限于对当地公司占股超过 51% 的公司，因此，外国发展商必须与可靠的当地合伙人组成合营公司，以利经营和申请有关贷款。发展商为购房者向银行安排终期贷款，这样发展商可在施工期内从银行分期直接收回购房款，银行向购房者发放长期贷款，贷款利息由购房者承担，而且这样可把贷款的利息风险也转移到购房者身上。为了鼓励房地产开发，房地产开发入市门槛较低，开发商可以最高贷款 70%。为了监控开发商，控制地产泡沫，马来西亚政府要求银行支付进度款不能一步到位拨款到房地产开发商账上，而是要根据工程实际进度，逐步支付。此外，马来西亚政府为了吸引更多的海外资金投资马来西亚房地产，推出了“第二家园”计划。该计划除了可以使参与的家庭获得十年内多次入境居留权外，参与家庭子女可以接受国际化教育、取得华侨身份报读国内优秀院校。

四、中国在马来西亚房地产市场投资优势

（一）较低的贷款利率

贷款利率，是指借款期限内利息数额与本金额的比例。我国的利率由中国人民银行统一管理，中国人民银行确定的利率经国务院批准后执行。贷款利率的高低直接决定着利润在借款企业和银行之间的分配比例，因而影响着

借贷双方的经济利益。贷款利率因贷款种类和期限的不同而不同，同时也与借贷资金的稀缺程度相联系。发达经济体运用财政政策将会带来政策环境的平衡，从而有益于未来经济增长，但贸易保护主义以及金融市场波动的不确定风险性也同时存在。最近几周来，强烈的金融市场波动已经普遍给新兴经济体的汇率、收益率等带来不利影响。马来西亚央行称，受净出口增长的支持以及国内私人部门经济活动增长的拉动，马来西亚第三季度国内经济增长扩大，预计未来私人部门经济增长还将继续对该国经济产生带动作用。

（二）永久的地契年限

永久地契房产是指州政府已经永久出售给个人的土地；当发展商发展拥有永久地契的地库，用来发展独立式洋房、私人住宅或公寓时，这些房地产就属于永久地契房产。在马来西亚，州政府已将土地出售予房地产发展商，房地产发展商接着在有关土地上开始建筑房地产。屋主在转让房产时可面对较少、较宽松的限制。虽然受到城市规划部门的监管，他们也有细分和分配土地的权利。如果永久地契的旧房产需要重建，业主将得到赔偿。一般上，状况良好的永久地契房产价值会更稳定增长；在同一区的永久地契房产也会比租用地契房产更容易脱售。

马来西亚大部分的房产为永久地契，而国内，不仅产权年限只有70年，地契更不可能归居民所有。马来西亚土地可以作为私有财产受法律的保护，可自由买卖。一种是永久拥有权，可以获得永久地契，另一种是租赁性拥有权，可获有效期为99年的租契。在马来西亚购房贷款门槛相对低，付款周期宽松，将对国内目标客户群来马购房有相当大的吸引力。

（三）较高的租金回报

随着国内生存压力的与日俱增，具备低廉生活成本、高度生活质量与教育质量的马来西亚，近年来越来越受中国中产阶级人群的喜爱。马来西亚房价世界排名第99位，租金回报率却是第六位，升值空间被业内一致看好。由于马来西亚移民人士多数有在马来西亚长期居留生活和安置家人的需要，购房投资最受申请人欢迎。马来西亚的租金回报率高达5%，相当于国内

2004年左右的水平，现在国内的租金回报率仅有2%左右。出于马来西亚较高的房产投资回报率，有些无意在马来西亚长期生活的投资人也会站在投资的立场上，选择在马来西亚购房投资。

（四）附赠的配套车位

车位，即停车位指停车的地方，包括露天场所及室内场所。车位按收费可以分为两种，免费车位和付费车位。在车场管理中，通过车位出租，提供停车服务，收取停车费是停车车场管理公司的主要收入来源，常将车位分为固定车位和临租车位。随着经济的迅速发展，私家车的数量迅猛增长，造成小区车位、车库的数量捉襟见肘。供需的不平衡及权属不明晰导致越来越多的业主因为车位、车库的权属产生纠纷，停车位难成为普遍的现象。面积分摊说指的是依照小区车位、车库的建筑面积是否计入小区的公摊面积作为判断车位、车库权属的依据。一般在商品房销售合同中都有对公摊面积的约定。依据相关的规定，房屋的销售面积是套内面积与公用面积的总和，由摊得公共面积的业主来共同享有公用面积的产权。在马来西亚购房开发商会免费赠送至少一个停车位，这对在国内需要额外购买车位，且一个车位价格堪比房价的国内置业人群来说，无疑是一个非常大的诱惑。

第三节　马来西亚的法律投资环境

一、马来西亚对外贸易部门

（一）国际贸易与工业部

国际贸易也称通商，是指跨越国境的货品和服务交易，一般由进口贸易和出口贸易所组成，因此也可称之为进出口贸易。国际贸易也叫世界贸易。进出口贸易可以调节国内生产要素的利用率，改善国际供求关系，调整经济结构，增加财政收入等。国际贸易与工业部负责制定投资、工业发展及外贸等有关政策，促进贸易合作。马来西亚的投资主管部门分为主管制造业的和其他行业的，主管制造业领域投资的政府部门是马来西亚投资发展局，主要职责是制定工业发展规划、促进制造业和相关服务业领域的国内外投资、审批制造业执照、外籍员工职位以及企业税务优惠、协助企业落实和执行投资项目。

（二）马来西亚皇家海关

海关是依据本国的法律、行政法规行使进出口监督管理职权的国家行政机关。马来西亚皇家海关是负责实施国家间接税政策的政府机构，下设进出口司和工业司，主要职责是促进贸易和产业发展，为合法贸易提供便利，征税以及维护国家经济、社会和安全利益。对进出口货物、旅客行李和邮递物品、进出境运输工具，实施监督管理，有的称作通关管理，有的称作保障货物、物品合法进出境。

许多国家海关除征收关税外，还在进出口环节代征国内税费，例如增值税、消费税和石油税等。有些国家海关，还征收反倾销税、反补贴税和进口商品罚金等。各国海关部对逃避监管、商业瞒骗偷逃关税行为进行查缉，尤其对走私禁止和限制进出境的货物、物品，特别是毒品，每一个国家海关都加大查缉力度。海关税收是国家财政收入的重要来源，也是国家实施宏观调控的重要工具。

（三）马来西亚总理府经济计划署

对外投资也称海外投资。主权国家为获取外汇收入或挤入国外市场向其他国家或地区进行的投资。对外投资与资本输出是有区别的两个概念。前者一般是指发展中国家在建设资金不充裕的情况下，为了本国经济发展的长远利益而对国外进行的投资活动。这是在战后才出现的一种世界经济现象。后者则是资本主义国家，为其过剩资本寻求最有利的投资场所，以获取高额利润和经济扩张的重要手段。

马来西亚总理府经济计划署负责审批涉及外资与土著持股比例变化的投资申请，其他相关政府部门负责与业务有关事宜的审批。中国对外投资规模将继续快速扩大，制造业对外投资步伐将进一步加快。民营企业成为生力军，大型企业龙头作用继续增强。

二、马来西亚投资相关法律介绍

（一）《合同法》

从法律传统上看，马来西亚在传统上属于普通法系，马来西亚是资本主义国家。马来西亚合同法规定，当一个人向他人表示其希望从事某种行为，以便获得他人对该行为的承诺，他的行为被称为要约。马来西亚合同法坚持英美法系的对价原则，认为当要约处于送达承诺人的过程中，要约人随时可以撤销该要约。因为要约在送达过程中要约人并未得到任何承诺，故可以随时撤销要约。

《合同法》认为要约取消对另一方的送达通知情形下可以撤销要约；其次认为要约中规定了承诺期限的，或者没有规定承诺期限，在一段合理的时间内，一方没有表示接受要约的，可以撤销要约；最后还规定对于受要约人不符合要约的条件的，要约人死亡或者有精神障碍的，或者在接受前受要约人知道了要约人死亡或有精神障碍的都可以撤销要约。马来西亚《合同法》对要约的接受方式没做规定的情况下，认为要约的接受必须是绝对的和没有任何限制的，是以某种符合常规而合理的方式接受，并且规定如果要约规定了接受要约的方式，而受要约人没有按这种方式接受，要约人可以在送达了接受通知给他后的一个合理时间内坚持他的要约应以规定的方式接受，而不能以其他方式接受，但是，如果要约人没有这样做，即被视为接受了该接受通知。

马来西亚《合同法》认为承诺必须是绝对的，即承诺必须对要约表示完全同意，而不能改变要约中任何条件。马来西亚《合同法》在这里遵循了英美法系的镜像原则，即：承诺必须像一面镜子一样，反照出要约的内容，不容许丝毫差异，否则即视为反要约。马来西亚《合同法》的规定不利于商业活动中受要约人合理愿望的实现，因为根据马来西亚《合同法》的规定，是不允许受要约人讨价还价的，不利于受要约人合理愿望的表达。同时这样的规定也不利于交易的稳定，往往会导致已达成的交易被推翻。

马来西亚《合同法》规定立约人在受约人未申请和没有指定时间时，履行承诺要在一个合理的时间内履行。这里的合理时间是根据个案来具体确定的，比如在正常的营业时间内履行就属于合理时间。另外在履行方式上，马来西亚《合同法》规定任何诺言都要以受约人指定的方式履行，这样的规定更有利于受约人。对于合同的同时履行，马来西亚《合同法》规定，许诺人不需要履行对受许诺人做出的承诺，除非受许诺人准备以及愿意履行其对许诺人的相互承诺，这一规定也体现英美法系国家的对价原则，给予了许诺人更多的权利。

（二）《投资法》

《投资法》明确规定，当涉及兼并、购买或者兼管事宜时，由证券管理委员会和外国投资委员会，根据马来西亚兼并兼管的有关规定来进行管理。外国投资委员会还就非制造业的外国投资制定相应的政策方针。一般政策规定外资在合资企业中最多只能拥有 30% 的股份，但制造业的出口外向型产业中，有时候也允许设立外商独资企业。而它们也可以拥有 100% 的股权。马来西亚政府鼓励当地的土著马来人拥有资产，因此经常要求国内外企业与土著马来人合作，并要求职工中也要有一定比例的土著马来人。马来西亚对外资企业提供一系列财政方面的鼓励措施，这些通常都是与公司的经营业绩相挂钩的。

马来西亚的外国投资者在除了资产限制以外的各方面享有国民待遇。外国证券投资者也可以在当地的股票交易所自由买卖股票和债权，并可以购买刚刚上市的新股。但有一个例外是有关商业银行，外资在商业银行中最多只能拥有 20% 的股份。实际上，所有上市公司的股票中，只有一小部分是经常交易的。其余大部分则掌握在大股东手中。马来西亚目前在积极地进行私有化改造，欢迎外资充分参与。外资企业还可以参与由政府资助的研究发展项目。

除了外资在企业中控股的 30% 的限制外，某些行业还有其他一些限制外资的规定，比如：政府严格控制金融服务性企业的设立，除了在保险公司外，不批准建立任何银行或保险公司。农业用地的所有权只限于马来西亚公民，在石油和天然气行业也有类似的规定。过去一些外资企业曾取得过在一定时间内外资可控股 30% 以上的经营许可，但随着许可证期限的截止，在续办新证时，马来西亚政府要求这些外资企业证明该企业已经朝着外资控股 30% 的方向改进。这种结构改革的方法包括吸收新的当地合伙人，给现有的当地合伙人更大的股份或在吉隆坡股票交易所投入更多可流动的股票，最终达到外资控股不超过 30% 的目标。虽然公有企业很少在市场或贷款方面与私有企业竞争，但面临竞争时，土著马来人的企业在取得政府合同时往往会得到照顾。

（三）《公司法》

外国投资者在马来西亚投资，可建立以下四种商业组织形式：上市公司；不上市公司；独资企业或合伙；分公司。其中上市公司又有股份有限公司、担保有限公司和无限责任公司之分。两个或两个以上的个人在履行注册手续时，建立公司或拥有营业地或经商，均受该公司法管辖。根据《公司法》，股份有限公司股东责任仅限于其所认购的股票额。对不上市公司，法律限制其享有自由转移股票权限，股东人数不得超过 500 人，并不得公开发行股票。在无限责任公司中，公司股东责任是无限的，类似一般合伙企业。

《公司法》还规定，居民公司必须至少有两位董事和秘书的主要居住地为马来西亚，公司审计员须由马来西亚政府批准。公司在组建后 18 个月内应召开一次股东大会，随后每年召开一次。此外，在马来西亚的外国公司，需在建立公司后的一个月内，提交下述文件：公司的章程、备忘录和细则的复件；董事名单；居住在马来西亚的人员名单和住所；公司的授权代表；公司的资产负债表。需要强调指出，公司在马来西亚是唯一的一种需要事先注册的企业形式。

注册登记是公司取得法人资格的先决条件，合伙和独资企业注册旨在享受某种权利。这种企业不事先注册也可合法成立，只是不得享受某种权利。外国投资者在选择投资形式时，首先需对每种商业组织形式特性有所了解，进行综合比较，以便选择最适合自身发展的商业组织形式。

（四）《海关法》

马来西亚《海关法》授权财政部长以发布命令的形式随时在政府公报上公布进、出口应税产品的应税税率、计税价格等。同时《海关法》也授权海关官员对一些进、出口应税产品进行分类、估价，以作为征税的依据。关税是马来西亚实施进口管理的主要手段。进口关税主要为从价税，只有一些特殊产品采用从量税。目前，马来西亚对大部分原材料、零部件和机械设备取消了进口税，而对汽车等进口的奢侈品和涉及国内保护行业的产品适用高税率。在免除缴纳进口关税方面，根据马来西亚《海关法》的授权，财政部长有权免除个别特殊组织或特定产品缴纳进口关税。

根据《海关法》和《海关进口管制条例》，马来西亚对大部分产品实行自由进口政策，仅有小部分产品禁止进口或实行进口许可管理。其中，禁止进口产品涉及 14 类；实行进口许可的产品涉及 40 类 411 个海关税号，如机动车辆、彩色复印机、食糖、大米、面粉等，此类商品的进口须获得海关关长或其指定的其他政府部门或法定机构出具的进口许可证；受自动许可管理的进口产品，主要由发放自动许可证的机构实施总量监控。根据《海关法》和《海关出口管制条例》，马来西亚对出口产品实行分类管理。其中，禁止出口的产品包括海龟卵和马来半岛出产的藤条植物；限制出口的产品在出口前须获得海关关长或海关关长指定的其他政府部门或法定机构出具的出口许可证、特别许可或批文。

（五）《劳动法》

根据马来西亚法律，最低工资限额和工作条件由“工人工资协会”决定，劳动部负责强制执行。除工资以外，雇员附加福利因地区不同而不同。吉隆坡及其附近地区工资较高，偏远农村地区工资偏低。马来西亚法律规定，雇用员工必须签订劳动合同，员工每天工作不得超过 8 小时，或每周 48 小时，加班工作的补贴是平时工资的 1.5 倍，假日及假期为 2 倍；女性工人不得在晚上 10 点至早上 5 点之间从事农业或工业类工作。雇主为雇员缴纳的公积金比例不得少于雇员月薪的 12%，养老金缴纳比例为雇员月薪的 1%。

马来西亚法律规定外国人在马来西亚工作必须获得工作许可，外国公司缴足资本在 200 万美元以上者，可自动获得最多 10 个外籍员工职位，包括 5 个关键性职位；经理职位的外籍员工雇佣期最长可达 10 年，非经理人员的可达 5 年。外国公司缴足资本超过 20 万美元但少于 200 万美元者，可自动获得最多 5 个外籍员工职位，包括至少 1 个关键性职位；经理职位的外籍员工雇佣期最长可达 10 年。非经理职位的可达 5 年。外国公司缴足资本少于 20 万美元者，达到 14 万美元（约 50 万马币），可考虑给予关键性职位；具备专业资格及实际经验的经理职位可考虑获得 10 年雇佣期。

第四章　新加坡

第一节　新加坡旅游业发展及投资环境

一、新加坡概述

（一）自然环境

新加坡毗邻马六甲海峡南口，北隔狭窄的柔佛海峡与马来西亚紧邻，并在北部和西部边境建有新柔长堤和第二通道相通。南隔新加坡海峡与印度尼西亚的民丹岛和巴淡岛都有轮渡联系。全国由新加坡岛、圣约翰岛、龟屿、圣淘沙、姐妹岛、炯岛等六十余座岛屿组成，最大的三个外岛为裕廊岛、德光岛和乌敏岛。新加坡地势起伏和缓，其西部和中部地区由丘陵地构成，大多数被树林覆盖，东部以及沿海地带都是平原，地理最高点为武吉知马。

新加坡地处热带，长年受赤道低压带控制，为赤道多雨气候，气温年温差和日温差小。平均温度在23℃～34℃之间，年均降雨量在2 400毫米左右，湿度介于65%～90%之间。11月至次年1至3月左右为雨季，受较潮湿的东北季候风影响天气不稳定，通常在下午会有雷阵雨，平均低温徘徊在摄氏24℃～25℃。6月到9月则吹西南风最为干燥。在季候风交替月，那就是4月到5月，以及10月到11月，地面的风弱多变阳光酷热，岛内的最高温度可以达到35℃。新加坡河流由于地形所限，都颇为短小，全岛共有32条主要河流，河流有克兰芝河、榜鹅河、实龙岗河等，最长的河道则是加冷河。大部分的河流都改造成蓄水池为居民提供饮用水源。

（二）行政区划

新加坡是一个城邦国家，故无省市之分，而是以符合都市规划的方式将全国划分为五个社区（行政区）。它们分别为：中区社区（120万人），东北社区（130万人），西北社区（83万人），东南社区（84万人），西南社区（83万人），由相应的社区发展理事会（简称社理会）管理。这5个社理会在2015年被重新分割为89个选区，当中包括13个单选区和16个集选区。其中单选区：后港、先驱、裕华、丰加北、蒙巴登、盛港西、榜鹅东、武吉班让、波东巴西、拉丁马士、凤山、武吉巴督、麦波申。集选区：义顺、裕廊、三巴旺、蔡厝港、东海岸、西海岸、阿裕尼、宏茂桥、淡滨尼、马林百列、丹戎巴葛、碧山—大巴窑、荷兰—武吉知马、白沙—榜鹅、摩棉—加冷、马西岭—油池。

（三）经济水平

新加坡属外贸驱动型经济，以电子、石油化工、金融、航运、服务业为主，高度依赖美、日、欧和周边市场，外贸总额是GDP的四倍。经济长期高速增长，1960—1984年间GDP年均增长9%。1997年受到亚洲金融危机冲击，但并不严重。2001年受全球经济放缓影响，经济出现2%的负增长，陷入独立之后最严重衰退。为刺激经济发展，政府提出“打造新的新加坡”，努力向知识经济转型，并成立经济重组委员会，全面检讨经济发展政策，积极与世界主要经济体商签自由贸易协定。根据2018年的全球金融中心指数（GFCI）排名报告，新加坡是全球第四大国际金融中心。

（四）交通条件

新加坡是世界重要的转口港及联系亚、欧、非、大洋洲的航空中心。新加坡总公路干线长度约3 356公里，全岛已经构筑起一个高度发达的交通网络，其中高速公路163公里，一级公路613公里。此外公共交通同样发达，以地铁、巴士为主，以轻轨、的士为辅，由两家公交公司经营，分别为新捷运及SMRT集团。新加坡公共交通系统实行划一票价，所有系统均接受智慧卡或零钱付款，持卡乘车可享有车资优惠。而标准值单程车票则可以从所有地铁站内的一般售票机购买。

新加坡为世界最繁忙的港口和亚洲主要转口枢纽之一，是世界最大燃油供应港口。有200多条航线连接世界600多个港口。根据新加坡海事及港务管理局的数据，截至2014年年底，新加坡港集装箱吞吐量上升4%至3 390万TEU，名列世界第二位。从燃油销售上来看，新加坡仍是世界第一的加油港，

2014 年销售的总燃油量达 4 240 万吨，抵港船舶创纪录则达到 23.7 亿总吨。新加坡拥有 8 个机场，其中新加坡樟宜机场及实里达机场是国际民航机场，其余则用于军事用途。樟宜机场占地 13 平方公里，拥有 3 座航厦和两条跑道。由新加坡民航局营运，主要有新加坡航空公司及其子公司胜安航空、新航货运和酷航等。作为当今世界第五大繁忙的国际机场，樟宜机场为飞往约 80 个国家和地区、300 多个城市以及 100 多家国际航空公司提供服务。2014 年樟宜机场年客流量达 5 410 万人次，比前年增加了 0.75%。樟宜机场亦为新加坡制造了超过 4 万个就业机会。

（五）语言文化

新加坡是一个多语言的国家，拥有 4 种官方语言、即英语、马来语、华语和泰米尔语。基于和马来西亚的历史渊源，《新加坡宪法》规定马来语为新加坡的官方语言的一种，主要是尊重新加坡原住民所使用的语言。由于内在和外在因素的考量，新加坡采用英语作为主要的通行语和教学语。

二、旅游业概述

（一）旅游业

旅游业，国际上称为旅游产业，是凭借旅游资源和设施专门或者主要从事招徕、接待游客并为其提供交通、游览、住宿、餐饮、购物、文娱等六个环节的综合性行业。旅游业务要有三部分构成：旅游业、交通客运业和以饭店为代表的住宿业。它们是旅游业的三大支柱。旅游业是以旅游资源为凭借、以旅游设施为条件向旅游者提供旅行游览服务的行业，又称无烟工业、无形贸易。

旅游业包括国际旅游和国内旅游两个部分。两者由于接待对象不同而有所区别，但其性质和作用是基本一致的。经济发达国家的旅游业，一般是从国内旅游业开始，逐步向国际旅游业发展。一些发展中国家由于经济落后，经济建设需要外汇，大多是从国际旅游业开始发展的。国内旅游业和国际旅游业是密切相联的统一体，统筹规划、合理安排，能够互相促进、互相补充、共同发展。旅游业能够满足人们日益增长的物质和文化的需要。通过旅游使人们在体力上和精神上得到休息，改善健康情况，开阔眼界，增长知识，推动社会生产的发展。

旅游业的发展以整个国民经济发展水平为基础并受其制约，同时又直接、间接地促进国民经济有关部门的发展，如推动商业、饮食服务业、旅馆业、民航、铁路、公路、邮电、日用轻工业、工艺美术业、园林等的发展，并促使这些部门不断改进和完善各种设施、增加服务项目，提高服务质量。随着社会的发展，旅游业日益显示它在国民经济中的重要地位。

（二）旅游市场

旅游市场通常是指旅游需求市场或旅游客源市场，即某一特定旅游产品的经常购买者和潜在购买者。从经济学角度讲，它是旅游产品供求双方交换关系的总和；从地理学角度讲，它是旅游市场旅游经济活动的中心。属一般商品市场范畴，具有商品市场的基本特征，包括旅游供给的场所（即旅游目的地）和旅游消费者（即游客）以及旅游经营者与消费者间的经济关系。旅游市场与一般商品市场的区别在于它所出售的不是具体的物质产品，而是以劳务为特征的包价路线。同时，旅游供给与消费过程同步进行，具有很强的季节性。

旅游市场形成与经济兴衰是同步的。首先，旅游客源市场分布格局与国家经济发展水平和国民人均收入水平是相一致的，并且这种客源市场结构具有一定的稳定性。经济的发展是旅游市场形成的主要条件，凡是经济发达和经济看好的国家和地区都是发展最好和最快的旅游市场。旅游供给市场从形成到成熟，必须经过适应需求、引导需求、刺激需求和创造需求不同层次的实践过程。许多国家在很短的时间内就在竞争激烈的世界旅游市场成为旅游强国，靠的就是不断提高旅游服务质量，加速更新和开发旅游产品，增加旅游产品的销售渠道，增加旅游产品促销力度，提供并创造能够满足旅游者各种需求的旅游服务产品，使自己的国家迅速形成具有竞争力的旅游市场，并跻身于世界旅游强国的行列。

（三）旅游资源

旅游资源是旅游业发展的前提，是旅游业的基础。旅游资源主要包括自然风景旅游资源和人文景观旅游资源。自然风景旅游资源包括高山、峡谷、森林、火山、江河、湖泊、海滩、温泉、野生动植物、气候等，可归纳为地貌、水文、气候、生物四大类。人文景观旅游资源包括历史文化古迹、古建筑、民族风情、现代建设新成就、饮食、购物、文化艺术和体育娱乐等，可归纳为人文景物、文化传统、民情风俗、体育娱乐四大类。

旅游资源的功能指的是它对人类社会所具有的效用和价值。旅游资源的效用和价值主要分为两个方面：一是对游客来说，其功能主要表现为观赏消闲、娱乐健身和增知益神三个方面，其中观赏消闲是旅游资源最基本的功能；二是对旅游目的地国家或地区及其旅游经营者来说，其功能主要表现为所取得的经济效益、社会效益和环境效益。

三、新加坡旅游业市场特点

（一）会展旅游优势

新加坡的会展不仅受到了世界级专业会展协会的认可，也受到了商务旅游者的广泛青睐。新加坡展览市场准入政策十分宽松，任何商业机构和贸易组织不需要经过特殊的审批程序便可以进行展览业务，展览公司的商业注册也和普通商业公司一样，没有额外的要求。新加坡从实际出发，实行全方位开放，努力把本国经济融合在世界经济之中，积极参加国际分工，充分利用外国资源、市场、技术和资金以发展本国经济。坚实的经济基础为本国发展会展产业奠定了良好的经济基础。由于许多不同国家、不同种族的人同时在新加坡居住生活，使得新加坡的文化呈现出其特有的多样性，也使这个国家更加开放，文化融合性更强；另外，新加坡的英语普及率非常高，这些都为新加坡成功举办各类会展活动奠定了重要基础。

新加坡能提供一系列世界顶尖的大型会议中心、展览厅、小型会议场所等满足组织者各种不同的要求、适应不同活动的预算。新达新加坡国际展览中心和新加坡博览中心适合于大规模的国际展览和会议；莱佛士会议中心和滨水会议中心不仅能提供一流的会议设施，附近还配备住宿和餐饮配套服务。相继开放的圣淘沙名胜世界和滨海湾金沙将为新加坡的会展设施发展注入了一剂强心针。两个一体化度假胜地将大大扩大新加坡的会展场馆面积，丰富便捷的娱乐休闲购物设施将为商务游客及其家人提供精彩的旅游体验。国际上最大的会展公司励展集团亚洲总部就设在新加坡。新加坡展览人士认为，办展会也要创品牌，如果展会有了自己的品牌，就能吸引参展商来参加，就可一届一届地办下去。新加坡的会展公司一般都有自己的市场调研部门或人员。针对市场需求确定会展项目。所谓展会市场就是一边是有参展需求的厂商，一边是有参观了解这方面展会的人群，能将这两者结合起来的就是会展公司。

（二）城市营销成功

城市营销力求将城市视为一个企业，将具体城市的各种资源，以现代市场营销手段，向目标受众或目标客户宣传或兜售。这里的资源包括产品、企业、品牌、文化氛围、贸易环境、投资环境、人居环境及至城市形象，等等。其营销市场既包括本地市场、国内市场以及海外市场，还囊括了互联网络上的虚拟市场。城市营销策略城市营销是运用市场营销的方法论，对城市的政治和经济资源进行系统的策划与整合，以求找到符合市场经济规律的发展路线，通过树立城市品牌，提高城市综合竞争力，广泛吸引更多的可用社会资源，来推动城市良性发展，满足城市人民物质文化生活需求的营销科学。

新加坡由于特殊的历史原因成了多民族共处的国家。为强大背景的某种功利心情也不难被理解。现如今的新加坡国上虽小，但经济的发达和在国际舞台上的活跃使它前所未有的拥有话语权，生在新加坡的华人、马来人、印度人后代理所当然地只会把新加坡看作自己的祖国。然而，这种对祖国的认同还只是认同的最外一层，当他们和非新加坡人、旅游者摆在一起的时候，他们是绝对的一体。但如果在新加坡内部，各民族的信仰、信念、价值观及富有特色的习俗差异必会导致互相认同的问题。

新加坡的营销活动是由旅游局主导的。旅游局联合旅游合作伙伴和新加坡国民一同在各种渠道通过广告和营销活动发布信息，还鼓动民众和旅游合作伙伴一同参与营销推广。一系列充满生趣的营销海报张贴在大街小巷，每张海报针对不同的市场都印有翻译成华语、印度尼西亚语、马来语、日语、韩语及印度语等的“非常新加坡”字样。城市的影像资料、电视广告等都通过视觉、听觉和情感关联传达这个品牌。营销手法也根据大众市场的反应不时做出调整。机场和市中心都树起了横幅或小旗帜，出租车上装饰有宣传口号和绚丽的主题图片。

（三）旅游人才丰富

新加坡技能发展体系长期支持着其人力资源的培养。制定人力资源机制的机构一直在根据当时的情况相应变化，这是该体系能够成功的重要因素之一。在目前这个体系中有几个主要机构，包括贸易及工业部、国家人力理事会。国家人力理事会是新加坡技能发展体系的另一个重要机构，其前身是职业技术教育理事会。这个理事会的成员单位包括教育部、人力部和贸工部等三个机构，负责确立和审查大学、理工学院以及工艺教育机构的教学目标，确保不同层次的专业和技术人力资源的供应，满足各主要产业部门和领域的未来需求。而第三个重要机构是教育部，直接管辖新加坡诸多中小学、理工学院、大学及工艺教育局。

技能发展系统之所以能成功，是因为系统中各机构的无间沟通与合作，甚至在贸工部、经济发展局和国家人力理事会这些高层政府部门间都常有会议沟通。贸工部参与高等教育和培训机构的理事会会议，确保社会所需的劳动力技能能在操作层面上真正成为教育机构的培养目标。教育部、高等教育机构和劳动力培训机构同样与国家人力理事会共同工作，获取各领域劳动力人力容量信息、知晓发展趋势，根据社会未来需要调整培养计划。而每个机构单元的管理层都由雇主、政府和工会共同组成，确保所有利益相关者都能发表自己的意见，令国家得以在一个达成广泛共识的基础上发展。

新加坡完善的教育体系为旅游业人才输送打下了广泛而坚实的基础。在新加坡的国家开支中，为教育拨款仅次于军事经费。国民普遍享有接受基础教育的机会，这为保持相对高水平的整体国民素质提供了保障。一以贯之的双语教育为新加坡人提供了了解西方、向西方学习知识技术的工具，优秀的英语交流能力对招商引资、商务接洽等大为有利，是确保旅游行业等接待业服务高质量的关键技能之一。对于求学期间未能受到完整教育的成年人，新加坡以职业技术培训提供再学习的机会，令新加坡国民在一生中都能不断充实、完善自己，抓住加入新兴行业的机遇，知悉行业内的新动向，获取新技能，推动人力资源质量持续提高。

四、中国在新加坡旅游业投资的优势

（一）人力资源充足

人力资源是企业获得长足发展，提高酒店竞争力的必要条件。新加坡政府相关部门非常重视技能发展体系的建设，学历教育和职业技术教育同等重要，正式这种体系带给了新加坡人力资源培养的优势，使得新加坡的人力培养力度和比例都远远超过了中国。和西方发达国家以及新加坡相比，我国酒店从业人员素质普遍偏低，缺少一批高素质的具备集团企业管理能力的具有国际化视野的酒店职业经理人队伍。可想而知，中国酒店业在人才资源方面难以有优势。新加坡政府非常重视对旅游产业的管理和规划，以及人才的培养。实行严格科学的管理，服务人员注意清洁，讲究礼貌。加强对各级管理人员、导游员、服务员的培训。十分看重对旅游业的规划和投资。在公司拥有大量优秀人才的基础上，培训便会产生事半功倍的效果。培训在新航几乎是神圣的。公司中的每个员工，不管职位多高，都有一个带有明确目标的培训和发展规划。新加坡对教育的极度重视为提高整体国民素质、不断推进国民知识技能水平、培养大批技术人才提供了有力保障，为旅游业等服务行业的人才准备打下了良好的基础。

（二）管理方式新颖

酒店管理就是对酒店组织内部的人力、资本、网络等各种资源进行有效整合，高效的酒店管理能够节省成本，提高效率，从而提高酒店的营业利润。管理的创新日益成为酒店取的竞争优势的一项关键因素。因此，酒店管理模式的创新，是酒店赢得竞争优势的基础。新加坡酒店业起步较早，酒店集群导致了管理技术与创新的溢出。在酒店云集的新加坡，管理创新要比在国内容易得多。雅诗阁以私募基金融资的模式快速进入中国市场，以新建或并购的方式中国已存在的3至4星级酒店品牌，等这些酒店运营发展成熟后再纳入信托，进行下一轮在华循环投资。在运营方式上雅诗阁集团兼顾投资与管理营运，采用信托基金的方式在短期内获取回笼资金，然后扩大酒店规模并加强管理。

中国很多酒店缺乏把成功管理经验和管理技术与自己实际情况相结合的意识，没有再保留自己特色的基础上进行管理创新，只是一味盲目的学习与跟随。此外，我国酒店地区差异较大、发展很不平衡，难以整合资源进行跨国投资，与西方发达国家和新加坡较为成功的酒店相比还存在着很大的差距。

（三）品牌教育优势

从国家旅游品牌培育的层面来看，新加坡的做法就是一个很好的学习对象，采用差异化原则树立鲜明的旅游品牌把自己与东南亚邻国旅游品牌区分开来。为了培育本地的酒店品牌，新加坡的酒店业更是付出了比中国更多的努力。新加坡政府十分重视旅游品牌的国际化，在鼓励新加坡旅游企业走出去方面，起步很早。

品牌是一个非常重要的发送信号的机制，具有丰富的信息，有利于缓解信息不对称的问题。品牌对现代酒店业来说，具有巨大商业价值，尤其是在市场信息不对称的条件下，品牌的吸引力就起到关键作用。如果酒店没有品牌的支撑，想要走出国门那是举步维艰。国际著名酒店集团就十分重视品牌建设，他们通常通过打造多元化品牌战略以达到占领细分市场、扩大市场占有率的目的。虽然我国酒店行业在打造知名民族酒店品牌方面在国内有了很大提升，例如诞生在中国香港的香格里拉酒店集团，但是享誉世界的知名酒店品牌却很稀少。由于品牌培养意识的缺乏，在我国酒店品牌普遍没有很大国际知名度，品牌效应也不足，并且在我多数的经济型酒店都是选择走单一品牌战略，品牌的市场地位也不清。品牌模糊，这就造成在细分市场上难以有优势，不能捕捉顾客的多样化需求，导致酒店经营效果不佳，难以分化市场风险。

（四）营销技术先进

营销技术即酒店通过整合价格、品牌、渠道等向顾客提供更优质的产品和服务。酒店人力资本和经验的积累可以提高营销技术，在这个信息化普及的时代营销信息系统的应用对于酒店是否能成功的品牌推广起着关键作用。在网络经济条件下，网络营销技术推广和使用对酒店拓展销售空间举足轻重。目前酒店的营销技术服务优势主要取决于电脑预订系统、卫星图像信息处理系统的使用率上。先进的电脑预订系统可以收集有关顾客的数据库，分析并开发顾客需求，从而抢先占领市场。

新加坡旅游也就很好地利用了互联网络进行旅游营销。并且更为重要的事，新加坡还积极以“信息化立国”为理念，积极推进“智慧国”的发展战略，推进发挥信息化的基础作用。新加坡政府积极参与各方合作，采取多种旅游促销措施，政府和企业共同推进海外客源市场的拓展。新加坡还借助一切可以利用的途径对外宣传，如向客源国提供各种形式的旅游资料、与客源国的旅游界广泛合作、免费组织观光团来新考察旅游、参加旅游研讨会和博览会等。中国的旅游管理部门在这方面做得比较欠缺，缺少统一筹划和各种宣传营销，政府与广大旅游企业也缺乏密切合作，政府对旅游业的营销基本还未起步。

第二节　新加坡化学工业投资战略

一、化学工业概述

（一）化学工业

化学工业又称化学加工工业，泛指生产过程中化学方法占主要地位的过程工业。化学工业是从 19 世纪初开始形成，并发展较快的一个工业部门。

化学工业是属于知识和资金密集型的行业。随着科学技术的发展，它由最初只生产纯碱、硫酸等少数几种无机产品和主要从植物中提取茜素制成染料的有机产品，逐步发展为一个多行业、多品种的生产部门，出现了一大批综合利用资源和规模大型化的化工企业。包括基本化学工业和塑料、合成纤维、石油、橡胶、药剂、染料工业等。是利用化学反应改变物质结构、成分、形态等生产化学产品的部门。如：无机酸、碱、盐、稀有元素、合成纤维、塑料、合成橡胶、染料、油漆、化肥、农药等。

化工产品品种繁多，每一种产品的生产不仅需要一种至几种特定的技术，而且原料来源多种多样，工艺流程也各不相同；就是生产同一种化工产品，也有多种原料来源和多种工艺流程。由于化工生产技术的多样性和复杂性，任何一个大型化工企业的生产过程要能正常进行，就需要有多种技术的综合运用。化学工业的生产是化学反应，在大量生产一种产品的同时，往往会生产出许多联产品和副产品，而这些联产品和副产品大部分又是化学工业的重要原料，可以再加工和深加工。因此，化工部门是最能开辟原料来料、综合利用物质资源的一个部门。

（二）化学工程

研究化学工业和其他过程工业生产中所进行的化学过程和物理过程共同规律的一门工程学科。这些工业除了包括传统化工制造（如石油精炼，金属材料，塑料合成，食品加工和催化制造等），现代化工还囊括了生物工程，生物制药，以及相关的纳米技术。并且此类现代化工在近年来发展非常迅速。并且给人类的生活带来了极大的便利，并且对人类生活方式产生了深远影响。

化学反应是化工生产的核心部分，它决定着产品的收率，对生产成本有着重要影响。尽管如此，在早期因其复杂性而阻碍了对它的系统研究。直到20世纪中叶，在单元操作和传递过程研究成果的基础上，在各种反应过程中，如氧化、还原、硝化、磺化等发现了若干具有共性的问题，如反应器内的返混、反应相内传质和传热、反应相外传质和传热、反应器的稳定性等。对于这些问题的研究，以及它们对反应动力学的各种效应的研究，构成了一个新的学科分支即化学反应工程，从而使化学工程的内容和方法得到了充实和发展。

随着生产规模的扩大和资源、能源的大量耗用，使得早先并不显得很重要的问题逐渐突出起来。例如能量利用问题，设计和操作优化问题，在大型生产中都十分重要。由于化工过程中，各个过程单元相互影响，相互制约，因此很有必要将化工过程看作一个综合系统，并建立起整体优化的概念。于是系统工程这一学科在化学工程中得到了迅速的发展，也取得了明显的效果，形成了化工系统工程。它是系统工程方法与单元操作和化学反应工程这两个学科分支相结合的产物。为了保持操作的合理和优化，过程动态特性和控制方法也是化学工程的重要内容。

二、新加坡化学基地——裕廊岛

（一）地理位置优越

新加坡位于马来半岛最南端，领土由新加坡岛和附近 54 个小岛组成，地理位置十分重要。北面与马来半岛隔着宽仅 1.2 公里的柔佛海峡，西边有长堤相连，交通便利；在南面隔着新加坡海峡同印度尼西亚相望，海峡长 105 公里，宽 1.7 公里，扼守着马六甲海峡入口处的航行要道。是太平洋、印度洋两洋航道要冲，同时把持南海、爪哇海与马六甲海峡之间交通的咽喉，因此被称为“东方十字路口”。第二次世界大战后日本经济发展迅速，以及中国、韩国、印度、东南亚国家经济的快速发展形成了对石油产品的巨大需求，使位于马六甲海峡要道的新加坡成为中东地区与东亚各国的石油运输枢纽。新加坡借助有利的地理位置，大力发展港口航运建设，从转口贸易港起步，积极吸收跨国资本发展炼油工业。

裕廊岛具备得天独厚的海运条件，裕廊岛是水深在 7.4 ~ 12.5 米的天然良港，在裕廊岛进行填海建设时就充分结合原始岛屿预留出凹凸的港口海岸线，使适合建港口的海岸线长度尽可能长，为大型石化企业自建码头提供了便利。在新加坡西南的布孔岛（壳牌石油）、亚逸楂湾岛（埃索石油）、梅里茅岛（新加坡石油）、比实岛（美孚石油），各大炼油厂自建的岸壁码头和海上泊位约有 50 多个，岸壁最大能停靠 12 万吨级船只，海上最大能停靠 35 万吨级船只，这样得天独厚的海运条件为各大炼油，石化公司降低了原材料和产成品的运输成本。

（二）辅助产业支持

辅助产业是在产业结构系统中为主导产业和支柱产业的发展提供基本条件的产业。由于它是主导产业和支柱产业发展的基础，因而辅助产业一般要求得到先行的发展，否则它将可能成为整个地区经济发展的瓶颈。辅助性产业的存在为集聚区内的企业降低了生产成本，实现高度专业化的生产。当裕廊岛上石油化工产业逐渐兴起同时，服务于原油及石化产品物流仓储业、公用服务设施、设备安装维护等的延伸性产业就在岛上迅速发展起来，为新加坡石化行业提供高度专业化的各种服务。

裕廊岛的原油和液体仓储分为两大类：业主自备储罐和专业第三方仓储。与我国炼油石化企业主要依靠自身建设码头和储罐不同，裕廊岛的炼化企业的码头和储罐主要依托专业的第三方物流公司。裕廊岛上的石化产品多以液体为主，管道运输是最为经济快捷的运输方式。因此，与化工园区配套的物流园区便应运而生，裕廊岛化工区主要物流设施包括大型油轮码头、管道和仓储设施等。岛上众多“即插即用”的公共设施为企业提供了巨大方便，可以共享海洋设施，废水处理，仓库，消防设施，医疗和紧急事故处理中心。

政府持股的胜宝旺集团为岛内所有公司提供全方位的公用和辅助服务，包括：电力、废水处理、工业用蒸汽和供水系统与工业消防等。完善基础设施，替跨国企业解除了后顾之忧，也降低了营运成本。

（三）政府政策支持

裕廊岛的建设是新加坡的国家战略之一，是未来新加坡制造业的主题。项目成立之初就由政府统一规划开发，因此在整个开发过程中土地的运用、资金的筹集、招商引资等专业化分工建设的发展模式。JTC 负责为投资商提供全程的办证以及政策法律上的咨询服务，发展局负责招商引资，政府提供前期开发建设资金。充裕的资金使规划者对裕廊岛的发展计划雄心勃勃，同时合理的分工提高了政府的服务水平。

新加坡是一个法制健全的国家，政策法令统一、透明，在裕廊岛上每一个地段的土地都有明确标价，既方便投资商查阅选择，又能有效遏制腐败的滋生。由于政府的高效性，透明稳定的政策和公平的竞争环境使得新加坡在国际上享有较高的评价，根据世界经济论坛每年公布的全球竞争力排名，新加坡都比较靠前，排名第二。

三、中国在新加坡化学工业投资战略

（一）优化工业区的定位

不管是新加坡还是我国，开发区、科技园区、高新技术区等经济园区的建设对当地产业集群的形成与发展都是功不可没。通常情况下，产业链招商与大项目招商都会依附在各种经济园区内。经济园区建设既体现了政府产业空间规划的意识，同时也有利于形成富有特色的集群。目前部分省市开发区已有意识地围绕逐步形成国家级高新技术开发区以参与国际竞争为目标的产业分工格局，省级高新园区完成以提升地方产业结构为目标的产业部署而展开。

如果我国的开发区或高新技术园区在规划设计和整合时能围绕产业结构升级来进行，功能也朝着为产业链提供更高级的服务方向努力，招商引资时更注重外资的质量，同时加强开发区内企业与跨国公司基于产业链形成的专业化分工与协作，促进开发区内企业在资金、人才、信息、技术等方面的交流与合作，利用跨国公司的外溢效应更好地为集群内企业的发展服务，就能推动开发区内产业集群的升级。

（二）加强区域间的合作

东盟区域经济一体化对跨国公司在该地区的投资起到了一定的作用，东盟各国的优势互补使跨国公司把更多的价值链环节布置在东盟地区，而且从新加坡的产业升级过程来看，正是新加坡利用了东盟区域一体化的优势，使自己成功地进行了产业转型，避免了成为飞地经济。我国由于地域宽广，各地区的资源和优势差异很大，东部沿海地区拥有资本、技术和高端人才等较高级生产要素条件，中西部拥有劳动力、资源等低级生产要素条件，而且快速增长的国内市场容量对跨国公司产生了很大的吸引力。

因此如果国内东西部各区域能加强区域之间的合作，实现优势互补、互通有无，在国内构建起一条较长的产业价值链，即东部沿海区域承担价值链的较高端环节，中西部区域承接价值链中的较低端环节，而不仅仅只依附跨国公司的全球价值链，这样既可避免国内各区域之间引资方面的恶性竞争，又能吸引跨国公司把更多的高端环节安排在中国的东部沿海地区，从而推动了东部沿海地区的产业升级。另一方面，国内产业价值链的构建可以推动国内相关产业集群的发展，使国内相关产业集群对跨国公司的吸引力增强。因为跨国公投资的区位选择并非是简单的产业集聚，而是更加注重产业之间的相关性，产业相关性程度直接影响跨国公司投资的根植性。

（三）发展生命科学产业

新加坡致力于发展新兴的生命科学产业并取得显著成效，其产值增长幅度在制造业各部门中高居榜首。按照新加坡的定义，生命科学产业包括医药、生物技术、医疗器械和保健营养品等生产部门。在政府的大力扶持下，新加坡生命科学产业规模迅速扩大。政府通过提供科研补贴和减免税收等多种措施，积极鼓励公司从事高附加值产品的生产，大力开展研发活动，促进科研成果商品化，帮助培训和引进人才，并向初创公司提供优良的基础设施。

虽然近年来中国生命科学产业的快速发展令人鼓舞，但依然要面对众多障碍。而中国解决这些问题的速度和力度，将决定其影响全球生命科学产业的步伐。在医疗改革的初始阶段，为满足14亿中国人民最基本的用药需要，政府不断压低仿制药的价格。不少国内药厂开始怀疑是否应继续扩大其投资规模，建立更广泛的品牌仿制药是否正确的策略。在药物创新方面，政府已开始考虑使用药物经济学的方法，平衡市民用药的需要与推动药物创新的矛盾。当大多数西方药物公司承担药物创新所花的费用只发生在允许高药价的地方时，中国政府可能制定不同的方法，包括资助药物研发和补偿药物制造商。这是中国政府作为全球最大的单一支付医疗保险制度所扮演的特殊角色。

第三节　新加坡生物医药产业的发展及机遇

一、生物医药产业概述

（一）医药

医药是预防或治疗或诊断人类和牲畜疾病的物质或制剂。药物按来源分天然药物和合成药物。医药也可预防疾病，治疗疾病，减少痛苦，增进健康，或增强机体对疾病的抵抗力或帮助诊断疾病的物质。医药是关于人类同疾病做斗争和增进健康的科学。它的对象是社会的人。因此，医学与社会科学、医学伦理学具有密切关系。医学是一门社会科学。医学的每一个行动始终涉及两类当事人——医生与病人，或更广泛地说，是医学团体和社会，医学无非是这两群人之间的多方面的关系。由于医学科学的发展和医学模式的转变，人们已从传统的生物医学模式向生物、心理、社会医学模式转变。

（二）生物医药产业

生物医药产业由生物技术产业与医药产业共同组成。生物医学工程是综合应用生命科学与工程科学的原理和方法，从工程学角度在分子、细胞、组织、器官乃至整个人体系统多层次认识人体的结构、功能和其他生命现象，研究用于防病、治病、人体功能辅助及卫生保健的人工材料、制品、装置和系统技术的总称。制药是多学科理论及先进技术的相互结合，采用科学化、现代化的模式，研究、开发、生产药品的过程。除了生物制药外，化学药和中药在制药产业中也占有一定的比例。其主要内容包括：酶工程、生物芯片技术、基因测序技术、组织工程技术、生物信息技术等。生物技术产业涉及医药、能源、化工等多个领域。应用生物技术生产出相应的商品，这类商品在市场上形成一定的规模后才能形成产业，因此，生物技术产业的内涵应包括生物技术产品研制、规模化生产和流通服务等。

生物医学工程是综合应用生命科学与工程科学的原理和方法，从工程学角度在分子、细胞、组织、器官乃至整个人体系统多层次认识人体的结构、功能和其他生命现象，研究用于防病、治病、人体功能辅助及卫生保健的人工材料、制品、装置和系统技术的总称。生物医学工程产业包括：生物医学材料制品、人工器官、医学影像和诊断设备、医学电子仪器和监护装置、现代医学治疗设备、医学信息技术、康复工程技术和装置、组织工程等。

二、新加坡生物医药产业的发展措施

（一）建立领导机构

新加坡政府成立了由副总理挂帅的生命科学部长级委员会以及一系列政府机构，不断加强对生物医药领域的领导、服务和支撑。生命科学部长委员会是新加坡领导生物医药的最高行政机构，负责生物医药的领导与协调发展。协调部长级委员会工作的是生命科学执行委员会，委员包括国家科技局、裕廊镇管理局、贸工部、卫生部、国家医疗研究会、总检察署、教育部、新加坡国立大学、南洋理工大学和分子生物细胞研究院的领导人。与此同时，该委员会还邀请葛兰素史克公司的主要负责人和被誉为“分子细胞学之父”的美国分子科学机构总裁布伦纳教授担任顾问，领导由至少12名国际科学专家组成的国际咨询理事会，协助执行委员会制定生物医药产业的发展方向。

（二）营造良好环境

新加坡中央医院与南洋理工大学合作设立生命科学学院，并设立生命科学中心，建设生物医学园。新加坡中央医院生物医学园类似一个科学园，一些主要的医药机构、学术团体入驻，形成了一个百花齐放的生物医学研究基地。除创立生物医学园外，新加坡政府还仿效电子产业的成功模式，建立生物科技城，吸引生物医药高科技公司入驻。科学城占地200公顷，新加坡国立大学和科学园区环绕其四周，该科学城集工作、学习、娱乐和居住功能为一体，还包括了启奥生物医药园和科学工程园以及各种配套设施和建筑物。生物科技城的建设为新加坡生物医药产业营造了良好的发展环境。

（三）培养专业人才

新加坡把培训人才列为发展生物医药产业的当务之急，国立大学专门设立了生命科学办公室；南洋理工大学还筹建了生命科学院，培养高层次的科研人才。新加坡政府对教育体系也进行了一系列改革，以适应发展生物医药产业的需要。教育部在小学和中学的科学知识课程中注入更多的生物科学内容，大专院校开设生物医药课。在教育制度方面，政府重新进行审核，研究如何强化下自小学、上至大专院校的生物科学教育，激发学生对生物科学领域的兴趣和钻研精神，培养掌握实验技能的年轻人才。此外，新加坡还推出“生命科学人力开发计划”，鼓励医药领域的人才投身于社会科学领域内的研发工作。新加坡政府对教育体系也进行了一系列改革，以适应发展生物医药业的需要。教育部计划从今年起，在小学和中学的科学知识课程中加人更多的生物科学内容，大专院校将开辟生物医药学科。

（四）增强招商引资

招商引资是指地方政府吸收投资的活动。招商引资一度成为各级地方政府的主要工作，并且在各级政府报告和工作计划中出现。新加坡招商的重点是知名企业，以入股的形式合资建研发中心和生产企业，并给予相当优惠的条件。计划使新加坡成为临床实验与药物开发的区域中心。为了鼓励多雇佣本地人员，补助费按人头核算，也计入甲方的股本金，甚至还有少量的现金投入。引进方作为乙方，通常把技术和专利折成股份与甲方合作，占有剩余股份。合资企业通常还享受一定的税收优惠政策。目前，新加坡已经成功吸引多家国际知名的生物医药公司前来设立总部。

三、生物医药产业发展的策略启示

（一）积极融入国际市场

在目前的世界医药市场中，源源不断上市的新药催生药物市场的高速增长，大企业、国际化、畅销产品已成为当代世界医药产业发展的显著性标志。生物医药技术产业已不再仅仅集中于美国和欧洲。随着支持生物技术的国家越来越多，该行业的成熟意味着人力及技术资源竞争在不断加剧。世界各国都寄希望于生物技术能够给未来带来显著变化。亚太地区作为世界上最具发展潜力、充满活力的地区，其生物技术产业的发展已经引起全球关注。虽然亚太地区生命科学产业规模较小，但已经显示出极大的潜力，这与美国、欧洲制药公司在亚太地区所进行的长期的、颇有力度的科研开发及生产活动分不开。

生物技术领域范围非常广阔，囊括了涉及人们衣食住行以及工业生产的从粮食、副食、服饰、工业原料、能源、环保、医药卫生、军事等等方面的研究课题。新加坡的生物医药产业欣欣向荣，蒸蒸日上，呈现出良好的市场前景，说明这个产业是世界性的朝阳产业，有着广阔的市场前景。我国现在已经加入了世贸组织，为了适应世界市场的需求，既要看到我国生物医药在世界的优势，又要看到我国药物进入世界市场的差距。我国医药企业承担研发外包不仅是积累自主创新能力的过程，而且在积累创新药研发智力资本的同时更能学到国际先进的管理运作经验，掌握国际新药研发动向，提高国际竞争力。

（二）建立生物医药基地

生物医药企业呈现集聚化发展趋势，吸引了一批留学人员回国创业，生物医药产业增长较快，产业化发展的群体效应正在形成。但目前大多数园区发展资金匮乏，技术创新能力较弱，远未形成专业化分工的产业积聚和联动效应。我国应根据地方比较优势和生物产业链特征，建设若干高水平的国家生物产业基地，这对于我国主动适应国际生物产业集聚化发展的趋势和规律，大规模聚集世界生物技术人才、资金和技术，发挥规模优势，加快我国生物医药产业发展具有重大的意义。加强对各城市和区域的生物产业功能分工的指导，推动全国生物产业的合理布局，建生物业基地，逐步形成几个生物产业聚集区。配合具有自主知识产权、独特性的重大项目的实施，加速商业化、产业化进程。

（三）完善相关法律政策

生物技术创新、科研成果的产业化开发是一个系统工程，要靠有效的政策来整合。生物产业是知识创新、技术创新、成果转化、规模化生产各个环节的整合，而这些环节都不是一个机构完成的，任何一个机构，包括作为产业化主体的企业，不可能起这种系统整合的作用，必须发挥政府的组织协调功能，建立促进生物产业快速发展的机制和政策环境，充分发挥企业作为生物产业发展主体作用，加快生物技术的发展并快速实现产业化。由于生物医药产业具有大投资、长周期、高风险的特点，并且需要多学科的合作及严格的准入审批，在制定生物医药产业发展政策时，应整体上优于软件行业，以便吸引更多的资金。

国家要尽快制定和完善生物安全管理的法律、法规体系，加强对消费者的宣传和正确引导。鼓励技术创新和知识产权保护，以保护专利权和植物品种权为重点，研究制定既符合我国国情，又与国际接轨的生物技术产品专利保护政策和法规，完善相关的保护政策，加大对侵权者的惩罚力度。在生物技术产品的研发、生产和销售等诸多环节加强对知识产权的保护力度，不仅要保护具有自主知识产权的技术和产品，也要保护国外的具有自主知识产权的技术和产品。

（四）制定人才培养战略

新加坡的成功经验告诉我们，人的因素越来越成为影响生物医药产业发展的决定因素。搞好我国生物医药产业的发展，既要有一支高水平的科研队伍，又要有一批高素质的经营管理人才。我国生物医药人才的开发与培养必须是全方位的，一方面可以派出人员出国学习，获得发达国家的先进技术和管理经验，另一方面可以高薪聘请国外优秀的科技人员和管理专家。应制定人才培养的计划和吸引人才的政策，为生物医药产业发展提供充足和适合的人力资本。根据市场需求调整生物技术产业下的专业结构和人才类型结构，并依托高等院校、科研院所建立一批生物医药技术人才培养基地，加强对原始创新人才、生物技术工程人才、尤其是复合型人才的培养。另外，要实施全球化人才战略，吸引海外留学人员回国创业；并完善人才评价标准和收入分配激励机制，营造有利于生物医药技术及其产业优秀人才脱颖而出的良好环境。

第五章　柬埔寨

第一节　柬埔寨农业现状及发展机遇

一、柬埔寨概述

（一）自然环境

柬埔寨位于中南半岛西南部，全国最南端至西边区域地处热带区域，北方以扁担山脉与泰国柯叻交界，东边的腊塔纳基里台地和高地与越南中央高地相邻。西边是狭窄的海岸平原：面对暹逻湾的西哈努克海。扁担山脉在洞里萨流域北边，由泰国的柯叻台地南部陡峭悬崖构成，是泰国和柬埔寨国界。柬埔寨中部和南部是平原，东部、北部和西部被山地、高原环绕，大部分地区被森林覆盖。

柬埔寨的气候比较立体，因为气候原因对柬埔寨人民的穿衣打扮也有很大的影响。柬埔寨是个热带季风气候类型的国家，受季风气候影响广泛。柬埔寨受季风影响的地区大体可分为两个时期，一个是旱季一个是雨季。但是，由于柬埔寨独特的地理位置，使得它的雨季和旱季又可以从中划分。

（二）经济水平

柬埔寨是传统农业国，贫困人口占总人口比例较高。柬政府实行对外开放的自由市场经济，推行经济私有化和贸易自由化，把发展经济、消除贫困作为首要任务。把农业、加工业、旅游业、基础设施建设及人才培训作为优先发展领域，推进行政、财经、军队和司法等改革，提高政府工作效率，改善投资环境，取得一定成效。工业被视为推动柬国内经济发展的支柱之一，但基础薄弱，门类单调。农业是柬经济第一大支柱产业。旅游业的快速发展带动了与其相关产业的发展。柬政府大力推行“开放天空”政策，支持、鼓励外国航空公司开辟直飞金边和吴哥游览区的航线。

（三）交通条件

柬埔寨以公路和内河运输为主。主要交通线集中于中部平原地区以及洞里萨河流域。北部和南部山区交通闭塞。内河航运以湄公河、洞里萨湖为主，主要河港有金边、磅湛和磅清扬。柬主要航空公司有暹粒航空公司、吴哥航空公司。柬埔寨由于受战争影响，多年来交通设施不尽如人意。近年来，经过扩建、修整，交通状况比以前大有改观。

（四）语言礼仪

高棉语为柬埔寨通用语言，与英语均为官方语言。高棉人的语言，高棉语又称柬埔寨语，是柬埔寨的官方语言，属于南亚语系。柬埔寨人姓在前，名在后。贵族与平民的姓名有所不同：贵族一般承继父姓，平民一般以父名为姓；贵族起名很有讲究，往往寓意深刻，平民名字多数是随便叫起来的，没有什么含义。柬埔寨人通常不称呼姓，只称呼名，并在名字前加一个冠词，以示性别、长幼、尊卑之别。行礼时，要根据对象把握好掌尖的高度，如女子向父母，孙儿向祖父母，学生向教师，应将合十的掌尖举到眼眉；政府官员下级向上级行礼时，应举到口部；地位相等者行礼时，应举到鼻尖。在农村，人们只行合十礼；在城市，现代也有行握手礼的。

二、柬埔寨农业现状

（一）农作物总述

柬埔寨是传统农业国家，农业是该国第一大支柱产业。柬政府高度重视稻谷生产和大米出口，政府首相洪森2015年百万吨大米出口计划的号召，不但提升了本地农民的积极性，也让众多投资者更热衷于投入农业、利用先进的管理技术改良稻种、建立现代化碾米厂。稻为主。此外，还有多种特色经济作物，有腰果、热带水果、木薯、黄豆、芝麻、花生、甘蔗、烟叶和剑麻以及各类蔬菜等。橡胶业是柬农业收入的重要组成部分。畜牧业和水产业各占有少部分比例。柬埔寨农业资源丰富，土地肥沃，水资源和光热资源均较为充足，气候适宜，农、牧、渔业发展潜力巨大。但由于受历史原因的影响和经济社会发展水平的限制，农业生产水平相对较低，表现在农民整体素质偏低、种植技术落后、农田基础设施薄弱、旱涝灾害严重、农业机械化程度低、土地利用率不高、粮食单产较低，柬埔寨农业生产基本处于粗放型耕种阶段。

（二）水稻

柬埔寨全年均可种植水稻，但由于受降水等自然条件以及传统种植模式的影响，一般只种植两季或一季水稻。柬埔寨公历 4 月中旬进入雨季，湄公河水流入洞里萨湖，湖面迅速扩张，成为天然鱼仓，降水同时也为水稻播种创造了必要条件。柬埔寨水稻品种相对单一，主要以种植常规稻为主，更新速度较慢，且由于连年种植，出现一定的退化和分离，表现为田间不整齐、易倒伏、生物产量低等。柬埔寨水稻栽培多采用撒播，施肥少或不施肥，除草剂和杀虫剂等农药使用较少甚至不使用。播种后粗放管理，靠天生长，属典型的低耗农业。

柬埔寨河流分布较广，水资源充沛，地下水位高。然而，受经济发展水平限制，农业基础设施不完善，稻田排灌较困难，常导致分蘖末期无法晒田，生育后期稻田积水过多。柬埔寨稻米加工受经济发展水平和政府管制的影响，设备落后，发展缓慢，仍停留在家庭作坊式的加工阶段，大型大米加工厂较少，稻谷多采用异地加工和包装，大米出口附加值较低。

（三）橡胶

柬埔寨位于中南半岛南部，属热带西南季风性气候，日温差小，干湿季节明显，无台风不利影响，其东部、东北部近一半的国土为倾斜平缓的高原，分布着肥沃的红土地，具有发展天然橡胶业独特的天然条件。柬埔寨的橡胶园主要集中在磅湛省、桔井省和腊塔纳基里省，拜林市和西哈努克市地区也有少量种植。磅湛省的橡胶园主要分布在朱普、古卡勒等地，是柬埔寨最重要的天然橡胶产地，其中朱普橡胶园最大。

橡胶耗用量已成为一个国家工业化程度的重要标志。天然橡胶用途广泛，经济价值极高，又因其具有可再生性、地域分布的局限性和产品的不可替代性，备受各国高度重视。如果柬埔寨能重整橡胶工业，不仅可以减少橡胶制品进口，解决大量就业问题，而且能带动其他工业发展，对振兴国家经济有着极其重要的作用。柬埔寨政府大力发展家庭橡胶种植，扩大橡胶种植面积，增加橡胶产量。橡胶业是柬埔寨农业经济的重要增长点。柬埔寨政府积极争取外国资本注入本国天然橡胶产业，鼓励多种资本参与橡胶产业。柬埔寨政府增加科研投入以推动橡胶生产技术改革，设立监察机构保证产品质量，提升柬埔寨橡胶产品在国际市场的声誉和价格。

三、中柬农业合作机遇

（一）柬埔寨土地政策

如今，柬埔寨宪法规定："所有人，无论个人或集体，均有权占有财产；只有柬埔寨公民或合法团体有权占有土地。""除非因合法的公众利益，且事先进行了公平公正的补偿，否则土地占有权不能被剥夺。"（柬埔寨王国宪法，1993）宪法实质上保护了私有产权，并在相关法律中规定了五种土地形式：私有土地、国家公用土地、国家私有土地、公益用地和原住民用地。其中国有用地（包括国家公用和私有土地）占国土面积75%～80%。原住民群体持有的未登记的土地为原住民用地，寺庙建设所占用的极少数土地为公益用地，这两种形式实质还是公有产权。土地所有分三种形式：私有、国有、原住民集体占有。

与此同时，柬埔寨政府2007年第114号令又规定，土地可以通过特许的方式租借或授予，以获得使用权。私有土地可以以明确或不明确的时间限度租借，短期租借有多种选择续借，而长期租借时长可达15～99年。国有土地可以被私人团体收购或通过租借和特许的方式转移使用权，但土地类型必须为国家私有土地（国家公用土地只有被转化为国家私有土地后方可）。长期租借或特许经营获得的土地均可进行抵押。虽然柬埔寨政府2005年第146号令对特性经营用地的实施和管理提出了具体的政策框架，明确了此类用地的面积和时间限制以及需要担负的环境、社会责任，但这种类似新自由主义的开放政策为国内外投资者提供了大量机会。

（二）柬埔寨政府调控

柬埔寨政府是推动外国直接投资的主要动力，颁布投资相关的法律法规以鼓励外国投资为基本思路，外资基本享受与内资相同的待遇。继 1994 年颁布《投资法》后，柬埔寨亦签订了许多有关经济合作、对外贸易、促进和保护投资以及知识产权保护的协定和谅解备忘录。国际条约和双边协定的签署在一定的意义上也能促成和完善一个更安全的投资环境，例如《多边投资保证协定》在柬的批准以及加入"解决投资争端国际中心"争端解决机制，就是为了避免诸如没收、征用和其他政府干预等政治危机的发生，为国际投资纠纷提供调解。

（三）柬埔寨政局稳定

柬埔寨恢复和平以来，政局稳定，对外实行开放，重新融入国际社会，作为新兴市场的发展潜力对外资企业具有较大吸引力，其具有的丰富矿产、水利、农产品、渔业等自然资源，以及文化旅游资源为外资企业提供较多的投资机会。

（四）中柬农业互补强

中国—东盟自由贸易区的建立为双方在农业、资源开发领域的合作提供了良好契机。中国具有 30 多年的农业改革经验，相关企业和农业技术人员可利用我国技术、人力资源和机械化优势与柬埔寨进行农业合作开发，在生产技术、产后保存和处理技术方面提供技术支持，探讨建立规模化产业发展基地。近年来，中国企业与柬埔寨在农业领域合作进行了一些尝试，探索农业综合开发，包括农作物、经济作物种植，家畜养殖等。中柬两国相关部门就柬埔寨大米、木薯对华出口检验检疫准入达成共识为柬埔寨大米出口中国进一步铺平道路以来。柬方迫切关注的大米对中国直接出口已取得了实质进展，年内即可实现直接出口。

（五）中国国际影响力

随着我国经济持续发展，我国在全球政治、外交甚至军事等领域的逐步掌握话语权，在地缘政治中的影响力、辐射力逐渐增加。与此同时，我国始终奉行“和平共处五项原则”，坚持和平发展的道路，和各发展中国家，尤其是东南亚和非洲国家都保持良好的关系。国家实力的强大和良好的双边关系很大程度上可以解决由东道国制度缺陷引起的纠纷，并克服海外耕地投资带来了一系列敏感问题。

（六）国际政策的支持

国际上跨国耕地投资管理趋于规范，投资行为环境良好。随着粮食安全逐渐成为全球性问题，越来越多的国际组织开始关注海外耕地投资问题。世界粮食组织粮食安全委员会还专门成立高级专家组分析指导全球各国开展海外耕地投资活动。世界银行、粮农组织、联合国贸易与发展会议、全球农业发展基金等 4 家机构联合发布《负责任农业投资原则》都显示出海外耕地投资国际认同感的提高。

第二节　柬埔寨工业发展投资环境

一、工业概述

（一）工业

工业是指采集原料，并把它们加工成产品的工作和过程。工业是社会分工发展的产物，经过手工业、机器大工业、现代工业几个发展阶段。工业是第二产业的重要组成部分，分为轻工业和重工业两大类。在过去的产业经济学领域中，往往根据产品单位体积的相对重量将工业划分为轻重工业。产品单位体积重量重的工业部门就是重工业，重量轻的就属轻工业。属于重工业的工业部门有钢铁工业、有色冶金工业、金属材料工业和机械工业等。由于在近代工业的发展中，化学工业居于十分突出的地位，因此，在工业结构的产业分类中，往往把化学工业独立出来，同轻、重工业并列。这样，工业结构就由轻工业、重工业和化学工业三大部分构成。常常有人把重工业和化学工业放在一起，合称重化工业，同轻工业相对。另外一种划分轻、重工业的标准是把提供生产资料的部门称为重工业，生产消费资料的部门称为轻工业。工业是唯一生产现代化劳动手段的部门，它决定着国民经济现代化的速度、规模和水平，在当代世界各国国民经济中起着主导作用。工业还为自身和国民经济其他各个部门提供原材料、燃料和动力，为人民物质文化生活提供工业消费品；它还是国家财政收入的主要源泉，是国家经济自主、政治独立、国防现代化的根本保证。

（二）工业市场

产业市场又叫生产者市场或工业市场，是由那些购买货物和劳务，并用来生产其他货物和劳务，以出售、出租给其他人的个人或组织构成。它具有购买者数量较少规模较大、生产者市场的需求波动性较大、生产者市场的需求一般都缺乏弹性等特点。它对于国民经济的发展具有重要的作用。

在消费者市场上，购买者是个人和家庭，购买者数量很大，但规模较小。而生产者市场上的购买者，绝大多数都是企事业单位，购买的目的是为了满足其一定规模生产经营活动的需要，因而购买者的数量很少，但购买规模很大。由于有生产集中和规模经济，要达到一定的生产批量，一次的购买额必然很大。但是，在生产者市场内部，购买者的规模和购买批量的分布是不均衡。由于国家的产业政策、自然资源、地理环境、交通运输、社会分工与协作、销售市场的位置等因素对生产力空间布局的影响，容易导致其在生产分布上的集中。

二、柬埔寨工业发展现状

（一）产值提升

柬埔寨王国政府近年来通过实行优惠政策、改善投资环境以及争取国际援助等措施发展工业生产并取得了显著成绩。柬埔寨政府在过去五年发布了该国工业部门的摘要，显示各种指标的增长显著增加。工业和手工业部发布的报告缺乏具体数据，但柬埔寨工厂数量，工业部门就业人员数量以及所生产商品种类总体呈现积极趋势为进口和出口。

（二）基础薄弱

工业被视为推动柬国内经济发展的支柱之一，但基础薄弱，门类单调。柬埔寨工业仍然存在能源昂贵、设备落后、人才短缺、技术水平低以及市场信息缺乏等问题。因此王国政府专门成立了工业咨询委员会，与投资者定期对话，听取他们的意见和建议，不断完善投资环境，吸引更多外商到柬埔寨投资促进国家经济全面发展。

三、中柬工业合作机遇

（一）经济发展复苏

从柬颁布的政策法令上看，柬已像一个有吸引力的投资地。在柬做生意无须当地合作伙伴参与，土地租用最长可达 70 年。柬与美国和欧盟的贸易关系良好，获得许多产品的大量出口配额。柬的劳动力便宜，人口年轻化。尽管过去几年动荡不安，但有几个重要的基础设施项目已经开工，这包括在西哈努克城修建深水港以及重修金边至沧海和至人口众多的旁遮省的高速公路。虽然有所进展，但不要由此产生错误印象。柬的攀础设施仍很落后，而且还是投资的一个巨大障碍。此外，继续繁荣的迹象也较明显，两条新航线的投入运营，建筑工程到处都有，移动电话市场成倍增长，公路上的汽车越来越多，各类市场的平均消费量也大幅增长。

目前，当地的小企业仍是柬经济增长的主动力。外商也由于柬新近的政治较稳定，正对柬产生兴趣。如果柬政府能够保持低成本，同时维持法律制度并平衡地执行相关法令柬会成为一个有吸引力的投资地。当然与东盟其他成员国如泰国、新加坡和马来西亚相比，柬埔寨还相差甚远。但和与它条件相似的国家如缅甸、老挝和越南相比，许多投资者会说柬已向前迈了一大步。

（二）投资法律完善

王国政府进行了大刀阔斧的经济改革，以发展经济为目标，力图改变贫困的局面。尤其在吸引外资方面，柬埔寨不断改善投资环境，制定了一系列外国投资法律规范，同时实行对外开放政策，与诸多国家签订了多边、双边条约。为了吸引外国投资者到柬投资，柬埔寨的法律基本同时适用于本国人和外国人。因此，经过多年的持续努力，柬埔寨慢慢形成了一个由双边投资保护协定、多边投资条约、国内投资法律制度组成的综合投资法律制度体系。这都表明了柬埔寨鼓励外国到其投资的诚意，同时也为外国投资者提供了相当多的优惠政策，提升了柬埔寨吸引外国投资的竞争力。经济全球化是现代国际社会的一种趋势，在经济一体化的过程中，每个国家都在努力实现投资的便利化和自由化。

就投资鼓励和优惠而言，柬埔寨鼓励外商投资农业、旅游业、环保、高科技、劳动密集型工业、出口型工业、基础设施和能源等重要领域。同时，免征投资生产企业的生产设备、建筑材料、零配件和原材料等的进口关税。

第一，就投资保障而言，柬埔寨对外资与内资基本给予同等待遇。除柬宪法中有关土地所有权（只允许柬籍公民和法人购买）的规定外，所有的投资者，不分国籍和种族，在法律面前一律平等。第二，柬政府不实行损害投资者财产的国有化政策。第三，已获批准的投资项目，柬政府不对其产品价格和服务价格进行管制。第四，柬埔寨不实行外汇管制，允许投资者从银行系统购买外汇转往国外。

（三）知识产权保护

知识产权，也称其为知识所属权，指权利人对其智力劳动所创作的成果享有的财产权利，一般只在有限时间内有效。各种智力创造比如发明、外观设计、文学和艺术作品，以及在商业中使用的标志、名称、图像，都可被认为是某一个人或组织所拥有的知识产权。知识产权是关于人类在社会实践中创造的智力劳动成果的专有权利。随着科技的发展，为了更好保护产权人的利益，知识产权制度应运而生并不断完善。如今侵犯专利权、著作权、商标权等侵犯知识产权的行为越来越多。

随着柬埔寨加入世界贸易组织，其正推进一整套著作权、商标和登记注册方面的立法。这些法律鼓励向柬埔寨的技术转让，并为便利工业活动而设计。柬埔寨也是世界知识产权组织的成员，也是巴黎公约的缔约方。所有的公司、企业和手工业者都必须到工业、矿业和能源部注册他们的产品，之后方可销售和宣传这些产品。这一法令的目的在于确保产品标签与国家标准相符合和防止假冒产品。为了尽量减少知识产权注册的冲突和侵权问题，避免各部门的重复工作，本国商标的注册将由商业部而不是工业、矿业和能源部受理。商业部的知识产权处加强了对商标的保护拒绝了一些不合理的注册申请，并撤销了一些已注册的商标。

（四）审批程序高效

外国投资者需要在柬埔寨履行的审批程序并不复杂。柬埔寨法律对于外国投资者在柬埔寨的投资主体形式没有过多要求，可以由个人、合伙、公司等商业组织形式在商业部注册并取得相关营业许可，即可自由实施投资项目。但对于要享受投资优惠的项目，必须向柬埔寨发展理事会申请投资注册，并获得最终注册证书后方可实施。柬埔寨发展理事会，是一个一站式的服务机构，负责对全部投资项目活动进行评估和决策。外国投资者向该理事会申请注册合格投资项目时，要提交商业计划书，说明投资项目的投资金额、商业运作模式、用工情况等具体数据和方案。一般项目均由该理事会审核，如果该理事会批准该项目，则会颁发最终注册证书。

外国投资者除了自己新设合格投资项目外，也可以收购已经被核准的合格投资项目。但如果要享受该项目原来的投资优惠及投资保障，则需要新的投资主体向投资委员会提出收购申请，将该合格投资项目注册证书转至自己名下。柬埔寨政府鼓励外国投资者开设特殊经济区，其地位类似于中国的深圳等经济特区。柬埔寨政府给经济特区的开办者和入园企业提供相关的优惠政策，包括最长为 9 年的利润税免税期，对基础设施建设使用设备和建材进口免征进口税，土地特许，对出口产品免征增值税，允许投资人或外籍雇员将税后投资收入和工资汇出境外等。

（五）重视劳工问题

柬埔寨《劳动法》在制定时有其特殊的历史背景。该法律对劳动者保护的规定很全面，因此外国投资者一定要熟悉《劳动法》的相关内容，并在工作中灵活使用。首先要关注外国人在柬埔寨工作的审批问题。这一点和中国比较类似，都要先获得当地的劳动主管部门的许可，但是柬埔寨劳动部对在柬工作的外国人还实施配额制，企业要提前申请配额，配额许可后还要申请工作许可。不履行上述行政审批程序的，可能会处以罚款，虽然金额不会太高，但是该外国人可能被驱逐出境。其次，柬埔寨希望外国投资者优先使用柬埔寨当地劳动力，解决就业问题，所以外国投资者仅能在技术、专业等关键岗位上聘用外国人，且外国雇员不得超过柬埔寨员工总数的10%。

柬埔寨《劳动法》给予了劳动者自由解除劳动合同的权利，因此柬埔寨当地劳动者的辞职现象较为严重，阶段性工作的习惯尚在。中国企业可以设立全勤奖等激励方式鼓励当地员工持续长期工作。此外，由于法律规定罢工不属于员工严重违规，员工罢工的现象也时有发生。对此，一些中国企业采取了在平时工作中加强心理宣传、团结一些威信较高的当地员工，以及在工作之外提供中文教学、到中国学习等福利，来尽量减少罢工的发生。

第三节　柬埔寨旅游业投资环境

一、柬埔寨旅游景点简介

（一）吴哥窟

吴哥窟又称吴哥寺，位于在柬埔寨，被称作柬埔寨国宝，是世界上最大的庙宇。一百多年来，世界各国投入大量资金在吴哥窟的维护工程上，以保护这份世界文化遗产。吴哥窟的造型，已经成为柬埔寨国家的标志，展现在柬埔寨的国旗上。

台基、回廊、蹬道、宝塔构成吴哥寺错综复杂的建筑群。其布局规模宏大，比例匀称、设计简单庄严，细部装饰瑰丽精致。全部建筑用砂石砌成，石块之间无灰浆或其他粘合剂，靠石块表面形状的规整以及本身的重量彼此结合在一起。当时的石工可能不掌握券拱技术，所以吴哥寺没有大的殿堂，石室门道均狭小阴暗，艺术装饰主要集中在建筑外部。吴哥窟基本上是垒石建筑。

古时真腊只有祭祀建筑用石建造，王宫则是木结构，镶嵌金窗，宫殿顶部覆以铅瓦和土瓦。民居则是覆盖茅草的竹编的房屋；宫殿和民居现已无存。吴哥窟的是垒方式主要是长方石块层层堆垒，偶有工字形咬合，绝大多数场合不用粘合剂。吴哥窟使用木材的地方很少，在游廊顶铺有时设木天花板。高棉的建筑师在 12 世纪已比以前更加熟练而自信地运用砂岩代替砖或红土作为主要的建筑材料。吴哥窟的大部分建材是砂岩方砖，红土则用于外墙和隐闭的结构。

（二）崩密列

崩密列是一座小吴哥窟式的寺庙，名字的意思是荷花池。这座寺庙距离吴哥古迹群以东 40 公里，崩密列是一座印度教寺庙，但是它有一些雕塑都反映的是佛教的主题。建造这座寺庙最初所使用的材料是沙岩，所以很多建筑都已经损毁，而且很难再被复原。暹粒属热带季风气候，全年高温，降水集中分布在夏季。11 月至次年 4 月为旱季，空气湿度小，早晚凉爽。5 月至 10 月为雨季，天气闷热。

当您跟随着当地导游爬窗户，走屋脊，穿房屋的时候，你会发现永远有惊喜在前面，而且也永远不知道前方等待着的是怎样令人惊喜的景色。如果您热爱探险，那崩密列绝不如错过。崩密列在废弃的庭院和塔之间，树木草丛茂密地生长着。很多年来，这里一直都是难以到达的地方，不过最近铺筑的道路使得很多游客都慕名而来。

（三）巴肯山

巴肯山是在吴哥窟西北 1.5 公里处的一座小山，高约 70 米，是附近唯一的制高点。山的西边是开阔的西池，东南方丛林中是吴哥窟，从巴肯山顶可以居高临下俯瞰吴哥窟。巴肯山四周有壕沟围绕，象征印度神话中环绕位于世界中心的须弥山的咸海，巴肯寺建立于平坦的山顶。庙山为陡峭的五级台基，正方形。庙山顶部的五座宝塔，象徵须弥山的五座山峰。台基四边中央，各有陡峭的五层石阶，每层十级，直通寺顶平台，每层石阶左右，守护着一对坐狮，有些石狮已破损，看不出狮子模样。

二、柬埔寨旅游业特点

（一）旅游资源丰富

柬埔寨在世人眼里是一个动荡不安、战事连连的灾难国度，硝烟和战火也难以掩盖它曾经拥有的风光历史和辉煌文明。作为记载千年信仰的胜地，永远吸引着天涯朝圣者接踵而来。柬埔寨全地处中南半岛南端，依山傍水，拥有迷人的热带风光，奇异的白色沙滩，风光旖旎的海边美景，每年都吸引成千上万的国内外游客前来观光旅游。荔枝山瀑布是柬埔寨国内著名的风景区，它的起源要追溯到吴哥王朝以前，是一个深受国内外游客喜爱的旅游胜地。柬埔寨有许多美丽的传说，那些美丽的传说和留下的建筑，更加吸引了外国旅客的兴趣，迫切渴望感受那份神秘。

位于柬埔寨西北部柬泰边境的扁担山，海拔虽只有756米，由砂岩组成。有的地方峭壁陡崖，山势雄伟；有些地方丘陵起伏。北坡生长热带雨林，南坡多落叶林，森林茂密，林密涧深，有很多野生动物，是旅游探险、科学考察的最佳去处。同时这一带就是昔日红色高发源地，高棉族更是一个有着独特生活方式、文化传统和风俗习惯的民族，神秘的红色高棉历史更是给这一地区披上了一层令人神往的面纱。

（二）旅游发展迅速

柬埔寨政局的稳定为经济发展带来了契机，柬埔寨领导人将更多的精力用于思考如何发展国民经济，提高人民生活水平，他们逐渐意识到旅游产业能在充分利用本国丰富的旅游资源的基础上，通过吸引外国旅游者，让人们更加了解柬埔寨，吸引外国投资者，这样既可以解决本国人民就业问题，还可以提高出口创汇能力，这是柬埔寨旅游业飞速发展的主要原因。旅游业的发展推动了基础设施建设、星级酒店、旅行社、导游、客运公司等的发展。柬政府把旅游业作为优先发展行业来考虑，而旅游业的发展，对国家经济和社会文化的发展、消贫工作等发挥了重要作用。近年来，柬政府采取不少措施促进旅游业持续发展。

重视旅游区管理，举办旅游活动，以吸引旅客到柬埔寨观光和延长他们在柬埔寨的逗留时间；评估和制定旅游领域的人才培训计划，特别是设立旅游职业培训学校、大学、国家学院等，提高旅游人才的质量；重视旅游业对国家经济增长、创造就业机会和参与消贫的重要作用；重视旅游环境和文物的保护、重视旅客中妇女和儿童的安全；各省市政府履行对旅游发展工作的责任与义务等。旅游业正在逐步成为柬埔寨的第一支柱产业。随着柬埔寨国

民经济的不断壮大，各项规范制度日益健全，旅游基础设施的进一步完善，国际交流与合作的不断加强，这都将大大提升柬埔寨旅游业的国际竞争力，将会有越来越多的外国游客到柬埔寨观光旅游，推动柬埔寨整体综合国力更上一个台阶。

三、中国在柬埔寨投资旅游业的机遇

（一）服务开发前景广阔

旅游服务是指旅游业服务人员通过各种设施、设备、方法、手段、途径和热情好客的种种表现形式，在为旅客提供能够满足其生理和心理的物质和精神的需要过程中，创造一种和谐的气氛，产生一种精神的心理效应，从而触动旅客情感，唤起旅客心理上的共鸣，使旅客在接受服务的过程中产生惬意、幸福之感，进而乐于交流，乐于消费的一种活动。旅游业相关的公司，可以依据自己的经验和服务质量，在如下领域中获得极好的发展。可以为酒店及其他设施开发者提供极大范围的货物和服务，比如建筑师、设计师、工程承包人，另外还可以提供设备、建筑材料和构件等。

（二）地理位置得天独厚

柬埔寨王国位于中南半岛的南部，同越南、老挝、泰国接壤，隔泰国湾与马来西亚相望，地处东盟十国的心脏地带，位于新马泰旅游线的中间位置，这是柬埔寨旅游业发展的一个优势所在。这样一个弹丸小国，三面环山，一面邻海，依山傍水的地理环境，再加上迷人的热带风光，自然是游人的一个理想去处，西北地区柬泰边境的扁担山，海拔虽只有 761 米，但因崖壁陡峭，攀登困难，林密涧深，加之毒蛇猛兽，险象环生，是旅游探险者的向往之所

在。同时这一带就是昔日红色高棉发展壮大和衰败后的藏身之地。神秘的红色高棉历史更加给这一片丛林地带披上了一层令人神往的秘密面纱。

这种季节性的浩大变化，能让人深刻体会到自然力的鬼斧神工和波澜壮阔。同时洞里萨湖还是世界著名的淡水鱼区，盛产黑鲤鱼、黑斑鱼等。从金边游完寺庙，再乘船沿洞里萨湖河北上到洞里萨湖区，便能品尝到风格独特的新鲜黑斑鱼，兴味之至，让人不禁脱口而出。柬埔寨非常适合于观光游览，是柬埔寨的旅游黄金季节，各大景区游人涌动，络绎不绝，对于那些习惯于都市生活，工业化程度较高的国家的居民来说，柬埔寨不亚于世外桃源。

（三）区域化合作背景

在当今世界这个日新月异的时代，创新已经成为一个国家的核心命题，企业忽略创新终将会被淘汰。在区域旅游合作中创新平台更多的是为企业和政府提供服务，对于政府来说创新平台为其提供了新的旅游管理理念、新的旅游发展式、新的旅游合作运作方法等，这为政府更好的开发、规划旅游产业打下了坚实的基础；对于企业来说，创新平台赋予的就更多，创新是一个企业保持蓬勃发展的关键因素，新的管理理念的引进可以让管理事半功倍；产品的创新可以带来更多的客源和经济收入；新的旅游方式和新的旅游线路可以增加对旅游者的吸引力等，这些都在无形中带动了企业的高速运转。

在经济全球化和区域一体化的大背景，区域旅游合作也是必然趋势。中国和柬埔寨如今在旅游业方面已经有了一定的合作基础，但是并没有比较完善的区域旅游合作体系，中国和柬埔寨甚至整个东盟都应该建立一个完善的区域旅游合作体系，以提高自身竞争力。中柬可探讨可以共同开发的旅游市场，实现双边国际旅游合作；在双边的合作基础下，更可以考虑中国—东盟整个区域的区域旅游合作。中国市场有一定抗压能力，是柬埔寨不可缺少的入境旅游市场。柬埔寨的入境游客大多集中在暹粒省和金边等地区，入境游客表现出一定的集中性，这样不仅不利于柬埔寨整个国家旅游业的发展，部分旅游景点的过多接待游客也会对旅游资源造成一定的损害。因此柬埔寨应该大力开发全国旅游资源，增加旅游地的可进入性，完善基础设施建设。随着区域旅游合作的蓬勃发展，刺激了对旅游行业专业人才的需求，例如旅游管理、导游、旅游规划与开发等专业方向人才。同时许多高校应社会之需而设立了旅游管理方向的专业，为区域旅游合作的顺利进行人才培训。再者区域旅游合作的大规模发展，促进了旅游行业标准化的制定，对人方的专业素质要求也越来越高，刺激了社会上专业培训机构对旅游专业人才的培养、并进行。

第六章　印度尼西亚

第一节　印度尼西亚旅游业投资

一、印度尼西亚的旅游业概述

（一）发展历程

由于各种原因，印度尼西亚经济发展缓慢，旅游事业规模十分有限。20世纪60年代中期苏哈托执政后，政治上相对稳定，经济持续发展，这为旅游事业的发展创造了良好的条件。印度尼西亚的旅游业在20世纪70年代中期开始获得令人注目的发展。1991年是“印度尼西亚旅游年”。当年，印度尼西亚接待了250万名外国游客，直接外汇收入达24亿美元。目前，印度尼西亚旅游业仅次于石油（与天然气）、橡胶和木材工业，与纺织业并列为第四大创汇产业，有力地促进了印度尼西亚经济的发展。

（二）优势

印度尼西亚地域辽阔，自然风光优美，旅游资源十分丰富。自20世纪70年代以来，印度尼西亚旅游业走上快车道。70年代中期至90年代中期的30年间，印度尼西亚旅游业年均增长10%以上。1996年赴印度尼西亚旅游的外国游客约达500万人次，外汇收入60.6亿美元，比1995年增长16%，是亚太地区旅游业发展最快的国家之一。目前，旅游业是印度尼西亚第三大创汇行业，带来了巨额财富，为国民经济发展积累了资金。旅游业的发展创造了大量的就业机会，促进了社会稳定和经济繁荣。

从目前政策来看，印度尼西亚政府允许资本的自由流动，海内外资金可以互通有无，没有严格的外汇管制，且印度尼西亚有相对完善的资本交易市场，资本市场的流动性较好，这种宽松的外汇制度和良好的资金流动性对旅游业的发展是极其有利的。印度尼西亚政府对外商投资虽然实行审批制，对投资领域和持股比例也有少许限制。但是，就旅游业而言，2014 年 5 月，印度尼西亚旅游与创意经济部明确表示，外国企业只要与印度尼西亚当地的企业进行合作，即外国企业投资印度尼西亚旅游业的话，就可以持有全部的股权，加之目前印度尼西亚旅游业开发投资空间广，印度尼西亚旅游业的外商投资环境较好。

旅游业是印度尼西亚非油气行业中的第二大创汇行业，因此旅游业的发展得到印度尼西亚政府的大力扶持。政府重视旅游业基础设施建设，开辟新航线完善交通网，并致力于旅游景点的开发和饭店的兴建，并加强相关人员的培训，提高服务质量。签证手续不断简化，目前已有 64 个国家享受落地签证政策，极大地吸引了海外游客。此外，印度尼西亚政府还与周边邻国开展旅游合作，形成集群效应，与东盟各国组成旅游圈，各国之间相互交流经验取得共同发展。

（三）重要性

印度尼西亚是一个旅游资源极其丰富的国家，得天独厚的地理位置，优美的自然环境，丰富的海洋、火山与湖泊等自然景观，遍布各地的名山古刹，以及多姿多彩的民间文化，使印度尼西亚在发展旅游业方面有着许多其他国家无法相比的长处和优势。印度尼西亚旅游业起步较晚，但 20 世纪 70 年代中期以来发展迅速，外国游客和旅游外汇收入逐年递增。旅游业的快速发展，不仅为国民经济建设带来了大量的外汇收入，促进了相关产业的发展，尤其是为商业、酒店业以及旅游商品的生产带来了生机，而且解决了大批社会闲散人员的就业问题。旅游业已成为印度尼西亚国民经济的一项支柱产业。

二、印度尼西亚旅游业投资环境

（一）理论依据

投资环境是围绕投资主体、投资活动所提供的众多条件的总和，有社会和自然条件、软条件和硬条件、有形和无形条件、直接和间接条件等。投资环境决定着投资成败和盈亏，作为企业投资决策的第一前提，被政府和企业高度重视。1960 年以来，经济学家们尝试使用不同方法和指标体系评估和监测投资环境的优劣。诸如以冷热对比法、等级评分法、层次分析法、网络分析法等为代表的从投资环境正面因素进行分解的方法；以投资障碍分析法、投资风险评估法为代表的负面因素分析法；以灰色评价模型、熵变原理方法、模糊神经网络分析技术为代表的引入数学新分支“老三论”“新三论”的新评价工具。

按投资环境要素的物质形态属性不同，分为硬环境和软环境。硬环境是指那些具有物质形态的要素组合；软环境主要是指没有具体物质形态的要素。

按投资环境研究层次的不同，可分为宏观投资环境、中观投资环境和微观投资环境三种。宏观投资环境多指影响整个社会资本运动的宏观社会经济变量和历史文化现实，探索研究的内容是全国或大区域范围内的国民经济发展、商业周期兴衰、国家政治法律制度变革、文化传统习俗的嬗变，以及国家之间和区域之间的地缘关系等。微观投资环境则是指某个投资项目选址时考虑的具体的自然、经济和社会条件。中观投资环境多指地区投资环境和产业投资环境，是介于上述两者之间的一个层次，承上启下。

我们还可以从其他角度对投资环境进行分类。如按投资运动阶段不同可分为投资的投入环境、使用环境和回收环境；按投资的国别不同分为国内投资环境和国际投资环境；按照组成要素的不同，分为政治环境、基础设施环境、金融环境、科技环境、法律环境、自然地理环境等。

（二）环境分析

1. 资本抽回

通常，在印度尼西亚是没有外汇管制的。个人可以自行持有、使用并兑换外汇。但是，从或往海外兑换外汇应当遵守印度尼西亚央行，即印度尼西亚银行的报告义务。

除对印度尼西亚银行的极少数业务进行限制外，印度尼西亚在对流入或流出国家的外汇转移方面也没有限制。可以自行持有、使用外汇并进行无限制的海内海外汇款，规定携带超过 1 亿印度尼西亚盾出境的，须从印度尼西亚银行取得许可证。

2. 外商股权

印度尼西亚政府对外商股权规定较为宽松，允许外商投资企业以独资方式成立，即外方可拥有 100% 的股权，但根据相关《外资法》《投资法》的具体规定，在印度尼西亚建设基础设施及医疗卫生服务等方面必须通过采用与印度尼西亚合作的方式进行。目前，印度尼西亚政府对外商禁止的投资行业有：出租车、公共汽车运输服务、基因培植、木材承包、动态影像生产业等。印度尼西亚允许的外商投资行业有：供应公用饮用水、港口建设和运营，电力、原子能工厂、医疗服务、基础电信等。

3. 货币稳定性

印度尼西亚实行有管理的浮动汇率制度，印度尼西亚中央银行（BI）在适当的时候进行干预以防止汇率过度波动。经过金融危机后，印度尼西亚政府通过对国内外汇市场的干预以保证汇率的相对稳定，货币币值也较为稳定。直到 2013 年，由于美联储宽松货币政策的退出预期及较严重的经常账户逆差，导致印度尼西亚货币大幅贬值，据印度尼西亚官方统计，印度尼西亚盾 2013 年全年贬值幅度高达 26%。

目前官方公布的人民币兑换印度尼西亚卢比的汇率是：1 印度尼西亚卢比 =0.000 501 1 人民币元。但受数据限制，无法准确查询到印度尼西亚卢比黑市的兑换价，根据相关新闻报道等渠道得知，印度尼西亚卢比的黑市价与官价之间差距约在 40%。

4. 政治稳定性

印度尼西亚是一个总统制共和国，民主改革过渡的时期政治上经历了较大变动。但总的来说，印度尼西亚发展逐渐趋于稳定，政府地位稳固，国内安全形势可控。印度尼西亚与周边及各主要大国关系平稳发展，地区大国地位不断提高。2014 年 10 月 20 日亲民总统佐科 · 维多多宣誓就职以来，印度尼西亚国内局势稳定，在新政府的带领下确立了新的基础发展战略。但由于印度尼西亚各政党之间以及国内利益集团在改革等问题上立场不一致，再加上政治、经济方面的压力，要建设制度民主、经济繁荣、人民富裕等依旧面临巨大挑战。此外，自从“9·11”恐怖事件发生以来，印度尼西亚的发展环境也受到了美国乃至全世界的影响，加之经历了巴厘岛和雅加达万豪酒店恐怖爆炸事件的重创，且现今恐怖主义又不断出现新的发展趋势，对印度尼西亚经济的发展和社会安定仍存在重大威胁。

三、印度尼西亚与中国在旅游业的合作

中国与印度尼西亚外交关系 20 世纪 60 年代中期中断，印度尼西亚来华的旅游者甚少。1990 年 8 月，两国正式恢复外交关系，推动了两国关系的发展，两国旅游业合作的大门也被打开。1990 年印度尼西亚来华旅游者为 5.52 万人次，比前一年增长 105%。2005 年两国建立战略伙伴关系以来，双方在基础设施、农业、矿业、渔业、旅游业等领域的合作取得了长足进展。2012 年 3 月，苏西诺总统访华，两国发表的联合声明指出：在旅游领域，双方认为两国在旅游领域合作潜力巨大，鼓励两国相关机构包括私营部门加强合作，增加互访游客人数，扩大对旅游业的投资，为两国游客提供便利。

中国经济快速增长，潜力巨大，中国游客是印度尼西亚旅游业市场发展的主要目标。印度尼西亚特别注意吸引中国游客到印度尼西亚旅游，为吸引更多的中国游客赴印度尼西亚旅游，印度尼西亚政府做出了多方面的努力，着力提高印度尼西亚旅游资源在中国民众中的认知度，同时推动印度尼西亚人民与中国民众的民间交流与往来。在旅游签证方面，印度尼西亚政府尽量给予中国游客最大的便利。中国公民只要护照的有效期在 6 个月以上，就可以在印度尼西亚国际机场的到达大厅申请落地签证。7 天的签证费用为 10 美元，如果想做深度游，还可花 25 美元申请 30 天的签证。中国游客从 2005 年 8 月 1 日起获得在印度尼西亚落地签证的便利。印度尼西亚还在考虑与其他东盟成员国协商，加快东盟统一签证的实施。一旦东盟主要旅游国家的签证实现统一，中国游客就将可实现“一签游遍东南亚”，无疑将大大方便中国游客。

印度尼西亚还利用各种方式来推介旅游业。为宣传本国旅游资源，印度尼西亚政府 2007 年开通中文版旅游咨询网站，在广州设立旅游咨询中心，并在中国多个城市举办旅游推介活动。为了吸引中国游客，印度尼西亚将推广中文会话培训，争取使酒店员工能够用简单的中文与中国游客沟通。2008 年 4 月 1 日中国工商银行与印度尼西亚文化旅游部在雅加达签署合作协议，为持有 ICBC 银行卡的中国游客赴印度尼西亚旅游办理签证及食宿提供便利。2009 年 4 月 3 日，印度尼西亚文化旅游部与中国工商银行续签了合作备忘录，以继续双方在推动中国游客赴印度尼西亚旅游方面的合作。根据该备忘录，印度尼西亚文化旅游部将继续为工行信用卡持卡人在印度尼西亚旅游、入境签证及消费等方面提供便利与优惠，而工行将帮助印度尼西亚在中国市场持续深入地宣传印度尼西亚旅游文化。根据双方规划，2009 年在北京、上海、广州等城市开展“赢大奖游印度尼西亚”活动，工行的持卡客户可以参与一系列的有奖问答等活动，并有机会赢取免费赴印度尼西亚旅游的大奖。通过与印度尼西亚文化旅游部等部门和机构的合作，中国工商银行已成为印度尼西亚和中国之间的经济桥梁、金融桥梁和文化桥梁，帮助印度尼西亚吸引了大量的中国游客。

第二节　印度尼西亚农业发展状况

一、印度尼西亚农业概观

印度尼西亚（印度尼西亚）是世界第一大的棕榈油生产国，也是可可、橡胶和咖啡等高价值商品的全球生产大国。印度尼西亚有许多土壤肥沃的地方，十分适宜种植多种供应出口和国内消费的农作物。但是，占据大部分种植面积的是出口作物，乘全球物价高峰之便促进就业的也是出口作物。印度尼西亚的必需商品仍然高度依赖进口货物，例如小麦、大豆、糖等，在世界食物价格持续攀升之际将食物保障问题提上了国家议程。通过采用科技和土地整治来提高国营、私营种植园以及小农户的生产率是另一个亟待应对的问题，需要在这个雇佣了全国 40% 多劳动力的产业里取得巧妙的平衡。

印度尼西亚的农业相当分散，由国营公司 PTPN、大规模私营种植园以及小农户组成。细分来看，棕榈油为主导，而可可、橡胶和咖啡也是主要的出口商品。像玉米、糖和稻米以及供国内消费的蔬菜主要由小农户种植经营。提高主要粮食的自给自足是本国农业的重点任务，不亚于重点作物（例如糖和小麦）的进口。尤其就小麦而言，印度尼西亚几乎完全依靠来自澳大利亚等市场的进口。印度尼西亚也是东南亚农作物的最大进口国。

二、农业发展的特点

印度尼西亚农业发展的最主要特点是比较成功地改造了殖民地农业，实现了粮食自给。16 世纪末，荷兰殖民者入侵，并于 1800 年成立殖民政府，实行“强迫种植制度”，迫使农民用最好的土地种植殖民政府指定的农作物，当时主要是咖啡、甘蔗、茶、烟草、胡椒等，并规定这类作物的种植面积至少占耕地总面积的 1/5 以上，实际上远高于此数。印度尼西亚成了向欧洲国家提供热带经济作物产品的基地。1870 年，荷兰实行新殖民政策，废除上述制度，为外国资本到印度尼西亚经营大种植园提供方便条件，贫穷的农民为种植园提供了廉价劳动力，使外资经营的种植园不断扩展。殖民地经济结构破坏了原先自给自足的自然经济，严重影响粮食生产，国家经济依附于世界市场。

1945 年独立时，印度尼西亚经济基础薄弱，结构不合理，生产技术落后，农业发展缓慢。20 世纪 60 年代末以来，政府采取引进国外资本和技术，鼓励国内外私人资本投资，积极开发自然资源和扩大对外贸易等措施，经济得以迅速发展，也促使农业较快发展。在“一五”计划时期，建设重点是农业、林业和水利;“二五”时期重视民间种植园发展，曾制定一个种植园十年规划;“三五”时期，一方面大力发展水稻生产，一方面积极发展畜牧业，主要是养鸡业，从而使畜牧业的年均增长率由“一五”时期的 1.63% 增加到 5.5%；同时，民间种植园的年均增长率由“一五”时期的 0.52% 提高到 4.5%；此后印度尼西亚进一步扩大稻米自给率，同时力求农林牧渔业全面发展。

如今，印度尼西亚农业已取得明显进展，食品已由过去严重匮乏变为自给有余。谷物自给率在 90% 以上。从前主粮大米大量依靠进口，自 20 世纪 80 年代中期起已完全自给；由于气候不宜种植小麦，面粉尚依赖进口。蔬菜和水果均有出口；热带经济作物产品继续大量出口，换取外汇。畜产品消费量近年增加很快，如国内肉类消费量从 1969 年的 31.1 万吨上升到 1994 年的 148.3 万吨，增加近 4 倍；蛋从 2.6 万吨增至 50.9 万吨，增加 19 倍；奶从 17.7 万吨增至 89.5 万吨，增加 5 倍。由于畜禽生产从 20 世纪 80 年代起迅猛发展，已从过去严重供不应求而做到基本满足要求。1994 年，人均谷物消费 225 公斤，肉类 9 公斤，水产品从 1989 年的 15.5 公斤增加到 18.5 公斤。每人摄入热量 2 561 卡路里，蛋白质摄入量为 56 克。

三、中国与印度尼西亚的农业产能合作

（一）合作的基础

中国与印度尼西亚同是农业大国，不同的自然条件与农业发展历程决定了两国农业的差异性与互补性，而这种差异与互补恰恰是双方合作的重要基础。

首先，从农业资源类型来看。印度尼西亚地处亚澳两大陆之间，属于典型的赤道海洋性气候，具有高温、多雨、微风和潮湿 4 大特点，全年平均温度 26℃左右，盛产热带作物而中国国土面积广阔，跨越热带、亚热带、暖温带、温带、寒温带和寒带等，不同气候带的自然资源都很丰富。这种资源的差异性有利于两国推动资源开发 . 扩大双边贸易。

其次，从农业发展水平来看。印度尼西亚农业发展水平相对落后，主要体现在农业机械化水平、农业基础设施条件、农技推广普及程度 3 个方面，目前印度尼西亚国内使用的农机基本上是从国外引进的，本国农业机械工业体系不完整、配套能力差，自主研发的农机品种少且售价高，并且由于农业生产仍以粗放型传统农耕方式为主，农机在实际生产中的应用程度还很低。而中国经过几十年的发展已经拥有体系完整、规模较大的农业机械工业，除

服务国内外，每年还有大量农机出口。此外，印度尼西亚的农业基础设施也很落后。在科学技术方面，其科技的推广应用还很不足。

（二）合作的现状与前景

农业发展的差异性、良好的政策环境、地理和文化上的毗邻都为两国农业合作创造了优越的条件。除传统农产品和农用物资贸易外，近年来我国与印度尼西亚的农业合作逐渐向更广更深的领域发展。良好的合作发展势头，为进一步的合作打下坚实基础，未来中国与印度尼西亚开展农业合作的空间十分广阔。2001 年两国农业部签署了《农业合作谅解备忘录》标志着中国与，印度尼西亚农业合作进入新的发展阶段。备忘录中明确提出了今后开展农业合作的领域，包括粮食作物生产、多年生作物培育、农业机械、园林艺术、生物技术、农业企业管理、农业研究与开发、种子业、畜牧业及相关产业。未来双方合作的空间不仅从单一种植业扩展到林业、牧业等多个产业，还由单一的生产、销售合作渗透到研究、加工等更多环节。未来我国将继续坚持“以我为主、真诚实意、优势互补、共同发展”的合作方针，在充分尊重印度尼西亚需求的前提下，结合我国农业优势，在更广范围、更高层次开展与印度尼西亚的农业合作。

自 2013 年两国关系由战略伙伴关系提升为全面战略伙伴关系，两国务实合作全面深入发展。农业是两国合作的重要组成部分，双方建立了农业联委会机制，在科技交流、技术示范、农产品贸易、农业投资、国际粮农事务等方面开展了广泛合作，进一步深化合作潜力很大。会议提出三点合作建议：一是继续发挥农业联委会的机制性作用，就双方共同感兴趣的合作项目进行协商和推进；二是共同规划两国农业合作重点和发展方向，确定优势领域；三是加强合作载体和环境建设，共建农业合作园区、平台和基地。

印度尼西亚幅员广阔，农业建设领域和农产品市场潜力很大，单棕榈油、橡胶和甘蔗三种商品出口额达 55 亿美元，中国投资者在该领域投资潜力很大。中方有意在包括加里曼丹等区域投资，同时为促进中印度尼西亚贸易平衡，中方将为印度尼西亚水果出口中国提供便利。苏莱曼还表示，印度尼西亚希望中方协助开发和建设农业耕地，发展农业种植产业，以及在边远地区建设新型畜牧场。为方便中方投资，除官方建立联系机制外，印度尼西亚还将为促进双方企业家洽谈牵线搭桥。

第三节　印度尼西亚采矿业发展现状

一、矿产资源分布

印度尼西亚共和国位于亚洲东南部，地跨赤道。与巴布亚新几内亚、东帝汶、马来西亚接壤；与泰国、新加坡、菲律宾、澳大利亚等国隔海相望。是世界上最大的群岛国家，陆地面积 1904 443 平方公里。海岸线长 54 716 公里，人口 2.4 亿（2007 年初）。2006 年国内生产总值达 3 338.2 万亿盾（按 1 美元兑换 9 167 印度尼西亚盾折算，约合 3 641.5 亿美元），同比增长 5.5%。通货膨胀率 6.6%。公开失业率达 10.3%。

（一）石油

2006 年统计，印度尼西亚的石油剩余探明储量为 5.89 亿吨。石油主要分布在苏门答腊、爪哇、加里曼丹、斯兰等岛和巴布亚。几乎全部赋存在第三纪地层中。较大的油田有中苏门答腊的 Minas、Duri 和 Bangko 油田，苏门答腊东南海上的 Cinta 和 Rama 油田，东加里曼丹的 Bunyu、Handi 和 Bakapai 油田，西爪哇海上的 Arjuna 和 Arimbi 油田等。

（二）天然气

2006 年统计，印度尼西亚的天然气储量为 27688.36 亿立方米。印度尼西亚大部分天然气资源位于北苏门答腊省的 Aceh 和 Arun 天然气田、东加里曼丹陆上和海上气田、东爪哇 Kangean 海洋区块、巴布亚的一些区块。

（三）煤

印度尼西亚煤炭储量为 67 亿吨，主要分布在苏门答腊西部和南部以及加里曼丹东部和南部，在巴布亚和苏拉威西地区也有少量分布，印度尼西亚的煤几乎都赋存在第三纪地层中。

（四）锡

印度尼西亚锡储量46万吨。主要分布在苏门答腊东海岸外的廖内群岛，特别是邦加岛、勿里洞岛和新格乌，与我国滇西锡矿和缅甸、泰国、马来西亚同属一个锡成矿带。该矿带长达2 500公里以上，其中印度尼西亚境内锡矿带长约750公里。砂锡矿有河流冲积砂锡矿和滨海砂锡矿两种；原生锡矿也有两种，产于燕山期花岗岩中的锡石—石英脉型和产于花岗岩体内云英岩化带上的锡石—硫化物型。

（五）镍

2005年已探明镍储量320万吨，约占世界总量的5.2%，居世界第8位。平均矿石品位1.5%～2.5%。主要为基性和超基性岩体风化壳中的红土镍矿，分布在群岛的东部，矿带可以从中苏拉威西追踪到哈尔马赫拉、奥比、格贝、加格、瓦伊格奥群岛，以及巴布亚的鸟头半岛和塔纳梅拉地区等，其中苏拉威西岛东南部的波马拉镍矿，含镍2.3%～3.3%，有镍资源量126万吨；索罗科镍矿含镍1.4%～1.9%，含钴0.12%，有镍资源量224万吨。近年有一些新的发现，如哈马黑拉岛（Halmahera）红土镍矿已经获得推定和推测资源2.038亿吨，镍品位1.37%，钴品位0.11%，镍金属量达到279万吨。

（六）铝土矿

已知铝土矿储量2 400万吨，资源量约2亿多吨。其中85%分布在西加里曼丹，其余15%分布在廖内群岛中的宾坦岛及其周围小岛上。属红土型铝土矿，为含铝的硅酸盐类岩石在潮湿炎热气候条件下风化形成。主要分布在廖内群岛、宾坦岛、苏拉威西和加里曼丹岛。由于西加里曼丹地理位置偏远，基础设施又不足，所以那里的铝土矿到现在还没有开发。目前只有宾坦岛及周围岛屿上的铝土矿得到开发。

二、产业链状况

由于印度尼西亚政府矿业政策的变化是希望通过利用矿产资源招商引

资，鼓励企业在当地进行冶炼加工，提高产品附加值以及带动就业和经济增长，因此其有色冶炼加工行业的发展非常值得关注。

（一）铝产业链

氧化铝建设方面，中国宏桥、南山铝业（600219，股吧）、中国铝业（601600，股吧）和锦江集团等中国国内大型铝企均在印度尼西亚有氧化铝厂布局。中国宏桥计划投资建设年产400万吨氧化铝项目，目前一期100万吨氧化铝项目已经建成投产。中国宏桥计划2018年年底前在印度尼西亚建设第二座产能100万吨的氧化铝工厂。南山铝业计划在印度尼西亚廖内省宾坦岛宾投资坦南山工业园100万吨氧化铝项目，预计项目建设期3年，生产期为23年，希望利用当地丰富的铝土矿和煤炭资源，利用成本低的优势扩张氧化铝产能，提高氧化铝的盈利能力和企业原料储备能力。

（二）镍产业链

镍铁及不锈钢生产方面，印度尼西亚镍铁和不锈钢产能的快速发展，也使得整个产业链的情况发生变化。预计后期随着印度尼西亚低成本镍铁企业的投产，中国的镍铁产能将逐渐被挤出，整体呈现印度尼西亚镍铁产能增加、中国镍铁产能减少的此消彼长的格局。

具体到企业方面，在镍铁不锈钢产业方面发展最快的是青山集团。青山工业园区是印度尼西亚出台禁矿令后资金到位最快、建设速度最快、成果最丰硕的外资矿业项目。园区规划占地1 300多公顷，主要配建总容量超过1 000兆瓦的火力发电厂、一座10万吨级码头、一个简易机场及总建筑面积约为20万平方米的生活区，总投资额50亿美元。

从2013年7月建园开始，青山控股不到四年时间便投产三个项目，并于投产四个月内实现达产，一年内实现稳定超产，产量超过原设计产量并稳定运行。印度尼西亚青山不锈钢镍铁项目矿热炉开始通电试生产完成了印度尼西亚“镍矿—镍铁—不锈钢”的完整产业链。

（三）锡产业链

PTTimah是印度尼西亚锡矿密集区邦加最大的锡矿运营商，也是全球最大的综合性锡矿企业。由于锡矿在印度尼西亚被禁止出口，因此影响全球市场的主要是成品锡的出口。而从 2013 年 7 月起，印度尼西亚进出口规则改变，以提升高附加值锡产成品的出口量。锡锭出口最低纯度要求由之前的 99.85% 上调至 99.9%，使得企业的生产成本上涨，降低企业的生产积极性。精炼锡的出口从 2012 年的约 10 万吨，降至 2016 年不足 7 万吨，2017 年回升至 7 万吨以上。PTTimah 定下的 2017 年向外国市场出口的成品锡指标数量达 3 万吨，同比有所增长。

三、中企投资现状

印度尼西亚总体上来说矿业开发活动相对活跃，矿业开放程度较高。SNI 统计显示，印度尼西亚矿山项目有 550 个，在活动的有 299 个，矿业公司 111 家，外国企业占 49%。其中，印度尼西亚控股公司获取 153 个，占活动矿山总数的 51%；澳大利亚控股公司获得 68 个，占活动矿山总数的 23%；加拿大控股公司获得 23 个，占活动矿山总数的 70%；中国控股公司获取 17 个，占活动矿山总数的 6%。目前，煤矿、铜矿、镍矿、铝土矿、金矿的开发相对活跃，占在活动的矿山比重近 80%。印度尼西亚锡矿资源也很丰富。

中国已经成为印度尼西亚最大进口来源国和最大贸易伙伴，也是第七大投资国。中国企业在印度尼西亚投资的主要领域是矿业、电力、基础设施，遍及印度尼西亚 2/3 的地区。

在矿业投资方面，我国已经有 19 家企业与印度尼西亚在固体矿产和油气开采方面开展合作。油气方面，主要有中国海洋石油总公司、中化石油天然气股份有限公司、中信石油等企业投资，在此不重点介绍。固体矿产主要是投资煤炭、铝土矿、镍矿的开采以及冶炼厂的建设。目前，煤炭主要有中国神华、江西煤炭集团、意科控股公司和香港 Agritrade 资源有限公司进行投资，主要分布在加里曼丹地区；中国宏桥、山东南山铝业有限公司在印度尼西亚进行氧化铝厂的建设，主要在西加里曼丹省和廖内省进行投资；伟业镍钴公司、中国罕土、中钢集团、奥威矿产科技、上海鼎信投资集团也已经在印度尼西亚开采镍矿及镍冶炼厂的建设，主要集中在苏拉威西地区。其中，具有代表性的公司有中国神华、中国宏桥、中国罕土。

四、投资前景

采矿业是印度尼西亚的重要产业，在 2014 年全面禁止原矿政策出台前，印度尼西亚的采矿业占 GDP 比重 10% 以上，2014 年之后，采矿业占 GDP 比重出现明显回落，2016 年回落至 7.18%，2017 年政府放宽原矿出口条件后，采矿业占 GDP 比重重新出现回升，回升至 7.57%

目前，印度尼西亚的铝土矿和镍矿出口已经逐渐恢复。数据显示，2017 年中国共进口印度尼西亚铝土矿约 129 万吨，随着当地出口配额增多，部分贸易商逐渐介入，市场活跃度明显上升，印度尼西亚铝土矿有望逐渐替代部分马来西亚市场份额。根据 SMM 数据，2017 年中国共进口印度尼西亚镍矿约 381 万吨，同比同样是大幅回升。印度尼西亚在 2018 年 1 月最新批准 TOSHIDA 和 INTERGRA 两家矿山镍矿出口，配额分别为 195 和 100 万吨，其中 TOSHIDA 无建厂记录。截至 2018 年 1 月，印度尼西亚已批准镍矿出口总配额 2644 万吨，预计后期仍将有新配额公布。

第四节　印度尼西亚工业化的进程和发展

一、概述

2013 年，工业占 GDP 比重为 46.04%，其中：采矿业占 11.44%，制造业占 23.59%，电气水供应业占 0.83%，建筑业占 10.18%。

印度尼西亚油气资源丰富，共有 66 个油气盆地，其中 15 个盆地生产石油天然气。政府公布的石油储量为 97 亿桶，折合 13.1 亿吨，其中核实储量 47.4 亿桶，折合 6.4 亿吨。印度尼西亚天然气储量 176.6 万亿标准立方英尺

（TCF），折合 4.8 万亿 ~ 5.1 万亿立方米。石油勘探开发基本上依靠国外石油公司。印度尼西亚石油产量逐渐下降，自 2003 年以来，印度尼西亚已成为石油净进口国，2008 年初印度尼西亚宣布退出石油输出国组织（欧佩克）。2012 年印度尼西亚原油和凝析油产量降至 87 万桶 / 日，低于政府制定的 93 万桶 / 日产量目标。印度尼西亚最大的石油企业为国家石油公司（Pertamina，《财富》2014 年世界 500 强排名 123 位）。

印度尼西亚采矿业为印度尼西亚国民经济发展创造了可观的经济效益，它是出口创汇、增加中央和地方财政收入的重要来源，也为保持经济活力、创造就业和发展地区经济做出了积极贡献，同时还具有辐射社会经济其他领域的间接作用以及对边远地区发展的推动作用。印度尼西亚主要的矿产品有锡、铝、镍、铁、铜、锡、金、银、煤等。印度尼西亚最大的国有矿业公司为安塔公司，另外还有印度尼西亚国有锡业集团公司。

印度尼西亚的工业化水平相对不高，制造业有 30 多个不同种类的部门，主要有纺织、电子、木材加工、钢铁、机械、汽车、纸浆、纸张、化工、橡胶加工、皮革、制鞋、食品、饮料等。其中纺织、电子、木材加工、钢铁、机械、汽车是出口创汇的重要门类。印度尼西亚最大的钢铁企业为国有克拉卡陶钢铁公司，年产量约 300 万吨。

二、印度尼西亚工业化的进程

（一）供给分析

产业结构稳定。苏西洛执政期间，提出印度尼西亚 2025 年成为工业强国，其中，制造业成为经济发展中的支撑产业计划。数据显示，2010—2014 年，制造业在第二产业的比重已经占到了 50% 左右，成为拉动第二产业发展的主导产业，呈平稳发展态势。但是从三大产业配比占比来看，产业结构回旋于第一产业 13% ~ 15% 之间，第二产业 43% ~ 45% 之间，第三产业 41% ~ 44% 之间，制造业产值占经济总量的比重则从 2010 年的 22.63% 下降至 2014 年的 21.56%，从制造业产值对国内生产总值的贡献说明印度尼西亚已属于半工业化国家（UNIDO 标准为工业净产值占国内生产总值 30% 以上的国家可列为工业化国家，20% ~ 30% 的为半工业化国家）。与中等偏下收入国家相比，印度尼西亚有良好的劳动密集型初级产品加工制造的基础，并且国家对外开放程度高。根据外商投资法，印度尼西亚允许外商银行投资金融业股份占到 90%，这就为印度尼西亚国内制造业企业的融资提供了灵活的资金流通环境。

与此同时，近年来，印度尼西亚的招商引资更加注重质量而非数量，对外资正在去"超国民待遇"化，而印度尼西亚的开放政策在全球化产业竞争中独树一帜，国际市场中更多的低端产业向印度尼西亚转移。外商投资的宽松环境吸引了大量的处于全球价值链低端的产业，使得印度尼西亚能够维持半工业化的状态，但是引进设备生产不如引进技术，印度尼西亚创新能力不足使得其与中等偏高收入国家相比，产业结构的构成升级力度不大，进展缓慢。世界银行的统计数据显示，中等偏高收入国家产业配比的平均水平为工业比重不到 40% 而且呈逐年下降趋势，服务业占到 55% 左右呈上升趋势，逐渐出现去工业化现状。

（二）需求分析

印度尼西亚从 1997—1998 年亚洲金融危机以后，GDP 增长一半的比例为消费拉动的，这样的经济结构使得印度尼西亚能够较少受外部需求萎缩击，实现较快增长。前任总统苏西洛经济政策的重点是从保持宏观经济稳定转向促进投资、消费和出口的经济发展。再次强调印度尼西亚是经济发展中侧重于内需刺激增长的经济体，以需求为导向进行供求的调整，符合凯恩斯主义的经济增长模式。近 5 年内，印度尼西亚 80% 以上的金额需求集中在耐用品和非耐用品的消费，但是，非耐用品和耐用品的比重逐年在缓慢的下降，其中，非耐用品从 2010 年的 42.57% 下降至 2015 年的 41.82%，耐用品从 37.72% 下降至 36.93%。下降的份额转移至劳务需求，对耐用品和非耐用品的高需求对第二产业的发展具有导向作用，优化产业结构，提高第二产业生产力以满足国内高份额的非耐用品需求。

1997 年金融危机后，经过 13 年面向市场的经济调整和结构改革，印度尼西亚经济基本从 1997 年金融危机的阴霾中走出来，并且成功抵御了 2008 年的金融危机 2007 年和 2008 年印度尼西亚的 GDP 分别达到 6.3% 和 6.1%，2009 年仍达到 4.5%，在东南亚国家中表现出色，2010 年印度尼西亚的经济增长再次吸引了世界的关注，GDP 增长达 6.1%，如果印度尼西亚能继续保持这样的增速，印度尼西亚将重回高成长经济体，并被纳入“金砖四国”。

第五节　印度尼西亚石油天然气开发管理与对外合作

一、印度尼西亚石油天然气概况

（一）石油天然气部门组织架构

国际石油公司，特别是雪佛龙和托塔尔石油公司，控制着印度尼西亚上游石油产业。国有能源公司塔米纳必须平衡其双重角色，一方面作为一家公司需实现自我需求，另一方面作为国有石油公司还需满足国内消费需求。

印度尼西亚石油市场中的国际石油公司包括雪佛龙、托塔尔、康菲、埃克森和英国石油。雪佛龙是印度尼西亚最大的石油生产商，2013 年占全球原油产量的 39%。根据政府报告，印度尼西亚国有石油公司塔米纳整合了所有供应企业，2012 年约占国内原油产量的 17%，成为第二大石油生产商，紧随其后的是托塔尔和康菲，分列第三名和第四名。其他国有石油公司如中海油和韩国国家石油公司也掌握着大量上游资产。

印度尼西亚能源和矿产资源部负责与有意向的石油公司签署产量分成合同。印度尼西亚 2001 年石油和天然气法案重新调整了印度尼西亚上游石油和天然气部门，将上游的监管角色从塔米纳转交给油气上游工业管理局（一家国有法定机构，负责管理和执行产量分成合同）。虽然塔米纳仍然是全资国有，2001 年法案仍将它定为有限责任公司。

印度尼西亚油气上游工业管理局于 2001 年石油和天然气法案通过后成立。2012 年 11 月，印度尼西亚宪法法院认为上游监管者——油气上游工业管理局是违反宪法的，因为该监管者限制了国家为全民福利最大限度扩大自然资源管理优势，因此勒令其解散。能源和矿产资源部通过特殊工作小组SKK Migas暂时接过了监管职能，将运行到政府修改2001年法案为止。特别工作小组负责管理和执行产量分成合同，决定政府持有油气的供应商，提高油气产量，满足国内需求。印度尼西亚总统全权负责制定油气监管政策，国会有监督和同意权。2013年特殊工作小组内的腐败案件及其前任主席被捕之后，该机构失去了在本国市场销售油气的权利。政府将国内市场专有销售权转给了国有塔米纳公司。

（二）开采和生产

印度尼西亚为亚太地区唯一的欧佩克石油生产国，为亚洲第2大石油生产国，石油产量居世界第20位。目前印度尼西亚石油主要产自西部盆地，自2000年由于成熟油田产量自然递减，印度尼西亚石油产量不断下降，2006年石油产量为4 990万吨，比2005年下降5.8%，2007年为4 740万吨，比2006年下降5.0%，比2000年下降33.7%。

印度尼西亚为亚洲最大的天然气生产国，2006年产量为693亿立方米，比2005年增长0.9%。2007年产量为667亿立方米，比2006年下降3.8%，居世界第10位。

主要的油气田为位于中苏门答腊油气区的Minas和Duri油田，作业者为美国雪佛龙公司，这两个油田均为成熟油田，近年来石油产量逐年下降。目前有多个正在执行的勘探项目，但这些项目均未获得足够的新发现来弥补来老油田产量下降。

（三）管理体制与政策

印度尼西亚宪法规定矿产资源归政府所有。为吸引外国投资发展本国经济，印度尼西亚政府早在1967年就制定了外国印度尼西亚投资法，并不断改善投资环境，鼓励外国投资，并进一步简化手续，降低关税，外资对印度尼西亚的经济发展起了促进作用。

为了促进石油工业的发展，印度尼西亚1960制定出台了石油和天然气工业法，并在不同时期颁布了不同的石油法令，从租让合同到工作合同又到产量分成合同制和联合经营产量分成合同制，目前主要采用产量分成合同形式，主要内容：印度尼西亚对石油资源拥有所有权；外国石油公司承担从勘探、开采到经营的全部费用，并承担一切风险；勘探期限为 6 年，可申请两次延期，每次 2 年。近年来印度尼西亚原油产量不断下降，目前为 95 万桶 / 日，比 2001 年的 130 万桶 / 日减少 35 万桶 / 日，为鼓励在边际地区投资，增加油气开采，2007 年 11 月印度尼西亚政府拟向在深海和边疆地区油气区块进行开发开采的公司提供更优惠的产品分配方案，这些公司将得到 49% 的产量，印度尼西亚政府得 51%，而目前的分配是油、气开采公司分别得 15% 和 30%，同时政府也将修改产品分配方案中有关补偿营运费用的规定。

二、印度尼西亚外商投资优势

（一）印度尼西亚外商投资的基本原则

1. 外国资本的性质和范围

外国投资是指外国投资者根据印度尼西亚《石油天然气法》在印度尼西亚直接投资进行企业经营；并对投资直接承担风险的行为。

外国资本包括：

（1）经政府批准对设在印度尼西亚的企业进行投资的不属于印度尼西亚外汇收入的外汇；

（2）非由印度尼西亚外汇储备进行投资的企业固定资产；包括技术开发权和进口材料权；

（3）根据《石油天然气法》规定可以汇兑境外的利润对设在印度尼西亚的企业转增的资本。

2. 外资所有权的保护

除非国家利益需要并由法律宣布；政府不得实行国有化或者全面取消外资企业的所有权；不得限制其支配权或管理权。

（二）外国投资的税收优惠

对外国投资企业的优惠税种如下：

（1）自企业投产之日起五年之内产生的企业所得税。

（2）自企业投产之日起五年之内应当支付给股东的收益部分应当缴纳的红利税。

（3）自再投产之日起五年之内，用资本收益对设的企业再投资的，该资本收益应缴纳的企业所得税。

（4）外资企业经营所必需的机器、器具、设备等固定资产在进口时应当缴纳的进口税；

（5）因外国投资引起的股本发行中应当缴纳的股本印花税。

（6）免税期限届满之日起五年之内按照不超过 50% 的比例征收的企业税。

（7）在前一项中规定的期限内，用应当纳税的收益抵付当期发生的亏损的，该收益应当缴纳的税收。

第七章 越 南

第一节 越南电子产业发展的机遇与挑战

一、越南电子产业概况

自20世纪90年代初Sony、Toshiba以及Sanyo等日本消费电子制造商，通过越商来料组装生产方式开发当地市场，越南政府则陆续全面豁免电子零组件进口税以扶植国内电子制造业发展，越南开始以电子零组件进口建立供应链市场。之后，越南于1995年加入东盟，分别签订一系列国际双边和多边自由贸易协定，接着履行各项国际承诺开放进口市场，逐渐调减包括电子制品和零配件在内的商品进口，导致相较之下，进口电子产品价格较在当地组装出厂具市场竞争力，因此Sony由2000年直接输入销售泰国和印度尼西亚工厂产品，同时逐渐撤出越南组装生产链，造成胡志明市Viettronics Tan Binh、Viettronics Thu Duc以及Viettronics Quan 10等曾经长期替Sony组装电视机、DVD播放机以及收录音机等消费电子产品的越商，在失去Sony的支撑后逐渐没落，转向进口经营电子产品。例如Viettronics Tan Binh于2014年成为美国电子品牌Pioneer越南总代理商。

近年来由于越南政府持续招商引资，尤其提供电子制造业许多投资优惠，外国电子行业亦相中越南外销市场日益扩大，国内社会稳定、人口年轻、工资相对便宜等发展有利因素，于2000年后期相继前往越南设厂，Samsung、LG、Panasonic以及Intel等国际大厂亦皆现身越南，其下游厂商也尾随而至，开创另一番电子制造业供应链。并让越南自2013年以来电子产品出口比重与年俱增，2014年跃升至全球排名第12大电子产品出口国，在东盟地区排名第3名，年均增长10%。

根据越南投资事务局统计资料，当地电子产业总共吸收100余亿美元国外投资，其中手机制造商最积极，当中 Samsung 独领风骚。其他电子零配件制造商也跟随而至，相继成立 KSD Vina、Morips Vina、Orientech Vina、Rftech Vina、KET Vina、Kybye Vina、Melfas Vina、Dongsung Vina 等外资电子零配件制造厂，跟随大型跨国电子制造商在越南的布局开发市场。

二、越南电子信息产业发展现状

（一）越南电子信息产业代工规模不断扩大

近年来，越南电子信息产业地方网络已经建立，发展比较迅速，但整体来看还未深度嵌入全球生产体系之中。这是因为越南电子信息产品在全球产业竞争链中仍处于获利低微的价格竞争层次，需进行产业升级。越南软件协会统计数据显示，目前越南软件企业已增到 700 多家，总体营业收入达到 3 亿美元左右，虽然同比增长 30%，但其中 9 000 万美元来自出口创汇和 14 家国外独资企业，占该行业总生产能力的 60%。总体来看，除了身为世界工厂的中国大陆外，东南亚各国在全球电子代工产业的角色地位日益加重，东南亚地区的总体营业收入由 2006 年的 162 亿美元，增长至 2011 年的 249 亿美元，年复合成长率达到 9.1%。同时，越南统计部 2012 年《统计年鉴》数据也表明，越南电子信息产业近 5 年产值增长迅速。截至 2012 年 9 月，越南计算机和计算机零件的进出口额为 93 亿美元和 54 亿美元，分别增加了 80.9% 和 77.30%。手机和手机零件的进出口额分为 35 亿美元和 54 亿美元，增加了 93.1% 和 77.3%。截至 2013 年 3 月，越南电子产品计算机和计算机零件的进出口额增加了 86.7% 和 49.1%。手机与手机零件的进出口增加了 51.5% 和 89.8%。

（二）加入 WTO

在加入 WTO 之前，越南电子信息产业的发展速度比较缓慢，几乎都是一些低端或基础性的产品，或者是简单的代工产品。为扭转这种状况，越南政府加快了加入 WTO 的步伐，制定了很多优惠政策，比如进口关税优惠、出口补贴、信用贷款优惠、免租土地税、降低企业所得税等。这些措施使越南电子信息产业得到了极大的发展，出口的主要国家包括泰国、日本、荷协、菲律宾和美国，出口产品主要有电子零件、电脑和打印机等。

2007 年 1 月 11 日，越南正式加入 WTO，越南电子信息产业开始了快速增长期。同年，电子信息企业的数量新增了 100 多家，营销额达 30 亿美元。2008 年已经生产出越南品牌的电子产品，历经了从简单组装到独立生产的巨大变化。

（三）政策措施

1. 制订引进外资的投资法

越南发展电子工业有许多有利的条件，如有大量廉价的劳动力，自然资源丰富，教育水平较高，识字率达 90% 以上。自 1987 年外资法实施以来，外商纷纷到越南投资。投资法规定，对高技术、开发性企业免税 2 ~ 5 年，以后还有两年时间减税 50%，投资额最低不能低于总资本 30%。三资企业除交 15% ~ 25% 的所得税外，利润可自行处理。到越南投资的有日本、法国、意大利、韩国和中国香港等企业。外商注入越南电子工业的投资达 3 亿美元。

2. 建立出口加工区

越南于 1988 年初决定建立出口加工区以来，河内市、海防市、广南一晚港省、同奈省、胡志明市、后江省陆续提出了在当地建立出口加工区的方案。越南部长会议已正式批准胡志明市、广南一观港省和海防市建立出口加工区。越南政府对加工区规定：投资者可以生产、加工、装配出口商品，可以进行为上述活动和出口服务的劳务经营。自企业获出口加工区经营执照之日起，经营期一般不超过 50 年。出口加工区各企业从外国进口的设备、物资、原料和商品免交进口税，向外国出口商品和产品免交出口税。出口加工区的生产企业所得税的税率为利润的 10%，从盈利之日起免交所得税 4 年。服务性企业所得税税率为利润的 15%，盈利之日起免交所得税 2 年。

3. 建立信息技术工业基础

生产重要信息产品和提供各项服务，优先发展软件产业，充分利用所有技术转移的可能性，促进现代信息设备和元件产业的发展。根据这个计划大纲，今后越南电子信息技术，特别是计算机软件和通信等会有较大发展。在计划中选择了以下几项尖端科技：如功率电子、数字远程通信、光电子学及多媒体，并设立高技术工业园。越南拥有软件专业人才，因此软件发展潜力较大。有观点认为，目前电脑硬件生产的利润非常低，中国台湾、韩国、新加坡和香港在技术及经济规模上已垄断了整个行业，越南很难加入竞争，越南进口计算机产品的关税很低，因此进入该市场不需在当地设生产基地。

三、越南电子产业投资机遇

（一）吸引外资跃跃欲试

目前越南电子产业结构仍偏重消费性电子产品，比重高达 90%，电信与 IT 设备仅占 10%，在电子出口市场的主要竞争对手包括中国、马来西亚与泰国。

近年来越南政府积极改善投资环境吸引外资，国际电子大厂对也对越南电子业潜力十分看好。2006 年初，全球半导体业龙头英特尔（Intel）便宣布将投资 6.05 亿美元，在胡志明市兴建第七座封测厂，11 月初越南政府官员又表示，已核准英特尔将封测厂投资上限提高为 10 亿美元。

英特尔此举被各界视为极具号召性，预料将带动其他国际大厂进军越南。事实上，在 10 月底，英特尔创投事业（Intel Capital）又宣布与美国私募基金公司德州太平洋集团（Texas Pacific Group；TPG）共同出资 3650 万美元，购入越南通信企业 FPT 10% 股份。

此外，越南的低工资优势已吸引 LG 电子（LG Electronics）、大宇电子（Daewoo Electronics）等韩国厂商前往设厂，三星电子（Samsung Electronics）也表示看好越南信息与通信产品领域，计划加强经营当地市场。受中日关系僵局困扰的日本企业，也将越南视为分散中国投资风险的避风港，在越投资件数与金额仍持续增加，Sony、三洋（Sanyo）、东芝（Toshiba）、富士通（Fujitsu）、佳能（Cannon）、瑞萨（Renesas）等知名厂商均已抢先进驻。

（二）受益东盟成员身份整体环境加强

越南于1995年加入东盟（ASEAN），而近年来东盟在国际政经舞台的重要性日益提升，而越南身为该组织最具潜力的一员，已被外资视为进军东盟市场的最佳跳板。举例来说，中国电子产品出口东盟国家的关税为20%～30%，但越南销至同一市场的关税最高只到5%，竞争力不言而喻。

此外，越南成为WTO正式会员后，不但与会员国之间的贸易可享最惠国待遇（MFN），进口原物料与零组件的关税也可望调降，再加上与美国此一巨大市场的贸易关系可望永久正常化，均有利于越南出口。越南贸易部表示，目前该国电子与计算机零件产品大多出口至东南亚、日本、韩国、美国，加入WTO后，市场可望进一步拓展至中国大陆、中国香港、欧盟等地。

越南目前在全球各区域电子产品市场的占有率仍低，未来还有极大的成长空间。越南目前占东盟国家电子产品市场仅2.2%，预料2010年以前可超越10亿美元关卡，占该区域市场5%。

此外，越南企业也十分看好日本市场，加入WTO后亦可望大幅拓展欧盟（EU）出口，目前占有率仅0.03%。

四、我国与越南电子产业合作情况

从目前来看，越南电子工业正处于发展期，越南国内市场潜力还很大。电视机、收录机、电子元器件以及通信和计算机等都具有潜在市场。

我国和越南的关系日益得到发展，经济、技术合作也有了良好开端。据我国海关统计，1994年我国对越南电子产品出口总额约为1 400万美元。出口超10万美元的产品有：有线电话机（28.7万美元），其他数字式程控电话交换机（92万美元），数字式程控电话或电报交换机的零件（10.6万美元），其他扬声器（107.3万美元），耳机、耳塞及头戴送受话器（69.8万美元），磁带式录放音机（23.1万美元），走带机构（月3.5万美元），录放像机（19.7万美元），宽度不超过4毫米的未录制磁带（组4.3万美元），宽度超过6.5毫米的未录制录像带（58.2万美元），42厘米以下的彩电（16.6万美元），

42～52 厘米的彩电（17.2 万美元），52 厘米以上的彩电（51.6 万美元），16～42 厘米的黑白电视机（52.1 万美元），42 厘米以上～52 厘米的黑白电视机（18.3 万美元），黑白电视机整套散件（551.3 万美元），除高频头外的电视机零件（27.9 万美元），音响和视频设备未列名零件（4 万美元），混合集成电路（18.9 万美元）。上述产品约占 1994 年我对越南电子产品出口总额的 90% 以上，其中除 16 厘米以下的小屏幕黑白和彩色电视机以及黑白电视机整套散件出口额比上年有所下降外，其他各项均比 1993 年有较大幅度的增长。

目前，越南整机进口关税较高，这对出口不利，但我们可以通过其他途径，如散件出口等方式，避免不利因素，扩大出口。我们有条件的工厂、企业还可以在越南投资建厂，利用越南的廉价劳动力和技术人才，实现生产当地化，避免关税壁垒以及交通不便等不利因素，更好地扩大对越南技术出口。

五、越南电子信息产业面临的主要挑战

就越南电子信息产业的发展现状看，要抓住机遇、抓好机遇并不是件易事，对起步较晚和发展程度相对较慢的越南来说无疑是一种挑战。这种挑战包含以下几方面内容。

（一）核心技术突破相对困难

首先，电子信息产业的核心技术变得越来越复杂，技术标准要求越来越高，更新频率也日益加快。越南本土企业几乎没有在电子信息产业尖端技术方面的研发成果，这就迫使越南在核心信息技术上只能依靠引进外国的技术成果来实现突破和跨越。

其次，全球电子信息产业日趋激烈的竞争使越南国内电子信息企业人才遭遇跨国公司的强势抢夺，国内企业面临人才紧缺的状况，致使自身的研发能力相对较弱。

最后，信息技术创新的产业化面临窘境。信息技术创新产业化本就是电子信息产业的一大难题，加之越南以电信企业为主导的研发格局尚未形成，

融资渠道缺乏，电子信息产业相关部门交流沟通不畅，这些都使得本国技术创新产业化难以实现。

（二）中小企业财力有限

作为发展中国家，越南的经济水平整体相对较低，产业基础相对薄弱。对于技术的资金投入不足，越南中小企业常常遭遇土地、劳动力等固定资产富足但资金短缺的困境。而电子信息产业对资本的前期投入要求又相对较高，这就迫使中小电子信息企业必须积极地融资。为此，需要政府出面扶持部分资金和推出优惠政策吸引民间资本的参与，以此来减轻中小企业前期融资压力。但就现状而言，政府部门扶持力度还远远不够，民间资本的参与也十分有限。

（三）电子零件生产水平相对较低且发展缓慢

目前，越南的电子零件生产业大部分处于中下级发展阶段，但国内电子企业对电子零件的需求又很大。由于加入 WTO 后，政府对电子零件进口实行 50% 的低关税甚至零关税的鼓励性政策，不可避免地导致了进口电子零件价格便宜，甚至低于国内同样产品的价格。这导致了 FDI 企业几乎停止了全部的国内装配业务，直接转向使用零件价格更便宜的进口产品，其直接的结果是对本土电子零件生产企业形成了强烈的冲击。

第二节 越南市场投资环境与前景

一、概述

（一）令人兴奋的市场

截至 2017 年 3 月，越南人口统计超过 9 500 万人，继印度尼西亚、菲律宾之后，东盟第三大人口国，30 岁以下占 40%，属于人口结构年轻的国家。官方语言为越南语，其他通用外语包括：英语、法语、中文、日文。共有 54 个族群，主要为京族（86.2%），华族占 1.1%（约 100 万）；宗教信仰以佛教（50%）为主，尚有天主教（10%）、和好教、高台教等。越南是社会主义国家，一党专政，因此政治稳定，得以支撑经济成长发展，也是吸引外资的主要诱因。

首都河内为全国政治、文化中心，第一大城市胡志明市为全国商业和经济中心，并且逐步发展 IT 产业，从这两大城市的特色便可发现南北方的背景差异。越南近十年经济增长为 6% ~ 7%，2016 年 GDP 总量达 200 亿美元，人均 GDP 约为 2 164 美元，个人总消费支出约占 GDP 71.5%；互联网渗透率达 52%，手机渗透率 93%，移动互联网渗透率 44%。

（二）人口结构年轻，劳动成本低

越南目前人口为 9500 多万，世界排名第 14，年增长率控制在 1% 以内；将近 40% 人口不到 30 岁，劳动人口占 70%。根据瑞银研究，制造业工人平均薪资 3 000 美元、工程师平均薪资 6 000 美元，劳工薪资低廉。但越南劳动法对工人的保护非常严谨，要求外商公司严格执行，而且在过去数年间，不断提高最低工资，2010—2015 年，平均每年加薪 18%，2016 年再次调薪 12.4%。三年前受过良好教育和培训的人员仅占 18.4%，劳工整体素质较差，如今越南劳工识字率可达 90%、易受训练，人力素质较东南亚多数国家来得好，不过，越南劳工意识强，动辄跳槽或罢工，对于进入越南市场的创业者需要注意这方面的劳资问题。

（三）经济增长强劲，内需市场扩大

2016 年 GDP 增长 6.21%，近十年 GDP 增速平均为 6% ~ 7%，是东盟近年经济增速最快的国家之一。贸易条件改善，经常帐出现盈余，成为第三大出口国。由于公共债务日增，财政赤字巨大，原因在于政府采取反周期财政需求（扩大基础建设、下调企业所得税率）刺激经济。在大力推动国企改革之后，预期未来 5 年经济增长为 6.5% ~ 7% 以上。

年轻族群消费力持续增加，2016 年人均 GDP 为 2 164 美元，与菲律宾和印度相当，因收入起点较低，只有泰国的 36%、印度尼西亚的 63%。汇丰银行 2016 年 10 月公布的《对接东南亚》研究报告表示，越南属中等偏低收入国家，但预计到 2020 年，越南中产阶层人口将增加至 3 300 万人。

（四）越南电商增长快速，上升空间大

2015 年，越南电子商务市场规模达到 40.7 亿美元，增长 37%，增速为日本的两倍，但总量仅有美国的 1%、日本的 4%；电商占总体零售业务仅有 2.8%。PC 端与移动端使用情形差不多，不过移动端网页版的购物行为超过手机 App，这是因为越南 3G 网速太慢。最受欢迎的网购产品前三名分别是时尚、IT/ 移动手机、家居厨具类。20 多岁的越南男性尤其热衷 IT/ 移动手机。而在 30 多岁的女性中，时尚、化妆品、厨房用品特别受欢迎。总体每笔订单的消费额相对低，36% 低于 30 万越南盾（约 14 美元），33% 介于 14 ~ 24 美元之间。

（五）旅游资源丰富

越南旅游资源丰富，5 处风景名胜被联合国教科文组织列为世界文化和自然遗产。旅游业增长迅速，经济效益显著。2010 年全年接待国外游客 310 万人次，比上年增长 38.8%。主要客源国（地区）为中国大陆（90.54 万）、韩国（49.59 万）、日本（44.21 万）、美国（43.1 万）、中国台湾（33.4 万）、澳大利亚（27.82 万）、柬埔寨（25.46 万）、泰国（22.28 万）、马来西亚（21.13 万）、法国（19.94 万）。主要旅游城市有：首都河内市、胡志明市、广宁省的下龙湾、古都顺化、芽庄、藩切、头顿等。其中越南美奈是大多数风筝冲浪者的旅游天堂。

1. 巴亭广场

巴亭广场位于越南社会主义共和国首都河内市市中心，面积约有天安门广场的三分之一。是越南举行集会和节日活动的重要场所。广场周围有政府办公机关和外国大使馆。

广场西侧为胡志明主席陵，东靠巴亭会堂，四周绿树萦绕，建筑围拱如壁。广场有数条辐射状的林荫大道与河内市区其他部分相连。长 1000 多米，宽 24 米的雄王大道贯通广场。巴亭广场西侧高耸着胡志明主席的陵墓。墓西北是胡志明在河内的旧居，西南面有胡志明博物馆。博物馆前有著名的独柱寺。从胡志明陵墓沿雄王路往北，右边是越共中央机关办公驻地，中央领导人也在这里会见外宾。雄王路左侧是主席府，是越南国家领导人会见外宾和举行重大活动的地方。主席府广场是外国高级代表团来访时举行欢迎仪式的地方。

2. 下龙湾

下龙湾，位于北部湾西部，离越南首都河内 150 公里。1994 年，联合国教科文组织将下龙湾作为自然遗产，列入《世界遗产名录》。下龙湾是越南北方广宁省的一个海湾，风光秀丽迷人，闻名遐迩。风景区共分为东、西、南 3 个小湾。因其景色酷似中国的桂林山水，因此被称为“海上桂林”。2011 年 11 月 12 日“世界新七大自然奇观”公布，下龙湾榜上有名。

3. 还剑湖

越南语：Hoàn Kiem。越南风景区。越南首都河内众多大小湖泊中最著名的一个，位于市中心区，南北狭长，呈椭圆形，面积约 12 公顷。过去有水道与东距不远的红河相通，后来被河堤隔断。湖岸四周树木青翠，浓荫如盖。湖水清澈如镜，幽雅娴静，平均水深 1.5 米左右。岸边伴有笔塔、和风塔、水榭等古建筑，水中有玉山祠、栖旭桥、镇波亭和龟塔等胜迹点缀，是河内第一风景区。还剑湖原为珥河支流，后因其北、东两面通珥河的水道淤塞而成为湖泊。李、陈两朝时被称为绿水湖，后来因此湖被作为操练和检阅水军的场所而改名为水军湖，还曾一度改称左望湖。

4. 圣母大教堂

天主教堂。教皇西克斯图三世为庆祝以弗所公会议胜利于 5 世纪上半叶建于罗马。其建筑结构为标准的罗马式长方形大教堂，是应用古典装饰艺术的典范，教堂至今仍保留着大量镶嵌画。其中多以教会和圣母的胜利为主题，另有取材于《旧约》故事的，有学者认为这些镶嵌画可能以某种圣经古抄本中的插图为蓝本绘制而成。

（六）文化

南古代使用汉字达两千年之久，阮朝嗣德帝曾说：“我越文明，自锡光以后，盖上自朝廷，下至村野，自官至民，冠、婚、丧、祭、理数、医术，无一不用汉字。”越南古代典籍《大越史记全书》、《钦定越史通鉴纲目》、《大南实录》及家喻户晓的《南国山河》、《平吴大诰》等作品均用汉文写成。封建时期的越南发展出民族文字“喃字”；越南著名的喃文小说《金云翘传》(阮攸著)便大量采用了喃字。此间的胡朝(1400—1407年)和西山阮朝(1788—1802年)的统治者曾经重视喃字并且将其提升到官方文字的地位。

16世纪末经由西欧传教士传入罗马字来书写越南语。经过不少传教士的努力之下，法国籍传教士亚历山大·德罗（Alexandre de Rhodes）在1651年出版第一本越南罗马字辞典《越葡拉辞典》。亚历山大·德罗的罗马字方案经过不同时期微幅修改后，才发展成越南普遍使用的正式文字——国语字。

19世纪后半期至20世纪上半段，越南沦为法国的殖民地。在法国殖民统治时期，法语取代汉文及越南语而成为越南的官方语言。1945年胡志明宣布越南独立并成立“越南民主共和国”后，他并随即宣布采用越南语和越南罗马字为官方语言的政策。自此，越南语和越南罗马字取代法语、汉字而成为当今越南唯一的口语和书写语标准。

二、中国企业对越南啊投资的基本情况

越南有劳动力成本优势，越南政府在土地、税收等方面也提供了一系列的优惠措施，此外在投资越南的过程中，中国企业有着自身的独特优势。在地缘上，中越经济发展的模式相似，越南在经济政策和法规的制定上有很多方面效仿中国，这也有利于中国区更快地了解越南的经济政策和适应当地的投资环境，提高投资的成功率。截至2016年3月底，中国对越南投资有效项目899个，总计47.1亿美元，在101个对越南投资的国家和地区中排名第13位。相对于大陆企业，中国台湾和香港企业对越南投资力度更大。

（一）投资集中于工业生产经营领域

按产业统计划分，投资最多的是工业和建筑业生产经营领域，达252个项目，协议投资额4.5亿美元，分别占项目总数和投资总额的71.6%和61.6%。其次是投资服务业，为44个项目，协议投资额1.89亿美元，分别

占项目总数和投资总额的 12.5% 和 25.85%。投资最少的是农林渔业，为 56 个项目，协议投资额 9698 万美元，分别占项目总数和投资总额的 15.9% 和 13.25%。

（二）独资和合资项目各占近一半

在投资方式上，中方独资项目 201 个，协议投资金额 3.3 亿美元，分别占项目总数和投资总额的 57.1% 和 45.14%；中越合资项目 120 个，投资金额 3.55 亿美元，分别占 34% 和 48.56%；中越合作经营项目 31 个，投资金额 4628 万美元，分别占 8.8% 和 6.3%。

（三）投资地点以北方为主

在越中资企业分布越南全国 44 个省市，按南北划分，投资越南北方的中资企业有 260 个，协议投资额 4.18 亿美元，分别占项目总数的 73.86% 和投资总额的 57.18%：投资南方的有 92 个项目，投资金额 3.3 亿美元。投资列前五位的省市分别是：胡志明市（35 个项目，9 831 万美元）、河内市（55 个项目、7 856 万美元）、海防市（27 个项目，1 923 万美元）、广宁省（22 个项目，6 967 万美元）、同奈省（7 个项目，6 732 万美元）。

三、越南发展现状

（一）越南机械制造业长期发展落后

迄今仍只能出产制造简单的机械设备，而且工作母机老旧、精密度低，无法争取当地外资企业机械设备采购合约。根据越南冶金工业科技协会于 2014 年年底的统计资料显示，当地约 500 家铸造企业中，仅约 200 家的加工金属基本达到当地外资制造业要求的标准，且大部分未能切入当地外资企业采购供应链。例如，Samsung 在越南 80 多家下游厂商中，越商占比不足 10%，而且只能供应包装材料、纸箱、海绵盒、塑胶模具等附加值最低的配件环节。

因此造成进口机械设备的需求长期兴旺发展。根据越南海关总局的统计资料，2015 年上半年越南合计进口 139.6 亿美元机械设备和零组件，较 2014 年同期大幅增长 36%，其中外资企业进口 90.4 亿美元，较 2014 年同期增长

50.6%，本地企业进口 49.2 亿万美元，增长 16%。显示短期内越南的电子零组件仍依赖进口设备来制作。

（二）塑胶行业原料产量较低

根据越南塑胶行业协会（VPA）的统计资料显示，当地塑胶行业原料产量目前仅能满足市场 20%～30% 的需求，主要为 PVC、PET、PP 等，70% 依赖进口。另一方面，越南塑胶产业目前仍以生产消费塑胶产品为主（2014 年出口 30 亿美元塑胶制品），高科技塑胶制品则尚有待发展。同时，越南充沛的劳动力、勤奋的劳工以及相对低廉的工资仍吸引大量日、韩为首的电子制造业者进驻。比如三星电子于 1995 年初开始在越南成立了 Samsung Vina 消费电子联营企业，迟至 2013 年以后开始大规模经营越南工厂，分别在北越北宁省和太原省各投资 25 亿美元和 20 亿美元设厂制造移动通信设备及零配件，并于 2015 年另在胡志明市西贡高科技园区投资 14 亿美元制造消费电子产品。

四、越南投资前景

（一）政治体制

越南是社会主义国家，实行一党制，所以越南共产党是越南唯一的政党，政治十分稳定，有利于促进外国投资者在越南投资。越南奉行全方位、多样化、与各国交好的外交原则，保持与传统周边邻邦友好关系，积极发展与东盟友好合作，重点发展与中国、俄罗斯、日本、韩国、美国与欧盟等大国及世界银行、亚洲开发银行等国际组织的关系，积极参与国际实务，已经跟 180 个国家建立外交关系，跟近 200 个国家和地区保持经贸关系，并于 2007 年加入 WTO，2010 年担任东盟轮值出席，2010 年 11 月正式参 TTP 谈判，积极参与国际外交活动，发展国际友好关系，对越南吸引外资起积极作用。

（二）外资政策

越南积极引进外资，日益完善关于外资投资的法律及政策体系。1987 年越南通过《外国投资法》，并在实施中进行了四次修改，主要修改方向为丰富外资投资方式、减少办理程序、增加优惠税率，可看出越南鼓励外商投资。2005年推出的《投资法》取代了1997年的《外国投资法》，进一步完善及统一了外资投资法律政策体系。

通过越南政府多次修改外资投资相关法律法规，实现降低市场进入壁垒，提供税率优惠，缩短各种行政手续等目的，体现了越南政府十分鼓励外资企业进入越南市场，同时也表明了越南对外资投资相关的法律法规日益完善，为外资投资者提供了一个更好的投资环境。在越南鼓励外资投资的背景下，投资者可以在国家不禁止的领域、行业进行投资，自主决定自己的投资方式，国家对国内与国外投资者给予平等待遇，承认并保护投资者的财产所有权、资金、收入以及所有合法的利益。

（三）人口稳定

截止至2016年底，越南人口达9 270.11万人，其中城镇人口3 205.99人，占全国总人口34.58%，与中国目前城镇化率57.35%相比，越南距离城镇化还有一段距离，有较大的发展空间。另男女比例较为平衡，男性占比49%，女性占比51%。

越南人口较为年轻化，年均年龄不到30岁，15～54岁人口占总人口的70.17%，为越南的经济发展提供了充足的劳动力资源。2015年越南国有部门职工月收入水平约258.88美元，越南的劳动力成本较为低廉，是吸引外商投资的一大优势。

（四）自然资源

越南具有吸引外国投资者的地理位置优势，越南领土面积为331 690平方公里。越南陆地边界是4 450公里，北部与中国广西、云南接壤，东和东南为南海。越南位于东南亚地区的中心位置，东部海岸线长，越南海岸线长达3 260公里（不包括岛屿）海运十分方便，相比东门其他各国越南更具地理位置优势。

越南资源丰富，种类多样。矿藏资源分为能源类、金属类和非金属类等50多种矿产资源。已探明天然气、石油、煤炭可采储量分别达到3000亿立方米、2.5亿吨和38亿吨，分别可供开采35年、20年和95年。此外，在越南也探明铁矿13亿吨、稀土2 200万吨、铝土矿54亿吨、钛矿2 000万吨、高岭土2 000万吨、铜矿1 000万吨。

越南为热带国家，盛产大米、香蕉、玉米、咖啡、椰子、橡胶、腰果等。森林面积约1 000万公顷。越南渔业资源丰富，沿海有1 200种鱼、70种虾，越南南部东区沿海、中部沿海等海域每年的海鱼产量都达到数十万吨。

越南自然资源十分丰富，是世界最大的胡椒、腰果出口国，同时也是世界主要的木片、咖啡、大米出口国，是越南吸引外资的优势之一。

（五）对外贸易

越南和世界上150多个国家和地区有贸易关系。2013年以来越对外贸易保持高速增长，对拉动经济发展起到了重要作用。2010年货物进出口贸易总额约为1 556亿美元，贸易逆差124亿美元，其中出口716亿美元，增长25.5%，进口840亿美元，增长20.1%。服务贸易进出口总额157.8亿美元。

服务业出口总额约126亿美元，其中服务贸易出口额为57.66亿美元，同比下降18.1%；旅游业出口额为30.5亿美元，同比下降22.4%；运输业出口额为20.62亿美元，下降12.5%。服务贸易进口额为68.37亿美元，下降14.1%；旅游业进口额为11亿美元，下降21.8%；运输服务进口额8.6亿美元，下降21.8%。全年服务贸易逆差10.71亿美元，同比增长17%。

越南主要贸易对象为美国、欧盟、东盟、日本以及中国。2013年，越南10亿美元以上的主要出口商品有九种，分别为：煤炭、橡胶、纺织品、石油、水产品、鞋类、大米、木材及木制品、咖啡。4种传统出口商品煤炭、橡胶、石油、纺织品均在40亿美元以上，其中纺织品为90亿美元。主要出口市场为中国、欧盟、美国、日本。主要进口商品有：摩托车、机械设备及零件、纺织原料、成品油、钢材、皮革。主要进口市场为中国、中国台湾、新加坡、日本、韩国。

第三节　中国与越南农业科技合作现状与评价

一、中越关系

（一）政治关系

中国和越南于1950年1月18日建交。中越两国和两国人民之间的传统友谊源远流长。在长期的革命斗争中，中国政府和人民全力支持越抗法、抗美斗争，向越提供了巨大的军事、经济援助；越视中国为坚强后盾，两国在政治、军事、经济等领域进行了广泛的合作。20世纪70年代后期，中越关系恶化。1991年11月，双方宣布结束过去、开辟未来，两党两国关系实现正常化。

（二）经贸关系

1. 贸易

2008年双边贸易额为194.6亿美元，同比增长28.8%。中国仍是越南第一大贸易伙伴。我出口商品主要为机电产品和工业原材料等，从越南主要进口矿产资源和农产品等。2009年1月至8月，双边贸易额为121.9亿美元。

2. 承包工程

截至2008年年底，中国企业在越南累计签订对外承包工程、劳务合作和对外设计咨询合同额112.7亿美元，完成营业额54.3亿美元。2009年1月至6月，中国企业在越南新签承包工程合同额13.9亿美元，完成营业额10.8亿美元。

3. 投资

截至2008年年底，中方累计对越南直接投资5.9亿美元。越南对华累计投资额4.7亿美元，实际到位1.1亿美元。2009年1月至6月，中方对越直接投资额3 210万美元。

二、越南农业概述

农业是越南国民经济的支柱产业，农业人口约占总人口的 80%，农业产值约占越国内生产总值的 30%。

越南粮食作物以水稻为主，稻谷产量占粮食产量的 85% 以上，占农业产量的 50% 左右。其他粮食作物包括稻米、玉米、马铃薯、番薯和木薯等，经济作物主要有咖啡、橡胶、腰果、茶叶、花生、蚕丝等。

政府对于提高农业生产效率很重视并取得了显著成效。越南越来越多地依赖经济作物，如茶、咖啡和橡胶来进一步发展经济，出口总额大大提高。

越南政府农业主管部门是农业与农村发展部。2010 年越南农业部门仍实现了 2.8% 的增长。2006—2010 年期间，越南农业部门的年均增长率为 3.36%，超过了 3% ~ 3.2% 的预定目标，年产值增加了 4.93%。2010 年越南农林渔业出口额比 2009 年增加 22.6%，达到 191.5 亿美元。其中，果蔬累计出口约 3.35 亿美元，对华出口额最大，达 4 000 万美元，同比增长 33.5%；水产品出口有望达 47.4 亿美元。2011—2015 年越南农业发展目标为年均增幅达 3.5% ~ 3.8%。

2011 年越南中央财政预算收入为 398.679 万亿越盾，预算支出 519.279 万亿越盾；地方财政预算收入 206.321 万亿越盾；其中，用于农业农村领域支出 68.92 万亿越盾，同比增长 24.4%。

为更好促进农业农村发展，越南于 2010 年成立了“2010—2020 年期间新农村建设中央指导委员会”，由常务副总理阮生雄担任主任。委员会负责制定建设新农村的 5 年计划和拟定每年的具体目标、任务、措施及所需经费预算；并指导各有关部门、各地对新农村建设计划的落实工作。“2010—2020 年期间建设新农村”的目标计划主要内容包括：完善连接乡级政府驻地及其乡内的交通道路网络，到 2015 年争取有 35% 的乡达标，到 2020 年有 70% 的乡达标。到 2015 年有 30% 的乡村建有符合标准的文化室；完善乡内的正规化教育系统，到 2015 年有 45% 的乡达标。其中，2011 年，政府将拨出 1.6

万亿越盾用于新农村建设国家目标计划，事业资金为1.1万亿越盾，发展投资资金为5 000亿越盾。这笔款项将拨给各乡镇以完成乡级规划工作，投资交通道路、清洁水、村级文化室建设、环境改造等。

此外，2010年继续对农村、农业贷款提供贴息，对投资于农业及农村项目的土地使用费进行减免，农林渔业每户无财产抵押贷款最高限额为5 000万越盾。截至2010年5月31日，农业与农村信贷已达315.67万亿盾。

在越南农业中，大米占据最重要的地位；橡胶出口居世界第四位，仅次于泰国、印度尼西亚和马来西亚；水产品是世界的十大出口国家之一；咖啡、香料也是越南出口农产品中占最重要地位的产品之一。

越南全国人口约8 300万，经济发展迅猛，政治局势稳定。近两年越南经济增长速度为8%左右，发展速度在全球位居第二位。2002年11月，中国—东盟自由贸易区计划正式启动，2006年11月7日，越南正式加入世界贸易组织WTO，由此给中国和越南企业带来了无限的新商机。越南作为东盟成员国之一，是中国产品进入东盟5亿人口消费市场的最佳跳板和最便捷通道。近十年来中越两国贸易额增长了100多倍，现中国已成为越南第一大贸易伙伴。2006年越中贸易额将突破100亿美元，两国政府设立长远目标到2010年努力使越中贸易额达到150亿美元。

三、越南农业市场概况

越南是农业国家，农业人口占77%，农业科技、农产品生产加工、农用机械生产加工等领域有着广阔的市场。农业是越南经济重要组成部分，占据了其国内生产总值的22%。2006年，越南农业总产值增长4.8%，在农业结构中，种植业占70%，养殖业占24%，其他占6%；农林产品出口59亿美元，比2005年增加2亿美元，其中出口大米400万吨，咖啡7.5万吨，干橡胶树脂49.5万吨，茶叶11万吨，胡椒10万吨，腰果110吨，果蔬3.3亿美元，林产品17.5亿美元。越南保持防护林30万公顷，封山培育再生林55万公顷，植树24.2万公顷，养护森林30万公顷。

农业是越南积极鼓励外商投资的重要领域，外商投资越南农业，可在税率、土地使用等方面享有最优惠的政策。越南政府计划从现在起到2010年拨款相当于3.3亿人民币资金用于农业技术研究、生产先进技术的转让和应用等业务，科技研发重点为粮食、水利、养殖、兽医、林业、果蔬、经济作物等领域。

（一）农机产品

越南每年大量需要大型、中型拖拉机、机引耙、中耕机、内燃机、抽水机、割稻机、打谷机、电动机、柴油机、杀虫剂喷雾器等各类农业机械。而越制农业机械技术无长足进步，农机产品产量不足、种类单一、品质有待提高，售价还较中国农机产品昂贵。目前中国多数农机产品售价仅为越制产品一半，因此，当地消费者倾向购买中国的农业机械。越南每年需要5万至6万台小型发动机，但越国内产量仅1.6万至1.7万台，其余则需依靠进口。此外，越南每年还需要进口约4万辆拖拉机、15万台水泵，以及数量颇多的打谷机、收割机、烘干机等，可见越南农机市场潜力之大。中国农机产品在越南市场独占鳌头，甚至通过越南转销老挝、柬埔寨。

（二）农药

由于越南全年平均气温在22℃～27℃，平均降水量1 500～2 000毫米，为农作物的生长创造了良好环境，但同时也给害虫繁殖、杂草生长提供了温床。据统计，越南大约有3000多种作物虫害、几百种杂草。另外，苍蝇、蚊子、蚂蚁等虫害肆虐，这就给农药生产厂商提供了广泛的市场空间。据专家估计，每年越南农药市场容量约1.2亿～1.5亿美元，中国农药在越南农药市场上所占份额现为30%～40%。另外，每年有不少国产农药经越南运往老挝、柬埔寨等东南亚国家。这些国家都是传统农业国，农药工业发展滞后，主要依靠进口，市场潜力较大。

第八章　缅　甸

第一节　缅甸电力开发现状与投资机遇

一、概述

（一）自然环境

1. 区域位置

缅甸位于亚洲东南部、中南半岛西部，其北部和东北部同中国西藏和云南接界，中缅国境线长约 2 185 公里，其中滇缅段为 1997 公里；东部与老挝和泰国毗邻，缅泰、缅老国境线长分别为 1 799 公里和 238 公里。

缅甸西部与印度、孟加拉国接壤。缅甸南临安达曼海，西南濒孟加拉湾，海岸线总长 2 655 公里。缅甸的形状就像一块钻石，从南到北长约 2 090 公里，东西最宽处约 925 公里。缅甸南端的维多利亚角处于北纬 10°，北端葡萄以北的缅中边界线居于北纬 28°，缅甸大部分地区都在北回归线以南，属热带。缅甸最西部的孟都处于东经 92° 线附近，东端的缅老界河湄公河在东经 101 度线附近。仰光和第二大城市曼德勒都在东经 96° 线上，缅甸的标准时间就以东经 96° 为准。

2. 地形地貌

缅甸面积约 67.85 万平方公里，海岸线长 3 200 公里。地势北高南低。北、西、东为山脉环绕。北部为高山区，西部有那加丘陵和若开山脉，东部为掸邦高原。靠近中国边境的开卡博峰海拔 5 881 米，为全国最高峰。西部山地和东部高原间为伊洛瓦底江冲积平原，地势低平。

（二）自然资源

1. 矿产资源

缅甸矿藏资源丰富，有石油、天然气、钨、锡、铅、银、镍、锑、金、铁、铬、玉石等。

石油是缅甸重要的经济资源之一。战前，石油是缅甸最大的矿业，最高年产量约 100 万吨。石油分布于伊洛瓦底江中下游的仁安羌、稍埠、新固、仁安佳、兰约、敏布、帕兰永、约达亚、丹岱、毕道彬、仁安马、英道、延别鸟（兰里岛）以及实兑南部诸岛。1960 后，又陆续在阿亚多、棉昂、卑谬、瑞卑达、曼、力班多等地发现石油。20 世纪 80 年代末，缅甸实行开放政策，政府先后与韩国、荷兰、澳大利亚、加拿大、美国、日本、英国的 9 家石油公司签订合同，分别在莫塔马添麻烦在陆架、毛淡棉、若开谷地以及钦敦江一带勘探石油及天然气。据亚洲开发银行能源评估报告，缅甸共有 104 个油气开采区块，其中内陆开采区块 53 个，近海开采区块 51 个。根据测量结果，约有 1.6 亿桶石油和 20.11 万亿立方英尺天然气。

2. 森林资源

缅甸是世界上森林分布最广的国家之一。1994 年缅甸森林（包括 43% 的郁闭林和 30% 的疏林）总面积为 3 442 万公顷，约占国土总面积的 51%，森林覆盖率约为 52.3%。

缅甸的森林资源较为丰富，到 20 世纪 90 年代中期，已发现有 1347 种高大的乔木树种、741 种小乔木、1 696 种灌木、96 种竹类植物，36 种藤本植物和 841 种花卉植物。在 2 088 种乔木树种中，已有 85 种应用于多种用途的木材生产。

3. 水力资源

缅甸国内河流密布，主要河流有伊洛瓦底江、萨尔温江、钦敦江和湄公河，支流遍布全国。其中伊洛瓦底江、萨尔温江和湄公河均发源于中国。伊洛瓦底江为缅甸第一大河，流域面积 43 万平方公里，水量充沛，水流平缓，从北向南依次流经克钦邦、曼德勒和仰光等六个省份，最后从仰光注入印度洋，全长 2 200 公里，总落差 4 768 米，全河平均比降为 2.13‰，入海口平均流量为 13 600 立方米 / 秒。萨尔温江为缅甸第二大河，由云南潞西出境进入缅甸，在缅境内 1 660 公里，流域面积约 20.5 万平方公里，经过掸邦、克耶邦、克伦邦和孟邦，最后由莫塔马湾归入印度洋。湄公河由西双版纳进入缅甸，主要流经缅甸掸邦与老挝、泰国的边境线。

二、缅甸电力发展概述

缅甸当前电力开发主要有三种模式：国家开发、私营企业投资开发（BOT）及与外国合资开发（JV/BOT）。国家开发的电力项目总装机为163.2万千瓦，主要项目有上邦朗、瑞丽江、上耶涯、得特、上阶当等。私营投资项目总装机19.64万千瓦，主要项目有上巴鲁桥、南马图、曼瓦等。与外国公司签署JV协议的项目主要有：其培、莱扎、滚弄等，总装机1380万千瓦。此外，签署MOA的项目主要有乌少、考兰普、依兰、皮佐、哥兰、坎干、浪丁、同心桥、育瓦滴、哈吉、浪帕、曼当、瑞丽江、兰德白、图坚、汉纳、德夸、布朗、波纳客共19个，总装机1 697万千瓦；已经签署MOU并正在进行评估的项目主要有太平江、曼东、景栋、望达宾、西努、景阳、黑古、兰卡、兰德帕等共9个项目，总装机3 878万千瓦；准备签署MOU的JV/BOT水电项目有2个即屯班和兰马里，总装机29.5万千瓦；准备签署MOU的BOT水电项目有2个即曼央和兰扣，总装机9.5万千瓦；可行并计划实施的项目有4个：迪豆、中邦朗、中耶涯、波格塔，总装机64.6万千瓦。

其中，滚弄、其培和莱扎的实施使国家每年可获利3.67亿美元，可增加262万千瓦的装机电量供国内使用。项目建设期最长7年，预计2021—2022年左右供电。项目的EIA/SIA评估报告由第三方BANCA分别落实，相关项目将最低程度减少对自然环境影响并公开透明。

位于萨尔温江的滚弄、浪帕、曼东、育瓦滴、哈吉等5个项目正在实施，总装机为1 496万千瓦；如果能尽早建成萨尔温江滚弄、浪帕以及兰马河曼当等项目，将为缅甸增加141.2万千瓦电量及1.687亿美元收入。

开发水电项目及满足用电需求，是提高人民生活水平的重要保障，也是发展水资源经济的重要支撑。缅甸将坚持对自然及社会环境影响最小的原则进一步发展水电项目。此外，还计划利用先进技术建设供电稳定、建设周期短的燃煤电站项目。

三、中国企业投资缅甸电力市场前景分析

（一）经济结构

国际货币基金组织（IMF）发布最新的世界经济展望报告预计，2016 年缅甸经济增速将达到8.6%，在报告所覆盖的近200个国家和地区中排名第一。缅甸在长达半个多世纪的时间里经济发展缓慢，随着多年来第一个民选政府的诞生，经济也即将开始腾飞。

缅甸曾是世界最主要的大米出口国，其农业领域发展潜力巨大。同时缅甸劳动力充足，同越南一样，可以发展有利于经济增长的纺织业和鞋业。不过 2015 年缅甸人均 GDP 不到 1 300 美元，依然在世界最贫穷国家之列。

（二）对外贸易和投资

亚洲国家为缅甸主要贸易伙伴，缅甸外贸总额的 90% 都是来自邻国的贸易。根据缅甸中央统计局最新数据显示，中国为缅甸第一大贸易伙伴。位居前 5 位的贸易伙伴依次为中国、泰国、新加坡、日本和印度。

在过去几十年里，缅甸对外贸易主要用美元、英镑、瑞士法郎、日元以及后来的欧元进行结算。主要出口商品有天然气、大米、玉米、各种豆类、橡胶、矿产品、木材、珍珠、宝石和水产品等，主要进口商品有燃料、工业原料、机械设备、零配件、五金产品和消费品等。

外国对缅甸投资前五位的分别为：中国（含中国香港、中国澳门）（216.32 亿美元）、泰国（102.15 亿美元）、新加坡（82.21 亿美元）、韩国（37.71 亿美元）、英国（35.84 亿美元）。主要投资领域为：电力、石油和天然气、矿产业、制造业和饭店旅游业。

（三）税收政策

缅甸现行的主要税种有：所得税、利润税、商业税、印花税、彩票税等。本地公司的企业所得税率为 25%，外资企业的所得税率为 35%，外资企业依照缅甸《外商投资法》成立的公司的所得税率为 25%。

缅甸《利润税法》规定税基是私人公司和自营者的收入、利润、资本所得，《所得税法》没有征收项目的适用于该法，当选择两种税赋之一时，公民必须提供相关证明给当地财税部门，税率从 3% ~ 50% 不等。

（四）电力水平

缅甸居民用电每月 100 度内 35 缅币 / 度，101 ~ 200 度 40 缅币 / 度，201 度以上 50 缅币 / 度；工业用电每月 500 度以内 75 缅币 / 度，501 ~ 10 000 度 100 缅币 / 度，10001 ~ 500 00 度 125 缅币 / 度，50 001 ~ 200 000 度 150 缅币 / 度，200 001 ~ 300 000 度 125 缅币 / 度，300 001 度以上 100 缅币 / 度。对外国人另视具体情况收费，还要收取变电器损耗费、电表保护费、功率费等多项杂费。

第二节　缅甸工业现状及投资机会

一、基本现状

缅甸现代工业基础薄弱，现有厂商多属低阶的小型机械制造产业，多数集中在纺织、印染、碾米、木材加工、制糖、造纸、化肥和制药等行业，其中食品及饮料行业占此类产业 85% 的比重，多集中在稻米、食油、糖、盐等农产品加工制作，产品主要供当地市场消费。

制衣业是本地制造业的代表，近几年快速发展，2015 年度合计出口金额 20 亿美元，主要成长动能是欧盟自 2013 年起陆续解除对缅甸的经济制裁，加上美国也在 2014 年开放部分产业的贸易封锁，随着欧美经济解禁，本地和部分外国制造业者纷纷计划扩大投资规模。

制造业者着眼于缅甸重新与国际接轨，存在较具规模的内需市场，以及具有竞争力的劳动工资等机会和优势，对此处投资逐渐加温。根据缅甸政府 2014 年初通过特别经济区法，特经区内允许 100% 外国企业独资经营制造加工，就特定产业给予 5 ~ 7 年的免税优惠，也开放外国人使用特区内所持有土地 50 年，有需要还可延长 25 年等，提供了基础。

不过整体而言，当地发展仍然受限于包括：水、电、通信和道路港口等基础设施建设不足，加上过去国家长期封锁，教育投资不足，普遍缺乏专业与国际化人才，现代化工业生产制造基础薄弱，再加上近年土地价格飙涨等，制造业者要进入缅甸顺利发展的门槛相对提高许多。

短期而言，缅甸制造业的发展仍以属来料加工的制衣、制鞋业，以及配合内需发展的产业，如食品加工、建筑业、电力电机设备业和汽机车零配件组装等，机会较佳。至于家电和消费性电子产品部分，本地还维持着从邻近东盟国家、中国大陆、中国台湾和日、韩等地进口。至于消费者购买行为部分，以往价格优先的决策模式，随着在仰光外国派遣人员和家庭的增加以及部分当地居民所得收入的提高，逐渐有些转变，设计新颖、功能与品质良好的商品，开始受到这类消费者的注意，这也可以从日本、韩国以及中国大陆的 3C 家电厂商，纷纷于缅甸大城市的各式广告推广活动得到印证。

二、机械

（一）理论

机械就是能帮人们降低工作难度或省力的工具装置，像筷子、扫帚以及镊子一类的物品都可以被称为机械，他们是简单机械。而复杂机械就是由两种或两种以上的简单机械构成。通常把这些比较复杂的机械叫作机器。从结构和运动的观点来看，机构和机器并无区别，泛称为机械。

（二）意义

机械制造业是国民经济的基础产业，它的各项经济指标占全国工业的比重高达四分之一至五分之一，它的发展直接影响到国民经济各部门的发展，也影响到国计民生和国防力量的加强，因此，各国都把机械制造业的发展放在首要位置，努力提高本国机械制造技术。随着机械产品国际市场竞争的日益加剧，各大公司都把高新技术注入机械产品的开发中，作为竞争取胜的重要段。

工业是国民经济的主导。没有好的机械制造技术，就没有好的工业，没有巩固的国防，何谈人民的便利、国家的富强。所以，提高机械制造技术，实现国家工业化，并进而实现工业、农业、科学技术和国防的现代化，乃是世界各国发展本国经济，改变落后面貌，建设独立国富民强国家的普遍道路。

近代工业是从手工业发展起来的。18世纪兴起的第一次产业革命，使机器和机器体系取代了手工劳动而成为近代大工业的技术基础。也只是到了这个时候，工业才最终形成一个独立的并在整个社会在产生过程中发挥主导作用的社会物质生产部门。机器的广泛使用，必然要求用机器生产机器。19世纪初，建立了近代机器制造业，从而使机械化生产推广到了工业的各个部门，促进了能源产业、原料工业以及国民经济其他部门的发展，改变了工业和农业生产的面貌。正如马克思所指出的“大工业必须掌握它的作为特征的生产资料，即机器本身，并且必须用机器生产机器。”

在机械的需求方面，农业机械设备、塑胶机器设备和简单的木材加工机器仍是市场的主流。

（三）缅甸机械投资机会

缅甸雨季长达半年时间，农作物收成后的保存是一大挑战，包括手扶拖拉机、动力耕整机、割晒谷机、脱粒机等。当地使用的农机设备多以进口装配为主，主要产品有动力耕整机、割晒谷机、旋耕机和拖拉机，主要零件包括柴油机、主轴、齿轮等，都从中国大陆进口，由于农民资金多半不充裕，添购机械设备多要配合行业和金融机构融资贷款计划。

相对于日本与欧洲的农机、木工机械加工设备，我国产品相当具有竞争力且同处于亚洲地区，我国产业技术与管理经验也相当符合缅甸现阶段的发展需求，未来如能将技术与产品结合，并规划中型设备及中等价位的产品在缅甸行销，应可掌握市场开放的潜在商机。

三、汽车及零配件

（一）发展趋势

1. 国际产业转移加速，并购重组活

在一定时期内国内大多数汽车零部件企业销售额较低，与销售额高达百亿美元的跨国巨头相比，中国汽配企业规模明显偏小。而且中国的制造业出口向来以廉价而闻名，跨国大型企业为有效降低生产成本，开拓新兴市场不但向低成本国家和地区大规模转移生产制造环节，而且将转移范围逐渐延伸到了研发、设计、采购、销售和售后服务环节，转移的规模越来越大，层次越来越高。

2. 车配件企业积极实施系统化开发

从世界主要汽车生产国发展汽车零部件工业的进程来看，零部件产业集群发展与汽车工业发展处于同等重要的地位，要做大做强就必须发展成一个产业集群，这是汽车零部件产业的战略选择。整车企业在产品开发上使用平台战略，系统化开发、模块化制造、集成化供货逐渐成为汽车零部件行业的发展趋势。与此同时，汽车零部件产业集群化发展特征越来越明显。

3. 汽车配件全球化采购将成为潮流

伴随着汽车零部件产业组织结构的变化，越来越多的整车厂将实行零部件全球化采购。但是中国规模巨大的制造业和质优价廉的特点短时期内不可能一下转变，因此汽车零部件未来一段时间内仍将以出口和国际化为主旋律。

在一定时期内，国际采购商对于中国采购日趋理性和实际，通过选择和培养潜在核心供应商；加大自身物流整合；加强与外资在国内的工厂的沟通提高后者对于出口的积极性；分散采购目的地，与其他新兴市场进行对比决定采购地点等方式来推进中国采购的进程。

4. 汽车配件新技术发展趋势

汽车零部件新技术发展呈现以下几个主要趋势：开发深度不断加深；零部件通用化和标准化程度提高；零部件电子化和智能化水平提高；整车及零部件轻量化成为未来发展趋势；清洁环保技术成为未来产业竞争制高点。在一定时期内中国汽配产业仍然存在诸多不足，诸如产业基础差、结构不合理以及研发不足和缺乏名牌等，综合说来都是一些老生常谈的问题。“十一五”期间，国家发改委把全面提升汽车汽配行业竞争力作为指导行业的主要目标，汽配企业仍需进一步提高核心竞争力。

（二）缅甸汽车及零配件现状投资机会

缅甸2015年合法注册的汽车总数为65万辆，仰光地区约占总量的80%，随着当地经济成长带动居民收入的提高，仰光之外其他地区交通需求也更加殷切，未来缅甸汽车的销量会持续增加。

2015年缅甸政府第十次修订进口汽车的立法规定，其中有一条例，要求2016年起进口货车、大客车和出厂3年以内的小客车，必须遵守左驾符合道路系统的要求，以往由日本大量进口二手右驾车辆到此贩售的模式将不再可行。不过短期内，进口的二手车市场会继续存在，当地业者为了符合新的左驾车规定，已经开始自中东地区及美国引进日系的左驾车辆，估计日系车辆长期为缅甸汽车市场的主流，汽车保修所需耗材及零配件具有实际需求，对于我国累积了深厚的保修技术与零件耗材供应实力的厂商来说，商机值得留心开发。

第三节 缅甸矿产资源及其投资政策

一、理论概述

矿产资源指经过地质成矿作用而形成的，天然赋存于地壳内部或地表埋藏于地下或出露于地表，呈固态、液态或气态的，并具有开发利用价值的矿物或有用元素的集合体。矿产资源属于非可再生资源，其储量是有限的。目前世界已知的矿产有160多种，其中80多种应用较广泛。按其特点和用途，通常分为四类：能源矿产11种；金属矿产59种；非金属矿产92种；水气矿产6种。共有168种矿种。

已知的矿物约有3 000种左右，绝大多数是固态无机物，液态的（如石油、自然汞）、气态的（如天然气、二氧化碳和氦）以及固态有机物（如油页岩、琥珀）仅占数十种。在固态矿物中，绝大部分都属于晶质矿物，只有极少数（如水铝英石）属于非晶质矿物。来自地球以外其他天体的天然单质或化合物，称为宇宙矿物。由人工方法所获得的某些与天然矿物相同或类同的单质或化合物，则称为合成矿物如人造宝石。矿物原料和矿物材料是极为重要的一类天然资源，广泛应用于工农业及科学技术的各个部门。煤的化学成分很不稳定不是矿物，是典型的混合物。

二、矿产储量及分布

（一）能源矿产

又称燃料矿产、矿物能源。矿产资源中的一类。赋存于地表或者地下的，由地质作用形成的，呈固态、气态和液态的，具有提供现实意义或潜在意义能源价值的天然富集物。

能源矿产中人类通常使用且历史较为长久的是煤、石油、天然气和油页岩，新开发的有煤层气、油砂、天然沥青等一次能源。20 世纪以来，随着科技进步和资源开发利用水平的提高，又开发出了核能和地热矿产资源作为能源，这些矿产资源包括铀、钍、地热。中国利用核能从 20 世纪 80 年代开始，地热的利用从 20 世纪 60 年代开始。煤在中国一次能源消费结构中占绝对优势。随着石油、天然气、核能在一次能源结构中比重的逐渐加大，煤在能源消费结构中的比重有所降低。

1. 石油和天然气

石油也叫原油，是从地下深处开采出来黏稠黑褐色液体燃料。天然气是埋藏在地下的古生物经过亿万年的高温和高压等作用而形成的可燃气体。

目前已经发现陆上油田或油气田 19 个，海上气田 3 个。2005 年统计，缅甸已探明石油储量达到 32 亿桶，天然气储量达 2.46 万亿立方米。

缅甸石油和天然气主要分布在若开山脉与掸邦高原之间缅甸中部沉积盆地区和沿海大陆架。该区实际是一组地壳裂谷带盆地，北起钦敦江上游，向南一直延伸到安达曼海大陆架。长约 1 100 公里，宽约 200 公里，北部较窄，向南变宽。全区总面积约 25.2 万平方公里（包括沿海大陆架 9.5 万平方公里），该区主要沉积是新生代地层。产油层主要为渐新统和中新统的砂岩。砂岩体往往不连续，横向变化显著，成多层的复合体油藏。生油层估计是与储油层互层的富含有机质的黏土岩及页岩，主要是海相黏土岩。目前已发现的油气田大多在陆上，主要包括：敏巫、稍埠—辛古、仁安羌、卑谬、（Aphyauk）、阿亚道、英都等。除英都油田在钦敦盆地外，其他油气田均分布在敏巫盆地和伊洛瓦底盆地中。敏巫盆地中的油气田集中在中部背斜带，呈线状排列。这些油气田储量都不大。其中仁安羌油田位于仰光以北的马圭省，是缅甸历史上最早发现的油田（1795年就生产石油），为一略呈不对称延伸的背斜构造。地质储量约6 000万吨（20世纪70年代末可采储量3 000万吨）。产油层很浅，最深1 800米，有50层砂岩，每层厚3 ~ 50米，孔隙度达25%，渗透率200毫达西。

由于过去在沿海大陆架上做的工作不多，所以是缅甸油气发展最有潜力的地区。近些年来，缅甸加强了在大陆架上的找油气工作，并发现了一些油气田。

2. 煤炭

煤是一种可燃的黑色或棕黑色沉积岩，这样的沉积岩通常是发生在被称为煤床或煤层的岩石地层中或矿脉中。因为后来暴露于升高的温度和压力下，较硬的形式的煤可以被认为是变质岩，例如无烟煤。煤主要是由碳构成，连同由不同数量的其他元素构成，主要是氢，硫，氧和氮。

在历史上，煤被用作能源资源，主要是燃烧用于生产电力和 / 或热，并且也可用于工业用途，例如精炼金属，或生产化肥和许多化工产品。作为一种化石燃料，煤的形成是古代植物在腐败分解之前就被埋在地底，转化成泥炭，然后转化成褐煤，然后为次烟煤，之后烟煤，最后是无烟煤。煤产生之碳氢化合物经过地壳运动空气的压力和温度条件下作用，产生的碳化化石矿物，亦即，煤炭就是植物化石。这涉及了很长时期的生物和地质过程。

缅甸煤炭资源的条件一般，已知储量仅为2.58亿吨，为次烟煤—褐煤。褐煤主要分布在东北部和中部，产煤层为新生代地层。主要矿床有葛利瓦（Kalewa）、南马（Namma）和Samlaung等。位于西北部的葛利瓦煤矿床规模较大，赋存有总厚度为7 ~ 15米的煤层群。次烟煤主要分布在东北部的实皆省、中部的马圭省和掸邦、南部的德林达依省。主要矿床有 Dathwegyauk、Paluzawa-Chaungzone、Tigyit 和 Kjethimansan 等。在缅甸中部地区有少量变质程度高的硬煤直至无烟煤的产地。

（二）金属矿产

金属矿产：可从中提取某种供工业利用的金属元素或化合物的矿产。根据金属元素的性质和用途将其分为黑色金属矿产，如铁矿和锰矿；有色金属矿产，如铜矿和锌矿；轻金属矿产，如铝镁矿；贵金属矿产，如金矿和银矿；放射性金属矿产，如铀矿和钍矿；稀有金属矿产，如锂矿和铍矿；稀土金属矿产；分散金属矿产等。

1. 铜

（1）主要用途：电力输送中需要大量消耗高导电性的铜，主要用于动力电线电缆、汇流排、变压器、开关、接插元件和连接器等。中国在过去一段时间内，由于铜供不应求，考虑到铝的比重只有铜的 30%，在希望减轻重量的架空高压输电线路中曾采取以铝代铜的措施。目前从环境保护考虑，空中输电线将转为铺设地下电缆。在这种情况下，铝与铜相比，存在导电性差和电缆尺寸较大的缺点，而相形见绌。

同样的原因，以节能高效的铜绕组变压器，取代铝绕组变压器，也是明智的选择。在电机制造中，广泛使用高导电和高强度的铜合金。主要用铜部位是定子、转子和轴头等。在大型电机中，绕组要用水或氢气冷却，称为双水内冷或氢气冷却电机，这就需要大长度的中空导线。

电机是使用电能的大户，约占全部电能供应的 60%。一台电机运转累计电费很高，一般在最初工作 500 小时内就达到电机本易的成本，一年内相当于成本的 4 ~ 16 倍，在整个工作寿命期间可以达到成本的 200 倍。电机效率的少量提高，不但可以节能；而且可以获得显著的经济效益。开发和应用高效电机，是当前世界上的一个热门课题。由于电机内部的能量消耗，主要来源于绕组的电阻损耗；因此，增大铜线截面是发展高效电机的一个关键措施。近年来已率先开发出来的一些高效电机与传统电机相比，铜绕组的使用量增加25%～100%。目前，美国能源部正在资助一个开发项目，拟采用铸入铜的技术生产电机转子。

（2）缅甸铜资源现状：缅甸中央构造—成矿带内的铜矿以成矿时代新、矿床规模大、矿体埋深浅、矿石品位高、与火山作用关系密切等为特征，是缅甸最重要的铜矿床集中区。该构造—成矿区主要包括实皆省、曼德勒省、勃固省和掸邦西部部分地区。主要矿床包括：望濑（Monywa）和礼勃东矿（Letpadaung），其他大多数铜矿点集中在东部高原区，主要与沉积岩有关。少数几个为火山颈中的硫化铜矿点。另有少量矿点与斑岩铜矿类似，由于勘探程度较低，在这一地区至今未发现有意义的斑岩铜矿。

2. 铅、锌、银

已知铅、锌储量分别为30万吨、50万吨，银储量估计为750吨。主要分布在东部高原区掸邦西部一条近南北走向的铅—锌—银成矿带中。矿带向北延伸到中国云南省，向南追索到泰国，全长达2 000公里，东西宽300公里。矿床的围岩是奥陶纪的碳酸盐岩带。最大的矿床是掸邦北部的包德温矿床。其次是位于德林达依省东南部的亚达纳登基矿床，其容岩石为晚寒武纪石英岩。上述两个层控矿床均与加里东造山运动有关。另一个重要的矿床是位于曼德勒东南东支附近的包赛矿床。容岩石为奥陶纪灰岩，矿石矿物由方铅矿、闪锌矿和白铅矿组成。

3. 钨、锡

（1）工业价值：锡是人类最早发现和使用的金属之一。早在商代，我们的祖先就能用锡、铜、铅生产青铜器皿。云南个旧锡矿早在公元前就已被开采。由于锡质软有延展性、化学性质稳定，抗腐蚀、易熔，摩擦系数小，锡盐无毒，因此锡和锡合金在现代国防、现代工业、尖端科学技术和人类生活中得到了广泛的应用。中国锡资源丰富，长期以来一直是锡的生产大国，储量和产量均居于世界前列。

锡是一种银白色金属，具强光泽，相对密度为7.0，熔点低（230℃），硬度为3.75，质软延展性好。锡在地壳中含量仅2×10^{-6}～3×10^{-6}。锡属于亲铜元素族，但在岩石圈上部又具有亲氧和亲硫的两性特征。锡与硫起作用时形成两种化合物：一硫化锡和二硫化锡，它们在高温下具有较强的挥发性。锡与氧也能化合，产生一氧化锡和二氧化锡。虽然锡具有二价和四价两种价态，但在自然条件下，四价化合物较为稳定，尤其是氧化锡（SnO_2），它是地壳上最稳定的化合物之一。

自然界已知的含锡矿物有 50 多种，主要锡矿物大约有 20 多种。目前有经济意义的主要是锡石，其次为黄锡矿。某些矿床中，硫锡铅矿、辉锑锡铅矿、圆柱锡矿，有时黑硫银锡矿、黑硼锡矿、马来亚石、水锡石、水镁锡矿等也可以相对富集，形成工业价值。

（2）缅甸开采现状：缅甸的钨和锡矿储量分别为 7 500 吨和 2 万吨。主要分布在德林达依省、孟邦、克伦邦、克耶邦以及掸邦南部的钨、锡矿带内（其中德林达依省储量最为丰富）。该带延伸到泰国西部，成为东南亚长 140 公里、宽 50 公里钨锡矿带的重要组成部分。通常，该带南部锡储量较多，向北钨的储量加大。已知钨锡矿点 120 个。主要矿床包括茂奇、赫米英吉、亨达、巴达吉亚、海因达等。

矿床类型主要为热液脉型钨锡矿床，其次为砂锡矿床。原生钨锡矿体多形成于花岗岩气成热液作用阶段。花岗岩侵入体时代多属于第三纪，容矿岩石为古生代沉积岩。矿石矿物主要为黑钨矿，其次是锡石及白钨矿，此外还有辉钼矿、黄铜矿、方铅矿、闪锌矿等。WO_3 含量为 0.17 ~ 0.75%。砂锡矿床又分为 3 种类型：海滨砂锡矿；残积砂矿；冲积砂矿。SnO_2 的含量大多为 146 ~ 195 克／立方米。

4. 锑

缅甸目前已知的锑矿点超过 31 个。主要分布西部高原区中南部的一些 NNW-SSE 向狭长矿带中。主要成矿区有两个：北部的掸邦成矿区和南部的毛淡棉成矿区。前者的矿体主要产于石炭纪—二叠纪的硅质灰岩或砂岩中；后者的矿体主要产于二叠纪的石灰岩中或者较老一些的粘板岩、硅质砂岩中。两成矿区的锑矿床地均属浅成热液矿脉，呈扁豆状的富矿体的矿量往往可达

10～500吨，一般矿脉延深50米。主要矿床有掸邦的里平、孟山，毛淡棉成矿区的德漂和拉蒙巴等。其中位于克伦邦东南端的德漂矿床最具工业意义。据说至少可见到7条矿脉，最大的一条长200米，宽7米。

（三）非金属矿产

1. 简介

非金属矿产的成因多种多样，但以岩浆型、变质型、沉积型和风化型最为重要，另外海底喷流作用也很重要，如硫铁矿主要属于这一成因。

（1）岩浆作用：岩浆上侵形成侵入岩体或喷出地表后形成的火山熔岩、火山灰等，均可以形成非金属矿产资源。侵入岩体如灰长岩、花岗岩等均可做优质的建筑材料，我国著名的“将军口”花岗岩地板和产于印度的“印度红”花岗石均为钾长花岗岩；喷出地表形成的浮岩、珍珠岩都是不可缺少的工业原材料，火山灰也可以做农业用肥。还有两种特殊的岩浆岩即金伯利岩和钾镁煌斑岩，其内部含有较为丰富的金刚石。世界上大部分钻石就产于这两种岩石中。

（2）变质作用：岩石在基本上处于固体状态下，受到温度、压力及化学活动性流体的作用，发生了矿物成分、化学组成、岩石结构与构造的变化，形成非金属矿床。工业和日常生活中常用的有石墨、石棉、蓝晶石、红柱石、滑石、云母等。山东南墅石墨矿、河南、陕西的金红石、石棉矿都是国内有名的产地。

（3）沉积作用：暴露于地表的岩石、矿体，在大气、水流长期作用下，发生侵蚀、搬运、分异、沉积，最终形成非金属矿产资源，也可以通过化学沉淀作用、生物化学作用直接形成非金属矿产层。主要分成三大类：砂矿，主要由水流、冰川、风力等作用分选形成，如金刚石、金红石、锆石、独居石等稀有矿物均可通过这种机械分异过程，富集成矿；生物化学作用，诸如磷矿就可以由鸟类的粪便直接堆积形成，硅藻土矿是由硅藻遗体堆积而成，另外还有与火山喷发有关的硫矿产等；化学作用形成的盐矿，人类不可缺少的食盐、工业用的石膏、硝石，农业用的钾盐，医药用的泻利盐等均为盐湖蒸发过程中化学结晶沉淀成因。

（4）风化作用：暴露在地表的岩石或矿体，经过漫长的降雨、光照、氧化、生物作用过程，而使表层物质的化学组成、矿物面貌改变，从而形成可供利用的非金属材料。日常生活及工业中不可缺少的黏土类矿物多为这一成因，如高岭土、膨润土等均为岩石风化而成，正是这一作用为人类提供了制作陶瓷、化妆品、环境治理用品、药品、油漆等物质的原材料。扩大一点看，连万物赖以生存的土壤也是风化作用形成的非金属资源。

2. 缅甸非金属矿产储备现状

宝石（翡翠除外）缅甸的宝石品种多，质地好，储量极为丰富。主要有红宝石、蓝宝石、水晶石、金刚石、黄玉、琥珀等。最著名的产地是曼德勒省东北的抹谷宝石区。素有缅甸“宝地”之美称。

抹谷矿区面积约 400 平方公里，矿化面积 1000 平方公里。主要产红、蓝宝石。区内出露地层主要为太古代麻粒岩、钙质片麻岩类及花岗岩，其内有伟晶岩和正长岩侵入体，并且分布有矽卡岩化的含红宝石镁质大理岩带。在大理岩带附近形成残积—坡积型和冲击型红宝石矿床。此类矿床一直是世界上最优质红宝石如“鸽血红”名贵品种的最重要来源。原生宝石矿床产于北部侵入于大理岩中的霞石正长岩和白岗岩的接触带附近的伟晶岩的大理岩中。蓝宝石产于大理岩和伟晶岩中。红宝石尖晶石及其他宝石产于上述岩石的接触带上。

三、投资策略

（一）遵守法律法规

对缅甸的投资需要在注意获得法律和政府批准之外，还需要赢得民众认同。民众也可能质疑决策的合法性，通过游行、示威来表达自己的诉求，干涉合作项目的开展。

企业需要重视缅甸民众的声音，积极与缅甸民众、社会组织沟通，广泛听取社会舆论意见，处理好在缅公共关系，树立良好企业形象。此外，还要避免企业在缅甸社会责任履行仍不足，增加对缅甸医疗、教育、基础设施的投入。

（二）尊重当地习俗

缅甸是东南亚国家，与我国保持着良好的关系，如果有到缅甸做生意的人，可以了解一下缅甸的风俗习惯，可以从某个程度上有利于我们的。

缅甸是佛教的国度，生活中的各种礼俗充满了佛教色彩。缅甸有佛塔之国的称呼，无论什么人进入佛塔或寺庙，都必须脱鞋后光脚进入。

缅甸人认为，右大左小，右贵左贱，不仅随时都遵守男右女左的原则，而且把左手看作是低下的，送茶、上菜、递东西都不允许用左手，更是禁忌用左手握手。

缅甸人的主食是米饭、面条。缅甸人不吃牛肉、不买活鸡活鱼吃。缅甸饮食的六大特点：辣味浓、油腻大、炸食多、拌菜多、椰子甜食多。

缅甸以乌鸦为神鸟，不能捕捉和伤害，牛在缅甸也是神物，不得伤害，吃牛肉是忘恩负义的行为。

（三）建立外交

缅甸转向大国平衡的外交战略。缅甸新一届政府上台后，重点发展与周边国家，尤其是东盟国家的关系的同时，还努力改善与欧美大国的关系。缅甸也希望与其他重要国家搞好关系，在中美之间通过平衡外交，实现国家利益最大化。

美、日、印等大国也希望缅甸减轻对中国的依赖，企图在区域内弱化中国影响力。在美国重返亚洲的国际环境下，企业投资也可能会受到此类不确定性的影响。

总的来说，投资缅甸的政治风险略高，但机遇重重。缅甸中央和地方政策的稳定性和一致性缺失，可能给投资带来不确定性风险。企业在缅甸开展投资活动时，既要尊重当地的法律法规和社会习俗，也要注意避开内部冲突，和各相关方均保持良好的关系，加强与在野党派、民间团体、普通民众的交流，履行好企业社会责任，合作共赢，为在缅甸投资赢得更好的外部环境。

第九章　菲律宾

第一节　菲律宾农业发展前景

一、菲律宾农业发展状况

菲律宾是个农业大国，1 亿人口中还有 $^1/_3$ 在农村，农业产值占 GDP 的 10% 以上。不过，该国还远不是一个农业强国。由于基础设施落后、资金技术匮乏，菲律宾农业总体上还停留在靠天吃饭的阶段，粮食自给的目标也尚未实现。

制约菲律宾农业发展的主要因素是政策和基础设施。该国政府设置了过多的土地管理部门，相互之间职能重叠，导致农村市场交易成本大幅增加，农业费用高涨。政府 40 年前就提出的农业改革计划至今尚未完成，给农业市场特别是农村信贷带来很大的不确定性。由于信贷不足，菲律宾农业很难吸引到投资，政府对水利、供电和道路等基础设施的投入相对广大农村地区而言也是杯水车薪。此外，相关机构办事效率低下、官员腐败也是导致国家惠农政策难以落地的重要原因。菲律宾审计委员会在报告中提道：2013 年，农业部共浪费了 144 亿比索资金。其中，“农田一市场路网”项目获得建设资金 78 亿比索，到 2014 年实际使用 17 亿比索，另有 61 亿比索资金尚未使用或状态不明。2005—2013 年，国家通过“优先发展援助基金（PDAF）”拨付给农业部的基金，尚有 11.8 亿比索去向不明。

为了改变这一状况，推动农业更快更好地发展，菲律宾政府近期启动了“农业可持续发展伙伴计划（PPSA）”，将咖啡、木薯、玉米、椰子和渔业列为优先发展领域。PPSA 设立了国家秘书处及委员会，制订发展计划，协调政府、企业、社会团体和农民之间的关系，支持现有或新设立的现代农业企业，共同帮助农村发展。此外，菲律宾政府也加大了对农业的资金投入力度，将其列为国家10个优先发展项目之一。2015年，该国农业预算达892亿比索，其中大部分将投入基础设施建设使用。其中，222亿比索用于新建和翻修水利设施；145亿比索用于“农田-市场路网”项目；12.9亿比索用于渔场和渔港建设。种植、养殖和畜牧业将得到218亿比索，以提高大宗农产品的产量。

由此可见，菲律宾农业发展前景广阔，留给投资者的机遇众多。有意向和实力的企业，应对此保持关注。

二、菲律宾有机农业的发展

农业是菲律宾国民经济中的重要部门，其产值占菲律宾国内生产总值的17%，雇佣全国劳动力的33%，容纳了全国穷人的大约66%。自18世纪80年代以来，菲律宾农业开始商业化、现代化。菲律宾独立后，民族主义政府无论是实行进口替代还是出口导向工业化战略，农业都被用来培植工业化。也正是在这个过程中，菲律宾农业生产逐渐工业化。但是，这种以出口为首要目标的农业生产既没有满足国内民众的粮食需求，也造成了严重的环境问题，菲律宾农业生产出现不得不转型的迹象，有机农业应运而生。

有机农业是相对于工业化农业而言的。2008年，“国际有机农业运动联盟”在意大利召开的全体会员大会上通过了一个得到广泛承认的定义，即有机农业是一种能够维护土壤、生态系统和人类健康的生产体系，它遵从当地的生态节律、生物多样性和自然循环，不依赖会带来不利影响的投入物质。有机农业是传统农业、创新思维和科学技术的结合，有利于保护我们所共享的生存环境，也有利于促进包括人类在内的自然界的公平与和谐生存。根据菲律宾2010年通过的《有机农业法》，有机农业包括所有促进生态友好、社会接受、经济可行和技术适用的生产食品和纤维的农业体系。通过禁止使用化肥和农药等，有机农业迅速减少了外部输入，但并不绝对排斥现代农业技术，在符合国际有机农业运动联盟确定的原则（不破坏土壤肥力，不伤害农民、消费者和环境）基础上进行的、实施旨在提高产量的土壤肥力管理、选种育种（不包括转基因技术）等技术的农业也包括在有机农业范畴之内。显然，菲律宾对有机农业的定义比国际有机农业运动联盟的定义要更具体，更有可操作性。

三、农业合作对菲意义重大

农业包括林业和渔业在菲律宾经济中占有十分重要的位置，菲律宾全国70% 的人口在农村，2/3 的农村人口靠农业维持生计，一半的劳动力从事农业生产活动。

菲律宾农业主要生产包括水稻、椰子、玉米、甘蔗、香蕉等农作物及家畜、家禽和渔业产品。农业增长主要依靠扩大家禽、家畜和稻米生产。而中国是菲律宾农产品的重要出口国。

农业是中菲两国特别是菲律宾国内重要的支柱产业。除了在农产品交易方面可以互补外，中菲两国在有关农业资源、农业技术等方面合作前景同样十分广阔。自 1978 年实行家庭联产承包责任制以来，中国农业取得了巨大进步。农业科技进步对中国农业增长的贡献率已经达到 42%，而在一些特殊领域，如航天育种、杂交水稻等方面，中国农业技术更是已达到或接近国际先进水平。但是，农业资源的匮乏，尤其是随着中国大规模城市化等多种原因导致耕地面积的持续减少，成为中国农业发展的瓶颈。而菲律宾则在土地资源及气候条件方面占有很大优势。菲律宾全国可耕地面积达 1 400 万公顷，占全国土地总面积的 46.9%，由于地处热带，雨量充沛，菲律宾种植水稻的气候条件优越，一年四季都能种植水稻。但菲律宾农业发展却并不尽如人意。主要原因在于菲律宾农业生产方式粗放、小农经营导致农业，精细化管理缺乏。同时，菲律宾政府对农业的通入不多，农业发展资金的匮乏直接导致菲律宾农业基础设施建设滞后，农业生产效率低下。

因此，虽然菲律宾发展农业的自然条件及气候条件十分优越，但菲律宾的农业产出却相对不足。仅 2008 年菲律宾就创纪录地进口大米 230 万吨，是全球最大的大米进口国，虽然在2009年，菲律宾大米进口量率低于2008年，但也达到了220万吨。

同时，由于菲律宾是群岛国家，交通设施落后，农产品很难进入市场流通，即使进入市场，成本也很高。因此，菲律宾急需烘干、贮存等技术。但菲律宾非常缺乏资金和技术。因而在农业发展方面，中国与菲律宾的优势互补非常明显。中国方面拥有先进的技术经验及充足的资金，菲律宾拥有优越的土地、气候条件等资源，双方的合作必然会带来共赢的局面。

渔业发展方面，菲律宾作为一个群岛国家，共计拥有7 000多个岛屿，海岸线很长，渔业资源十分丰富。但受困于同农业发展同样的困境：渔业技术设备落后、缺乏精良的陆地设备和冷却系统，渔业基础设施建设滞后，缺乏足够数量装备优良的渔港；淡水鱼塘及部分海洋渔业资源没有完全开发，以致菲律宾的部分水产品还需从中国进口，而中国在渔业养殖技术上则有着明显的优势。中菲如果能够在渔业合作中优势互补，在联合捕鱼、海水养殖方面进行广泛合作将会对两国特别是菲律宾的渔业资源开发起到巨大的推动作用。

经过中菲两国的不断努力，两国在农业领域的合作取得了显著成效。1999年中菲两国签署《关于加强农业及有关领域合作协定》，2000年，中菲签署中方向菲方提供1亿美元信贷协议书。2001年5月，由中方援建的“中菲农业技术中心”在菲动工，并于2003年3月建成竣工。中国优良杂交稻种在菲试种成功，并已实现大面积播种。2004年中菲两国签署《渔业合作谅解备忘录》。2007年1月，两国农业部签署《关于扩大深化农渔业合作的协议备忘录》。

中国与菲律宾在农业资源、农业技术及渔业资源开发方面的合作，推动了中菲两国经贸关系的迅速发展，同时，大为改善菲律宾农业技术落后的现状，提高了菲律宾农业生产效率，推动了菲律宾农业的快速发展，提升了菲律宾农业在国民经济中的支柱地位，改善了菲律宾人民特别是贫困人口的生活。

第二节　菲律宾渔业投资机遇

一、菲律宾渔业发展概况

菲律宾是农业大国，70%的人居住在农村。农业产业中，渔业对农业的贡献率约20%，是农业人口就业的重要渠道之一。为充分利用菲律宾群岛水域的优势发展渔业，菲律宾政府整合各种资源，从战略规划、机构职能、技术培训等多层次开展各项保障工作。

（一）多层次的发展规划

发展规划能为渔业发展提供战略性的指导。为保障水域长期处于良好的生产状态，同时促进渔业的迅速发展，菲律宾从多个层次制定了渔业发展规划。包括整体性的渔业发展规划、阶段性（一般为5年）的渔业发展规划、专项发展规划等。第一，为合理有序开发渔业资源，菲律宾在20世纪70年代就制定了海洋保护和管理的整体发展计划，该计划的主要目的是渔业资源进行合理开发和养护，寻找渔业发展与环境保护的平衡点。第二，在整体发展框架下，菲律宾政府根据阶段性的渔业发展信息和统计数据制定了相应的发展规划，如在1990—1994年执行了为期5年的渔业发展纲要，重点开展渔业资源和环境的调查、实施渔业管理、划定渔业禁捕区、预防违规作业等方面的工作，大大提高了菲律宾渔业的总体管理水平。2011年菲律宾政府发布了《2025年农业与渔业展望报告》，确定了金枪鱼、鲍鱼等12种水产品作为5年科研与开发的重点，力图将菲律宾建设成为全球性的海产品生产和贸易中心。第三，在专项规划方面，又分为财政计划如地方性的渔业资助计划BD（Biyayang Dagat Program）计划和KKK（Kilusang Kabuhayan at Kaunlaran Aquamarine Program）海水养殖计划等，教育培训计划如菲律宾渔业奖学金计划和养殖专业技术培训计划等，养殖品种发展计划如海藻、罗非鱼、鲍鱼等养殖发展计划。这些专项规划的实施，为渔业的合理发展提供了全方位的保障。

（二）相应的法律保障

为保障渔业产业的有序发展，菲律宾政府从渔业的开发、投资、生产、管理、保护、交易、防疫等多个层面对渔业发展各个环节进行了细致的规定，同时颁布了相关方案试图通过信用贷款和税收激励等方法鼓励资本投资商业海洋渔业。

（三）合理的管理分工

为推动和保障渔业整体的可持续发展，菲律宾政府专门成立了由中央银行、国防部、农业部、公共设施部、交通和通信部等部门组成的渔业生产发展委员会，目标是为捕捞业的合理发展建立一个健康的投资环境。委员会的具体职能是通过详细比较和审核各种数据和信息，为国家的鱼类和海产品资源的管理、保护、保存和使用指定和建立综合的政策指导方针。

菲律宾主要的行政管理机构是隶属于农业部管辖的渔业和水生资源局，全面负责渔业的开发、管理和保护等。菲律宾捕捞渔业以渔船的作业吨位进行定性分成两种类型，在管理上也有较为明确的分工；渔业和水生资源局主要负责大型集约化、规模化的商业性渔业的行政许可和管理，而分散化、劳动密集型的地方市政渔业则归于地方市政府等相关职能部门根据各自水域特点开展管理。养殖业方面，渔业和水生资源局负责制定发展规划、管理大型养殖品种如海藻、行政区中心的养殖等。

（四）配套的渔业基础设施建设

渔业基础设施（渔港）是渔业生产的重要环节，是渔船靠岸、鱼货装卸、保鲜、鱼品供应、渔具维修及渔民休息的后方基地，且渔港还有助于缩短渔船往返作业时间，改善市场分配，缩短中间流程，提高鱼品新鲜，减少鱼货损耗以及降低鱼价。为保障港口发展计划的顺利实施，菲律宾政府成立了渔港建设执行委员会，全面负责渔港建设各项工作，在20世纪七八十年代，建成并投产多个综合性的渔港，如纳澳达斯渔港、卢塞纳市渔港等。此外，针对市政渔业分散、产量小的特点，菲律宾还分设了上千个小型的海滩卸鱼点或卸鱼场所。近期，渔业和水生资源局主席阿齐兹·佩雷斯表示，菲律宾将从2015年开始修建50个省级渔港，重点支持渔业部门的后期制作方面，包括冷库和加工设施，以提高渔民的盈利潜力。

（五）规范化的科研推广和技术培训

科学技术是提高渔业生产效率的重要保证。为推动本国渔业的迅速发展，同时保持渔业生态资源环境处于良好状态，菲律宾非常注重渔业生产技术研发和科技人才的培养。目前菲律宾国家级的培训中心有8个，包括综合性的渔业技术开发中心和专业养殖品种技术中心，如国家淡水渔业技术中心、国家海藻技术中心等。同时，为加强渔业人才培养和储备，菲律宾很多大学均设立了水产学院，如著名的菲律宾大学（米沙郡）分校渔业学院等。菲律宾还设立了渔业的专项奖学金计划，鼓励支持学生攻读渔业相关方面的专业和学位。

科学研究和技术推广也给菲律宾渔业带来了丰硕的成果。如一种有效的深海捕鱼“Payao”诱鱼装置的出现和使用直接促进了金枪鱼业的迅速发展；海藻养殖技术的推广使菲律宾成为仅次于中国、印度尼西亚的世界第三大海藻养殖国。

（六）广泛的国际合作

鉴于本国经济的发展水平，菲律宾独自制定并实施渔业发展规划显然存在资金、技术上等诸多短板。

因此，菲律宾政府积极争取世界粮农组织、中国、日本、东盟等国际组织和国家的援助和合作。东南亚渔业发展研究中心的水产养殖部设在菲律宾，负责水产养殖技术每年的培训工作，该组织为菲律宾的渔业国际合作交流、技术推广等方面做出了巨大的贡献。金融资金方面，菲律宾与亚洲开发银行、日本海外经济合作协会等合作融资，开展实施已经制定的渔业发展纲要和渔港设施的建设工程。在技术与人才培训上，2009—2011年期间，菲律宾政府已派出30多名渔业官员和技术人员参加由我国商务部等主办的援外水产技术培训项目和研修班。

二、中菲渔业合作前景

由于渔业生物资源具有洄游性、多样性等特性，在生态分布上往往跨越多个沿岸国的海域；因此，鱼类生态资源的养护需要沿岸国间的通力协调合作，才能使有限的渔业资源发挥无限的生产潜力和再生能力，从而保证南沙海域渔业资源的可持续发展和利用。

中国、菲律宾都是世界渔业大国，在渔业规划管理和科研技术等方面都积累了极其丰富的经验，充分利用双方的优势进行互补，展开交流合作，可以促进两国渔业经济合理持续发展。2004 年 9 月 1 日，中菲两国签订了《中华人民共和国农业部和菲律宾共和国农业部渔业合作谅解备忘录》，决定设立“渔业合作联合委员会”，由该委员会讨论决定两国间渔业合作事宜；该备忘录旨在将两国渔业合作纳入政府部门间合作框架，从而建立起两国渔业合作的新机制，以促进两国间开展渔业合作、缓解双方渔业纠纷。

然而近年来南海问题的升温已经极大影响了两国在渔业领域的合作。渔业是吸纳就业人口的重要产业之一，也是事关居民饮食结构的关键产业。中菲应在“搁置争议、共同开发”的开放思想体系下，在前期渔业合作谅解备忘录的基础上，积极开展渔业方面的务实合作与探索。

（一）渔业产业领域的合作该方面包括的内容

（1）渔业规划管理经验的交流和互访。

（2）渔业科研技术人才的培训和交流。此类项目可依托中国水产研究院等部门的培训机构和设置于菲律宾的东南亚渔业发展研究中心水产养殖部等培训中心开展渔业科研技术及专业人才的培训与交流。

（3）渔港等基础设置的建设合作。鉴于菲律宾当前在渔港基础设施方面的需求，中国可援助贷款菲律宾设立渔港建设基金；在项目的具体实施方面，可由中国的相关企业参与甚至主导渔港的规划设计和建设。

（4）利用鱼类产品市场的互补性推动两国渔业共同发展。随着中国经济的发展，中国民众对高附加值鱼类如金枪鱼的食用需求在不断提高，这为菲律宾的渔业提供了广阔的市场；而菲律宾的水产养殖产业则高度依赖中国生产的水产饲料。

鉴此，中菲两国可通过不同产品市场的需求互补开展开放合作，共同推动渔业合理有序的发展。

（二）南沙海域的渔业合作

1. 成立渔业专家小组，共同开展渔业资源的调查合作

由于受光照、捕捞等多重因素影响，南沙海域的鱼类资源分布极不平衡，当前处于沿岸海域过度捕捞、渔业资源衰退和中下层海域渔业资源量未知、尚待开采并存的现状，中菲两国可组织渔业领域的专家学者共同组成调查小组，摸清相关海域的渔业资源分布状况，为渔业资源的合理利用和开发提供可靠的信息来源。

2. 合作建立渔业生态保护区

该项目可立足于渔业资源调查的基础上，根据相关渔业资源的生活特性（如洄游习性等）划定设立共同渔业生态保护区，并协商、制定配套的渔业养护制度，以保障南沙海域渔业资源的可再生性。

3. 设立渔业纠纷热线及解决机制

南海问题的升温导致南沙海域的渔业纠纷日趋频发，为保障渔民的生命财产安全，中菲两国可借鉴中越两国渔业合作的经验，设立一条渔业纠纷热线，可为双方避免及解决渔业纠纷提供交流、沟通的渠道，并力求渔业纠纷得以迅速解决，以免影响双边关系。

此外，中菲两国也可协商建立渔业纠纷处理机制，同意通过外交途径以对话形式协商解决业纠纷，以使渔民权益得到保障。

第三节　菲律宾旅游业的发展优势

被称为“千岛之国”的菲律宾是个美丽的国家，就像一位含情脉脉的少女风情万种。菲律宾有着丰富的旅游资源，被世界旅游组织列为全球十佳旅游目的地之一。无论是高大挺拔的椰树、洁白细绵的白沙滩，还是神秘莫测

的活火山、色彩斑斓的海底世界，都会给见识过这些美丽风景的游客留下难忘的记忆。

一、旅游产业扶持政策

（一）《2009 年旅游法》

《2009 年旅游法》也被称作《共和国第 9593 号法案》，正式签署时间为 2009 年 5 月 12 日，其执行条款与细则在 2009 年 11 月 10 日被批准。通过一整套资格鉴定、标准制定、分级管理等制度，《2009 年旅游法》将极大地提高菲律宾旅游业的国际竞争力。随着《2009 年旅游法》的通过，菲律宾的旅游业必将成为一个更有活力的行业，促进国家经济发展的作用也将更大。

（二）扶持新兴旅游企业

扶持新兴旅游企业的项目其实早在 2007 年就已开始。那一年菲律宾政府开始了名为《草根旅游企业和雇佣项目》的工作，旨在为有前途的年轻企业家提供发展机会。

（三）增加对旅游业的投资

截至 2009 年 11 月，旅游部上报给菲律宾经济特区署以及其他部门的投资项目总金额达到 363.47 亿比索。其中建设旅游接待场馆 16 个，金额达 53.36 亿比索，创造了 2 662 个就业机会。特别值得一提的是碧瑶市的前美军康乐中心——约翰·海营地改造项目，投资 5 亿比索。碧瑶市是菲律宾主要的旅游目的地，坐落在本格特省的北部吕宋山区，气候凉爽，邻近郁郁葱葱的森林保护区，是世界闻名的景点之一。该改造项目计划将该地建成占地 288.1 公顷的约翰·海经济特区（JHSEZ），集旅游休闲于一体，该园区预计吸引更多的投资者到菲律宾，并进一步推动旅游业。

2014 年，菲律宾预算管理部提交了 2015 年高达 300 亿比索的旅游业预算，希望通过完善旅游基础设施吸引包括 820 万境外游客在内的 5 170 万旅客。

（四）改善旅游交通条件

改善旅游交通条件的主要举措是增加国际旅游航线和班次，尤其是增加到菲律宾旅游的一些大的客源国的航线和航班，方便这些国家的游客到菲律宾来游玩。

因为中国人到菲律宾旅游的人数急剧增加，2009年，菲律宾政府批准中国上海航空公司在上海—卡里波、中国南方航空公司在广州—宿务、菲律宾航空公司在杭州—卡里波之间每周各飞两个包机。在春节和中秋等中国节日高峰期间，菲律宾政府还特许成都、重庆和昆明临时加飞包机航班，前往宿务与卡里波。

2014年菲交通部计划斥资1096亿披索（约合25亿美元），对菲境内49个机场进行扩建或升级改造，以改善基础交通设施、促进旅游业发展。

二、旅游产品推陈出新

为吸引游客，菲律宾旅游部门可以说煞费苦心，推出许多新项目来招揽游客。2009年新推出的项目包括赛义德探险、特色文化与主题套餐游、会展旅游等等。

（一）赛义德探险

面向国内及国际旅游者，菲律宾独木舟协会推出赛义德探险项目。这一系列探险项目分为三条路线，即独木舟探游潘加希南的百里岛，卡维特—多尔—巴丹独木舟生态挑战游，宿务与保和的独木舟岛游。历时88天，穿越50个省，行程达3 300英里的独木舟旅行纪录由新加坡探险家、吉尼斯世界纪录保持者邱吴庆瑞和菲律宾探险队——季风队的布吉·布琼创造。见证这两位探险家辉煌成就的独木舟由赛义德爱好者从沙冉嘎尼省运到了北伊洛克斯省的帕格多德海滩，供人们参观。

（二）特色文化与主题套餐游

为了让外国游客对菲律宾文化遗产有深入的了解，菲律宾有关部门专门推出了“文化菲律宾”旅游套餐，对马尼拉的文化产品进行包装。2009年9月，帕西格河乘船游项目开通，游客可以沿途参观游览许多菲律宾历史与文化标志性的景点，包括斯塔·安娜游乐园、奎阿坡教堂、埃斯科尔塔购物区、毕隆多华人聚居区、唐人街和英特拉莫罗斯古城。

旅游套餐在美国、韩国和英国推出后，吸引了更多的游客来菲律宾游玩。套餐除了具有特色之外，还包括相当优惠的国际航空机票、住宿、交通和景区门票。

三、旅游推广

旅游推广也是菲律宾旅游工作的重点。其具体的措施包括在重点游客来源国培训旅游从业人员，让他们了解菲律宾；请外国公司来菲律宾拍电影；旅游知识宣讲；培养旅游人才等。

（一）培训重点游客来源国旅游机构人员

为了让重点游客来源国的旅游机构多介绍客人来菲律宾旅游，首先必须使他们了解菲律宾。为此，菲律宾政府提出了“菲律宾专家项目”，在美国和加拿大召集了2 575家旅行社，对其人员进行培训，让他们学习更多有关菲律宾的知识。有1 835家机构的人员参加了在线考试并结业。其中290家机构在多次组织游客访问菲律宾后获得了“菲律宾珍珠专家”称号。

（二）请外国公司来菲律宾拍电影

请外国公司来菲律宾拍电影对菲律宾旅游业的刺激特别明显。2009年，以色列的卡勃莱特弗·哈梅尼电影公司在1月，保加利亚的巴尔干新电影公司在2月，塞尔维亚的福克斯电视台在5月依次来到南甘马磷省的卡拉莫安取景，制作《生存真人秀》。此外，瑞典银背AB制片厂在2009年1月份也到巴拉望省的埃尔尼多，制作有60人参与的《生存真人秀》。

（三）旅游知识宣讲

为了使国内外游客更好地了解旅游胜地的情况，菲律宾政府采取了多种途径进行旅游知识的宣讲。比如，在2009年，菲律宾旅游部举办了“旅游胜地发展与管理”研讨会，有来自不同城市和地方的200多个评议员参加，讨论的题目包括旅游政策、北伊罗柯斯省和巴拉望省的旅游与市场等。另外，菲律宾旅游部在美国还实施了“菲律宾旅游专家脱口秀”项目，结果，旅游部收到了 5 万多个咨询电话。这些咨询电话除了询问海滩度假之外，最多的话题是有关探险和幸福旅行的。菲律宾的旅游宣讲战略应该说非常成功。美国《国家地理杂志》新推介的 2010 年世界 25 个旅游胜地名单中，就有菲律宾在内。

（四）培养旅游人才

旅游人才的培养对象首先是现有的旅游管理干部。为了提高政府机构旅游管理水平，菲律宾政府旅游部与日本国际公司（JICA）合作，加强两者之间的旅游联盟。2009 年，菲律宾旅游部与日本国际公司签订合同，由后者对巴拉望省、第 6、7 特区的 100 多个政府机构进行有关旅游统计知识的培训。这种技术合作的目的在于提高地方政府收集旅游信息资源的统计能力。其次是未来的管理干部。2009 年，菲律宾旅游部门专门从马尼拉地区的 9 所大学挑选了 389 名有关酒店管理、餐饮管理、旅游管理等专业的学生，对他们进行为期 5 天的有关旅游景点、旅游发展和旅游工作的参观与实践综合培训。学生们参观的旅游景点包括宿务、保和、巴拉望和达沃。

第十章　老　挝

第一节　老挝投资环境简介

一、老挝拥有丰富的自然资源和土地资源，尤其是矿产、森林和水资源

矿产资源。受到连年战乱和交通条件的影响，目前老挝矿产资源的调查和勘探程度很低，开发有限。然而地质分析则表明，老挝拥有丰富的金属矿产资源，其矿石质量比较上乘、矿种比较齐全、共（伴）生元素种类较多、开发利用条件较佳。目前已经发现的矿种有 20 余个，405 处矿床（点）、异常点。已发现的矿种包括：铁、锰、铬、铜、铅、锌、钨、锡、钼、铭、镍、锑、汞、铝、金、铂、铀、针、被、独居石。其中，铁铜、铅、锌、锡、金、铝为老挝的优势金属矿种，具有较好的开放前景。

森林资源。全国的森林面积 900 万公顷，覆盖率高达 42%，原始森林中有许多珍贵木材，如柚木、紫檀、花梨木等。占森林总量 75% 的混交落叶林是老挝主要的森林类型，其余的森林资源主要还有干旱常绿林、干旱龙脑香林、针叶林和针叶混交林。

水力资源。湄公河在老挝境内的长度为 1846.8 公里，每秒流量达 1.5 万立方米。湄公河河段大多位于丘陵和平原，覆盖了老挝总面积的大约 90% 湄公河沿岸冲积平原成为老挝的农业区。据测算，老挝（国内）可更新的水资源每年有 1 900 亿立方米，由于水资源相对丰富和人口较少，目前老挝用水竞争较小，每人每年 35 000 立方米。相比而言，老挝拥有本地区最高的人均可更新水资源拥有量。而与其相邻的柬埔寨、泰国和越南，其人均拥有量分别仅为 9 201 立方米、3 344 立方米和 4 690 立方米。老挝用水之中，农业用水占 90%，居民生活和工业用水量分别占 4% 和 6%。

土地资源。老挝地广人稀，人口密度为每平方公里 25 人，全国耕地面积为 800 万公顷，实际耕地面积只有 80 万公顷，利用率仅为 10%。因此，

一些经济基础比较差的省份，土地租赁价格十分低廉且有大片土地仍未开发，可用于大规模经济林种植。同时，由于老挝属于热带季风气候，日照时间长，雨热同期，再加上土壤肥沃，农业生产条件好，目前老挝已成为中南半岛著名的粮仓。

二、老挝旅游业投资环境

投资环境是制约投资行为的客观条件。投资者在进行国际投资时必须对投资环境进行充分调查、评估，以便做出合理的判断，从而达到规避风险、提高收益的目的。这里采用 PEST 分析法对老挝投资环境进行评估。

（一）政治法律环境

自 1975 年老挝人民革命党确立执政党地位以来，其实施了一系列经济改革政策。譬如：1991 年确定了对外开放政策、全面革新路线以及国家发展和社会建设的“六项基本原则”，2011 年确立了新的经济发展目标。在过去几年，老挝人民革命党全力维护政治稳定。对国际关系的较好处理也为老挝政治处于长期稳定状态奠定了基础。

老挝以和平共处五项原则为基础，奉行和平、独立的外交方针，积极发展与各国的友好合作交流关系。十分重视与周边邻国的关系，推进并改善与西方各国关系的建立与发展，这都为其国内政治发展和经济建设营造了良好的环境。综合国内和国际方面的分析可以看出，老挝国内政治稳定程度较高，这为社会和经济发展奠定了重要基础。

（二）经济环境

老挝自 1986 年经济结构改革以来，努力促进农业、工业和服务业协调发展，其采取多种所有制并存的运行机制，改善市场运行效率。逐步摆脱了以农业为经济基础，工业发展落后的局面。

2004—2013 年，老挝国内生产总值保持平稳增长，GDP 增长率维持在 6% 以上，以 2005 年价格为基期，2012 年老挝实际 GDP 达 47 亿美元，2013 年更是达到 50 亿美元。10 年间人均 GDP 增长了 4 倍，2008 年受国际金融危机影响人均 GDP 增长率虽有所降低，但 2009 年之后又恢复迅速增长，年增长率均维持在 10% 以上。从两项数据可以看出近 10 年内老挝经济保持了高速发展势头，经济总量和人均国民收入均有较高增长，这为外国投资者到本地投资营造了良好氛围。

2004—2013 年老挝国内生产总值中农业、工业和服务业增加值比例的变化。农业在 GDP 中占比总体呈下降趋势，2013 年农业增加值比重为 26.5%，达到 10 年来的最低水平，同年工业和服务业增加值比重分别为 33.1% 和 40.4%。2004—2013 年老挝工业发展较快，从最初的 20% 多到近些年维持在 30% 以上，并且继续保持高速发展。在此期间，老挝服务业收入占 GDP 比重一直维持在 35% 以上，2013 年服务业收入占 GDP 比重达 40.4%。

旅游业作为老挝服务业的重要组成部分也实现了快速增长，而旅游业对于老挝国民收入的增长、就业的促进都有很大贡献。

（四）社会文化环境

老挝是一个多民族的国家，共有四大族系囊括 49 个民族，其中老傣语族人数最多，占全国人口的 60% 以上。老挝官方语言为老挝语，随着经济发展和全球化进程加快，英语在老挝也逐渐普及开来，另外，随着中老经贸合作和文化交流的进一步加深，老挝国内也出现了汉语学习热潮。老挝基本学制为小学 5 年，初、高中分别为 4 年和 3 年。老挝共有 4 所大学。近年来，老挝政府对教育公共开支占 GDP 的比例一直保持在 2% ~ 3%，不过政府正在逐步加大对教育的投入力度。

（五）技术环境

老挝政府逐渐意识到科学技术在国家工业化和现代化进程中的重要性，并强调创新在国家转型和机构调整发展过程中的重要意义。科技创新对国家可持续发展同样重要，它在促进经济增长与社会文化发展和环境保护平衡中起到重要作用。另外，加强应用科学的国际经验交流与合作也能促进老挝基础设施建设，对旅游业的促进作用也较为显著。老挝政府也日益注重知识产权保护、商标注册等。

老挝国家科技部知识产权局成立于 1991 年，至今已经接收到商标申请量两万多件。自 2012 年 10 月老挝正式加入 WTO 以来，政府也越来越重视知识产权保护。通过对老挝政治、经济、社会及技术环境的分析，可以得出其投资环境较好，适合外国企业进入。

三、“一带一路”背景下投资老挝的机遇与优势

（一）独特的区位条件使老挝具有地缘经济优势

老挝在东盟国家中具有突出的地缘优势，是中国面向东盟实施互联互通战略和大湄公河区域经济合作的重要阵地之一，也是中国提倡的“一带一路”沿线重要国家和战略支点。独特的区位条件使老挝具有地缘经济优势，一方面，老挝位于中南半岛和澜湄合作流域的中心地带，与柬埔寨、泰国、缅甸、越南和中国接壤，是连接中国与其他东南亚国家的重要过境通道，中国与其他东南亚国家间的跨境贸易和投资可以通过老挝这一陆路通道得以实现。尤其是中老铁路建成后，将极大地改善老挝国内交通现状，提升老挝在区域经济合作中的地位。另一方面，老挝作为中国邻国，中国企业在老挝进行投资具有便利的口岸通道。目前，中国已有能直通老挝北部的磨憨国家级一类口岸以及勐腊县勐满口岸、勐康口岸等多条通道。便利的口岸通道有利于中老经贸合作发展和吸引中企投资老挝。

（二）资源储备丰富

老挝境内有金、铜、锡、铅、钾、盐等矿产资源，气候优越，水力、太阳能资源丰富，农业开发条件较好，咖啡、大米、烟叶、薯类等产品丰富，具有诗化般田园美景和世界知名的塔銮寺、琅勃拉邦古城等旅游景点。从资源利用上来看，农林业及其加工业、矿产业、水电业以及旅游业等都是老挝具有投资潜力的重点领域。

（三）投资成本低廉

老挝虽然经济落后，基础设施较差，但是劳动力成本及投资费用低廉。

老挝政府规定的最低工资标准约为 110 美元，一般劳动者工资约为 200 美元，劳动力成本较低是吸引企业前往老挝投资的一个最重要优势。此外，开发区工业用水价格约为 0.36 美元 / 立方米，工业用电价格约为 0.09 美元 / 度，办公租赁费用也很低，万象 A 级商业用地，租赁费最高也仅为每月每平方米 50 美元。

（四）经济持续高速发展，中国参与建设的两个经济开发区大力推动招商引资

近几年来，老挝经济连续高速发展，在全球经济衰退的环境下，老挝经济仍然持续平稳的增长，是东南亚增速最快的国家，国内生产总值的增长最低维持在 7% 左右，这一定程度上表明了老挝经济具有强劲发展动力。

以经济特区和专区带动社会经济发展和促进就业是老挝政府推动的重点，成为老挝经济发展最有潜力的区域和投资老挝的重要去向。自 2002 年建成首个经济特区以来，老挝目前已有 12 个经济特区（第 13 个琅勃拉邦经济特区已被批准成立，目前已完成勘界工作）。老挝政府高度重视经济特区和专区的发展，积极推动和鼓励政府官员赴国外为现有经济特区和专区吸引投资，同时努力改善特区和专区投资环境。中国是老挝经济特区的最大投资者，参与投资建设的赛色塔综合开发区是老挝国家规划中重点发展的工业新区和万象未来的新城区。中老“磨憨—磨丁经济合作区”是继中国与哈萨克斯坦建立中哈霍尔果斯国际边境合作中心之后，与毗邻国家建立的第二个跨国境的经济合作区。现时，这两个经济开发区都在大力推动招商引资，为中企便捷进入老挝投资提供了又一大平台。赛色塔综合开发区是本次老挝在第十四届中国—东盟博览会进行投资推广的一大亮点。

（五）社会及投资环境宽松

老挝实现对外开放政策，鼓励外商投资，为使外国投资商享有良好的投资环境，促进各领域投资，老挝政府出台了一系列支持政策。

1. 提供税收优惠和一站式投资服务

为外商投资营造良好的投资环境，老挝多次修改《促进投资法》，制定

了很多优惠政策和关税减免措施。根据 2016 年 11 月 17 日最新修订的版本，老挝将利润税收优惠按地区分为三类。一类地区是指社会经济发展水平较低，基础设施落后的贫困偏远地区，投资该类地区十年免征利润税；二类地区是指社会经济发展水平较高，基础设施较为完善的地区，投资此类地区 4 年免征利润税；三类地区是指经济特区，按照经济特区相关规定享有税收优惠。除利润税外，外商投资还可享受增值税就及关税优惠，其中进口老挝无法供应或生产的材料、设备作为固定资产，以及直接用于生产的机械设备及车辆，可免征关税和增值税；使用老挝国内原材料（非自然资源）生产成品或半成品出口，免征增值税；进口的原材料、设备及零部件，若用于生产出口型产品，免征进口税、出口关税及增值税。对于老挝投资法所规定的行业，免收国有土地租金和特许经营权使用费，其中一类地区优惠政策有效期 10 年，二类地区有效期 5 年。

此外，简化项目申请流程，设立一站式投资服务。为确保投资商能快速、准确的获得投资信息，做出投资决定，方便投资商办理相关投资事宜，老挝特设立了一站式投资服务办公室，负责为投资商提供简便、快捷、透明、及时的一站式服务。

2. 投资准入门槛低，鼓励在各个行业、各个领域开展投资活动

通常情况下，发达国家禁止或限制进入的行业较少，而发展中国家准入的行业部门则不多，特别是针对本国已有一定发展基础、需要重点保护的行业，发展中国家往往不对外开放。但是，老挝是个例外，其投资准入领域广泛，受限制行业并不多。新修订的《促进投资法》规定，除危害国家安全、对环境造成不利影响和危害人民群众身体健康或民族文化的行业和领域外，老挝政府鼓励在各个行业、各个领域开展投资活动，重点鼓励在高新技术及能源开发应用、农林业加工、农村发展及减贫、旅游开发、教育培训及人力资源开发、现代医疗、基础设施建设等领域的投资，并给予行业投资优惠。对土地、经济特区、出口加工区、矿山、电力、航空和通信行业进行开发和经营实施政府授权，特许经营。

除投资领域宽泛外，老挝对外商投资者的资质、注册资金、股权比例的要求和管理也较为宽松，从而大大降低了投资门槛，使老挝成为东南亚地区极具吸引力的投资目标国之一。

（六）国际经贸优势——享有发达国家最惠国待遇，通过老挝可便捷地进入发达市场

在国际经贸优势方面，虽然老挝市场规模相当小，经济不发达，但是老挝享有多重关税优惠，通过老挝有进入其他更大市场的可能性。首先，老挝是东盟成员国，享受内部贸易优惠与便利，从老挝出口到东盟其他九国的税率都是零。其次，作为 WTO 成员国，老挝目前还属于最不发达国家，欧盟、日本和美国等发达国家都给予老挝普惠制进口关税，全球 38 个国家和地区已将老挝列为其普惠制的受惠国，给予老挝商品关税和配额优惠。且中国—东盟自贸区建成后，自 2015 年，柬埔寨、老挝、缅甸和越南向中国出口的 90% 商品将享受零关税待遇。考虑老挝作为区域内最落后的国家，中国又主动给予其 330 项商品特殊优惠关税待遇。许多国家的投资者也正是看重老挝在享有关税方面的独特优势而前往老挝投资建厂。

除上述的投资优势外，为积极招商引资，大力推动经济发展，老挝规定外国务工人员只要办理工作签证、就业许可和居留证等手续便可以合法在老挝工作，为劳工准入提供便捷。且老挝政局稳定，民风淳朴，民族关系融洽，罢工事件少，社会治安相对良好。这些无疑都是老挝吸引投资的重要优势。

第二节　中国企业对老挝农业投资

中国是老挝重要的投资贸易合作伙伴，也是最早进入老挝进行农业投资的国家。1989 年以来，中国在老挝矿产、工业手工业、能源、农业和服务业等 12 个领域累计投资项目 443 个，累计投资 40.52 亿美元，成为对老挝的最大投资国。一直以来，中国主要以政府之间、半合作半市场化的方式进行对老挝农业投资，企业对老挝农业投资活动很大程度上依托于政府的援助项目

或农业合作项目。

一、中国企业对老挝农业投资的特点

（一）农业投资占对老挝投资总量的比重较低

农业是老挝政府鼓励外国企业投资的重点领域之一，也是中国和老挝投资合作的重点领域。20多年来，中国企业对老挝农业投资总量逐步扩大，2001年至2009年中国对老挝农业直接投资为12亿美元，仅次于电力、矿业和服务业。但目前农业投资在对老挝投资总量中所占比重仍然较低，企业投资规模也较小，项目的经济效益和社会效益难以有效发挥。据统计，截至2009年12月，中国对老挝直接投资累计核准投资金额约26亿美元，主要投资领域中矿产、工业手工业、能源、农业和服务业。其中，农业领域的核准投资金额仅占核准投资总额的8.5%。

（二）投资领域以农业种植为主

中国对老挝农业投资领域逐步呈现多元化，涵盖种植业、林业、养殖业和农林产品加工、销售业。但中资企业主要集中在老挝北部经营橡胶、水稻、甘蔗、玉米、木薯、蓖麻、蔬菜、热带水果、烟叶等农业种植项目。截至2011年10月底，经中国商务部核准、在老挝已办理企业注册的中国农业投资企业（机构）共有101家，其中从事种植的企业有90家，占89.1%。其中，橡胶种植企业55家，占总数的一半以上。

（三）农业投资企业主要为省市地方企业

上述在老挝进行农业投资的101家中国企业（机构）中，中央企业仅1家，来自省、市的地方企业100家。其中，云南企业67家，占总数的66.3%；湖南6家，重庆5家，山东、广东3家，河北、江苏、湖北、海南、广西各2家，北京、辽宁、吉林、安徽、四川、河南各1家。

从投资额来看，截至2011年3月，云南省在老挝共设立境外投资企业126家，协议投资7.31亿美元，实际到位资金2.75亿美元，约占云南省对外实际投资总额的1/5。

（四）农业投资企业以民营企业为主

民营企业一直是对老挝农业投资的重要力量。上述在老挝进行农业投资的 101 家中国企业（机构）中，国有企业仅为 2 家；而民营企业 99 家，占总数的 99%。但因国有企业实力较雄厚，因而在投资经营活动中逐步发挥出示范带动作用；民营投资企业大多实力不强，难以形成规模化农业投资，承受综合风险的能力还很有限。

（五）农业投资模式呈多样化

目前，中国企业对老挝的农业投资模式呈多样化趋势，主要有：（1）订单农业模式。中国企业以技术、管理和种苗、化肥等生产物质作为投入，老挝当地农户负责种植经营，中国企业按合同约定的条件向农户收购农产品。（2）土地租赁模式。中国企业向老挝农户或政府支付土地租金、获得土地使用权，从事农业种植经营活动。（3）股份合作模式。中国企业以入股的形式与老挝当地政府和社区进行投资合作、分享收益。通常中国企业以物质、资金、技术等要素入股，老方负责组织土地和劳力进行生产种植。（4）技术扶持模式。中国企业向老挝农户或社区提供技术的支持，农户自己解决生产物资、劳动力和土地等投入。收获期中国企业在市场上与其他企业公平竞争、收购农产品，中国企业不负责老挝农户的产品销售，老挝农户也没有义务必须向特定中国企业提供农产品。

二、中国企业对老挝农业发展的投资的现状和有利条件

（1）中国在老挝的投资领域比较广泛，但是对于具体的农业来说，中国企业对于老挝农业发展的投资比重较低。与此同时投资的农业领域集中在种植业，现阶段投资逐渐多元化，但是仍然以种植业为主，对于其他的林业、畜牧业等等在投资比例上相对有限。对老挝农业发展进行投资的企业很多实力相对不足，以民营企业为主，国企仅仅只有两家投入到老挝农业发展的投资中，再具体的生产经营中，作为主体的民营企业的对于老挝投资经营活动起着示范带动作用，民营企业则很难形成规模效益，对于风险的抵御能力也

相对较弱，作用相对有限。

中国企业对老挝农业发展的投资主要通过订单农业模式、土地租赁模式、股份合作模式、技术扶持模式等模式。这些模式除了土地租赁模式都积极地进行技术、管理甚至是生产物质的直接投入，农业投资模式逐渐向多样化的趋势发展。

（2）中国企业对老挝农业投资还存在着一些制约因素，首先参与老挝农业发展投资的中国企业一般以规模较小、实力不强的地方中小型地方民营企业为主，在企业的经营能力还存在问题，会出现一些不规范的经营行为，跨境经营理念有待更新，跨境经营能力还有待提高。一些企业违背市场经营的平等性原则，出现一些不正当竞争，一些企业不能充分考虑当地的因素，造成当地民众对于中国企业的误解。

中国对于相关企业的境外项目的贷款审批比较严格，审批程序较多，老挝本地银行实力相对有限，企业在出现资金短缺时，融资相对困难制约了一些企业的发展。一些中小民营企业抵御风险的能力相对薄弱，缺乏明确的企业在老挝投资的战略规划，目标不明确，对于境外的投资环境和经营环境不清楚，一些项目的决策存在随意性，没有相对的科学论证。另外企业以盈利为目的无可厚非，但是一些企业盲目地靠站境外项目，一切以利益为经营目的，对于当地的一些法律法规、社会生活习惯、民风民俗等全然不顾，社会责任感差，投资不注重生态环境的保护和与当地社会的融合，影响了整体中国企业在老挝的投资。

与此同时，老挝国内市场较小，市场体系不完善，工业化发展水平不够，金融市场不完善，农业仍然以自给自足为主，城市及其农业上的基础设施相对落后，自给自足的农业生产，限制了劳务市场以及相关经济作物的种植，滞后的农业基础设施大大增加了中国企业投资农业的风险，老挝劳动力教育水平、劳动力数量、劳动力整体素质相对不足，工作效率不高，纪律意识相对淡薄，企业很难制定有效的制度进行管理，严重影响相关项目工程的进度，国内引进劳力审批复杂，老挝的法律限制，这些都在限制着中国企业对老挝进行农业投资。

（3）中国企业对老挝农业投资的有利条件。老挝社会环境较好，经过中国企业和老挝政府多年的努力，老挝国内投资环境进一步改善。另外，老挝与中国经济互补性强，老挝有着优良的种植气候条件，但是在资金、技术、管理上存在缺陷，市场较小，而中国作为人口大国，城镇化的不断加快，对于粮食的需求增加，而且中国在资金、技术、管理存在优势。两者可以发挥其互补优势，合作共赢。另外良好的地缘条件，为投资提供了便利。中国与老挝毗邻，中老边境线有 710 公里，两国边境地区的民族跨境而居，语言相通、社会风俗相通，与此同时，中国交通的不断完善也为两国的合作交流提供了重要的基础。两国的发展战略相对接，中国在新时期更加注重“走出去”的战略，2009 年中老两国建立“全面战略合作伙伴关系”，2010 年一系列经贸合作文件的签订，保证了中国企业对老挝农业发展的投资。

三、老挝农业经济的发展战略

由于老挝本土北部、中部、南部受到不同的地形、环境、气候、经济发展水平、政策环境、科技水平等因素的影响，各自发展的农业耕作品种以及农业发展战略也有所不同。老挝因地制宜，根据北部、中部、南部各自不同的情况，制定出符合自身的发展战略。

（一）北部地区农业发展战略

从全国看，老挝北部从事农业的人员相对比较多，但是其农业经济发展水平远远比不上其他地区。由于国民经济的发展和工业化的进程，北部地区劳动力流失的现象比较严重，导致了农村土地耕作面积的减少，农户需要雇佣外部劳动力进行农业耕作。北部地区人均耕地面积发展极不平衡，难以实现农业的集约规模化经营。北部乡村的基础设施比较落后，以至于交通、水利灌溉、用电、机械化水平不高等问题都比较突出。北部地区相对于全国而言，降水量比较少，因此适宜种植甘蔗和橡胶作物。北部背靠中国，地缘优势明显，农作物市场比较大。北部地区经济发展水平滞后，人口密集，土地分散，基础设施不足，不利于农产品的机械化和产业化发展。同时北部地区与境外市场，比如中国、缅甸、泰国、越南均有接壤，农业资源较为丰富，应该充分利用自身资源等优势发展特色产业。政府在北部地区实施的农业经济发展战略为政府主导，充分发挥本地资源优势，加大帮扶力度和增加信贷支持，建设规模的旱季水稻生产基地、甘蔗生产基地和橡胶生产基地。

（二）中部地区农业发展战略

中部地区是农业发展水平最高的区域，该地区的农业现代机械化水平全国最高。中部地区农作物人均种植面积最大，大多数实行农业规模化生产。随着老挝国民经济的发展，中部地区的农业基础设施也最为完善。健全和完善的农村信用机构使得农户可以及时高效地获得相应贷款用于抵御农业风险，为农业经济的发展打下了坚实的经济基础。其中沙湾拿吉省则是全国水稻种植面积最大的典型代表，除此之外，中部地区还大规模种植木薯和发展养殖业。中部地区充分发挥自身资源优势，利用高机械化，借助农业产业化的优势，农户将产品推向多元化的市场，开展全方位、多层次的农产品交易，保持农产品在市场上的竞争力和品牌优势。发展绿色无公害农产品生产为农业打开一个新的契机。现在，老挝正致力于发展网络化农业和精细农业，利用科技力量来实现劳动成果的最大经济利益化。中部地区善于利用科技，培养高端知识人才，积极引进先进科学技术，加强与国外交流，借鉴相关先进技术发展生产力。老挝中部地区农业经济战略为实现产业一体化，利用科学技术发展现代农业，注重对农民的科学生产技术培训，畅通农产品销售渠道，实现农业资源的最优化配置。

（三）南部地区农业发展战略

南部地区农业发展水平优于北部，但又不及中部，其交通优势是其他地区无法比拟的。得益于湄公河航运的优势，该地区可以利用航运资源发展外向型农业。南部地区农产品自给自足程度比较高，所以农产品在有剩余的情况下，农户一般倾向于将其投入市场，因此南部地区农产品市场化程度高于北部地区和中部地区。南部地区大多发展订单农业、客户与农户签订农作物种植合同，主要以种植湿季水稻为主，通过不同品种的杂交，水稻产量也在逐年提高。老挝南部适宜种植咖啡，约占全国总种植面积的 90%，产品远销国内外。老挝政府在南部地区发展农业经济的主要做法是利用水运资源优势，发展集约化现代农业模式，建立与国外市场贸易联系的外向型经济。

四、老挝农业投资合作战略

（一）政府角度

1. 政府之间建立双方多层面农业合作机制

中国政府在中国—东盟自由贸易区建设、大湄公河次区域（UMS）经济走廊建设、“一带一路”建设和大湄公河次区域经济合作等背景下，要进一步加强与老挝有投资关系的省份和老挝之间的合作机制，建立地方政府间、政府和企业间以及企业之间等多层次的合作机制，加强两地农业投资交流和反馈，将合作更加透明化、规范化和制度化。通过多层次对话机制，中国政府可从老挝政府的政策中为中国企业争取更多的投资优惠，在企业投资遇到问题时可以给予更多的协助。

2. 政府为企业投资老挝农业提供咨询服务

依托中国驻老挝领事馆、中国驻老挝经商处成立中国与老挝农业合作专门咨询机构，与老挝有投资关系的省份也可依托该省份驻老挝商务代表处成立老挝农业投资咨询站点。该机构（站点）可以随时监测收集老挝农业产业信息，如农业市场需求规模、需求结构、农产品价格变化、政策环境、投资形势等，对老挝农业的经济发展形势及时分析，可协助投资企业总结经验、传达信息，为投资者提供及时准确的咨询服务。

3. 政府可设立专项老挝农业项目投资基金

借鉴国外设立海外风险投资基金的做法，中国政府和中资在老挝投资的农业企业共同建立驻老挝专项农业项目投资基金，也可在政府引导下全方位拓宽融资渠道，既可解决闲散资金的投资问题，也可缓解中小投资企业的资金短缺问题。该专项基金的成立可以向投资者提供税收、贷款、补贴、担保和保险等金融优惠服务，如建立老挝农业投资损失费制度、农业税收控制制度、老挝农业资源开发项目分配所得税制度、罂粟替代种植补贴制度等。

（二）企业角度

1. 企业应注重延伸农业产业链

中国企业投资老挝农业，重要的是看中了老挝丰富的农业资源和无污染的生态环境。大部分投资企业为民营企业，发展理念和思路一定要放宽放远，不能仅着眼于老挝资源的初级生产层面。从长远来看，投资企业应该将农业产业链适当延长，从农产品的种植、初级加工、精深加工、推广销售到物流服务、农闲观光，做到大产业链。将上、下游产业兼并或重组，融入一体化发展的营销管理理念，实现规模化、集群化、现代化龙头大企业。

2. 企业应重视生态环境保护

老挝政府对该国的生态环境非常重视，2013年3月修订颁布了新版的《环境保护法》，高度重视对生态环境的评估工作，凡是出现对环境有威胁有破坏的项目，政府可以一票否决口。中国企业较早就投资于老挝农业，一些小型企业由于缺乏环保意识，对老挝生态环境造成过一定损害，造成了不良影响，对中国形象和新进企业的投资审核造成了很大阻碍。因此，中国企业要高度重视环保问题，对老挝的农业投资方案一定严格做到科学环保、健康经营，这样才可保证老挝投资的顺利开展。

3. 企业应努力提高公众影响力

老挝经济发展落后，部分地区通水、通电、通路问题仍未解决，老挝政府对投资本国的企业也提出要自行解决周边基础设施服务问题，并适当带动当地居民生活水平的提高。在教育水平、生活水准和基础设备配置低下的国家，中国投资企业在注重经济效益的同时，更要注重提高企业在当地的影响力，通过开展免费农业技术培训、捐赠农种、农资及农机等公益活动，努力提高企业形象，通过带动周边就业，提高当地农民收入水平，通过周边基础设施建设，提升农民生活质量。这些回馈老挝社会的公益行为，定会得到老挝百姓的拥护，以及当地政府的青睐，在今后的企业经营中可以创造和谐、稳定的社会环境，也可在某种程度上利于争取更为优惠的政策。

五、中国企业对老挝农业发展的投资建议

（1）企业要不断规范其投资经营的行为，完善相关制度，更加注重投资经营的可持续发展呢，强调合作共赢克服短视行为，提高企业的管理经营，增加其参与国际经济合作的能力和意识，制定科学的发展战略，制定明确的发展目标，引进中国国内先进的管理经营的理念更加注重当地的社会状况，实现中国企业与当地环境的融合。

（2）相关企业更加重视对于老挝农业技术、管理的投入，切实的解决老挝农业发展中的具体问题。提升当地民众对于中国企业的认同感，有效提高增产效率和产品质量，充分发挥中国企业在农业上的技术性优势，增加吸引力，培养当地的技术人员，推动老挝农业的机械化，投入农作物杂交技术、能源技术等，吸引当地政府、民众与企业合作，真正地达到共赢。

（3）企业应该重视两个归家的相关政策，树立风险意识，积极的履行相关的社会责任。中国相关政策和当地政策的转关与企业的经济效益的实现息息相关，需要企业更加的重视，一些政策的引导要积极地利用。避免盲目投资。跨境投资行为，相比中国国内风险更高，相关企业需要对于可能出现的风险进行评估，制定一定的防范措施。中国企业要尊重当地的文化和风俗，遵守当地法律法规，注重环境保护，积极开展相关公益事业，增强当时民众对于企业的认同感，保证企业的可持续发展。

第三节　中国企业直接投资老挝服务业市场

随着经济全球化的不断深化，世界各国对外直接投资占比在各国之间经贸合作中不断增长。根据联合国贸发会议《2015 年世界投资报告》显示，截止到 2015 年末，中国对全球 155 个国家和地区的 6 532 家境外企业进行了非金融类的直接投资，累计对外直接投资额达 7 350.8 亿元，同比增长约

14.7%。其中，2015年中国对老挝直接投资超过10亿美元。从1986年开始，为摆脱国内经济落后状态，老挝政府开始进行经济体制的改革，也就是用市场经济体制来取代计划经济体制，以此来减少政府对市场的干预。与此同时，老挝也在不断加强发展与世界上其他国家的友好关系，以此促进老挝发展。

近年来，中国和老挝间贸易合作愈来愈频繁，中国对老挝的直接投资规模也在不断地扩大，在中国的帮助下，老挝的必要的社会与经济基础设施建设不断推进。同时，在工业方面，中国的直接投资也带动了老挝的经济发展。随着中国政府"走出去"战略的实施，中国政府各个部门对众多项目不断提出引导和鼓励政策，中国对老挝的直接投资可以使中国发挥其比较优势和竞争优势，这对中国的企业壮大发展实力、增强国际竞争力、不断实现国际化有着重大的影响。

一、中国对老挝直接投资的概况

（一）中国对老挝直接投资的发展历程

根据中国对老挝直接投资的发展历程，可以将中国对老挝的直接投资大致分为三个阶段：

第一阶段：在1997年以前：也就是老挝还没有加入东盟，当时中国和老挝双边的经济贸易合作不多，虽然中国和老挝两国接壤，但是两国经贸交流较少，其中一个重要原因是：中国刚经历了抗日战争以及内战，在新中国成立之后，中国又经历很长的时间来发展本国经济，所以中国对老挝直接投资非常少。

第二阶段：1997—2008年：在1997年老挝正式加入东盟后，并且积极参加东盟各项事务。在1998年，老挝开始实行东盟的自由贸易区的《共同有效优惠关税规定》，此规定中有四类商品：清单产品、暂时例外产品、一般例外产品和敏感产品。

第三阶段：2008年至今：从2008年开始，老挝所属的东南亚国家联盟，将商品名单中98%的商品的税率降低到5%以下，并且老挝于2015年和中国实行国际贸易零关税，这样大大降低了双方进出口所带来的成本，中国对老挝的直接投资登上一个新高峰。

（二）中国对老挝直接投资的规模特征

由于中国和老挝近年来在政治和经济合作方面发展的越来越紧密，中国企业对老挝的直接投资流量在不断增大，于是中国逐渐成为老挝最重要的外资来源国之一。2003 年中国对老挝直接投资量还是十分小，但随后中国对老挝的投资流量呈现出很快的增长，但是在 2008 年由于全球金融危机的情况下出现了下降。不过在 2009 年中国和老挝成为全面战略合作伙伴，中国政府积极支持对老挝进行直接投资，推动了老挝投资热，促使 2009 年至今中国对老挝的投资流量呈现出逐年增长的状态。根据老挝官方最新统计数据，目前在老挝，中资企业已经超过 700 家，这其中还有许多实力雄厚的中国央企。

二、在老挝直接投资的风险因素

（一）行政效率低下，贪污腐败现象比较普遍

老政府管理体制不顺、政府机构较为臃肿，职能部门之间相互配合程度低，造成行政效率低下。老政府面向外国投资者设置的“窗口”式服务并没有发挥好便利化功能，烦琐的项目审批程序仍然是增加外商投资成本和风险的主要原因之一。据世界银行发布的 2011 年《全球营商环境报告》数据显示，在 183 个国家中，老挝经营环境排名第 171 位，属于世界上最不容易做生意的国家之列。

此外，尽管老政府一直宣称要严厉打击腐败，并分别于 1999 年、2005 年颁布了《反腐法令》《反腐败法》，但是成效不大。近年来老挝国内的腐败势头不减反增，行业贪污腐败和索贿受贿现象无处不在，基层尤为严重。许多外商投资者为了能尽快获得各种许可证、办理易腐货物的进口与通关不得不进行寻租行为。据著名的非营利性反腐组织透明国际发布的 2011 年全球廉洁指数排名显示，在 182 个国家中，老挝排名第 154 名，被投资者视为是世界上最腐败的国家之一。

（二）投资法律体系不完备，法规执行力度差；政策随意性大且缺乏透明度

老挝现行投资法律体系仍不完备、不健全，经常出现相关法律法规定义不尽统一、甚至互相矛盾的情况。例如，在老挝新版的《投资促进法》中关于对外国投资者进行税收免征和降低进口关税的规定并没有反映在税法中。立法内容的不协调和冲突、抵触，既会给投资者带来困惑和不便，也会给老挝投资环境带来负面影响。除此以外，有些地方受狭隘的民族主义思想的影响在立法上更多考虑地方私利而不重视保护投资者权益；还有相当一部分法律法规没有官方翻译的英文版本，这使得投资者对所面对的投资环境感到不确定和模糊；特别是与外商投资相关的配套法律体系还没有建立起来，还存在着“无法可依”的局面。老挝在电力、通信、农业等行业至今仍缺乏行之有效的关于鼓励外国投资的具体法规，使得执行力度缺乏保障。

（三）市场规模小，企业竞争比较激烈；劳动力素质较低，对外籍员工有严格限制

老挝全国人口约638万人（2011年），人口密度仅约为27人/平方公里，且目前老挝国内人口以农业人口为主，占总人口70%以上，因而市场规模有限。由于老挝市场容量小，进入该市场的企业往往会面临较为激烈的竞争。特别是近年来许多国家纷纷抢滩老挝的工程建设项目，竞争尤为激烈。在近年来一些中资企业为了能在老挝市场立足，愿以微利甚至亏本的代价来竞标招揽工程；个别国内外企业炒作老挝中部铁路、中老铁路等项目，给一些国内急于开拓国际市场的企业给企业带来不小的财务风险。虽然老挝劳动力价格不高，但识字率不高，素质普遍较低，因而在老挝投资办厂的企业很难实现生产要素的有效结合。但是，老挝政府历来不鼓励引进劳务，对外籍员工来老工作有较大的限制，仅仅允许有条件引进老挝本国公民无法胜任的工种，因而可能会加大投资者的用工风险和经营成本。

（四）基础设施建设不完善

目前老挝基础设施建设离外商投资者要求还是相去甚远：目前老挝国内

主要的运输方式是陆地运输、水陆运输（湄公河）和航空运输。但国内这三种运输设施都不完善，运输能力极其有限，往往会导致运输费用高于生产成本的现象产生。虽然电力设施是外商投资者进行投资设厂时最看重的因素之一，近年来已经不断有中国企业在老挝投资进行电力项目建设，但由于电力工程建设的特性，需要大量的电缆以及耗材，老挝国内目前已有和在建的电源仅占可开发资源的22%，余下的78%的可开发资源尽管签订了谅解备忘录（MOU），却迟迟无法进入建设阶段。

三、中国企业直接投资老挝服务业市场

以SWOT分析老挝投资环境。战略是一个企业“能够做的”（即组织的强项和弱项）和“可能做的”（即环境的机会和威胁）之间的有机组合。迈克尔.波特提出的竞争理论从产业结构入手，对一个企业“可能做的”方面进行分析和说明，能力学派管理学家则运用价值链解释企业的价值创造过程，注重对公司资源和能力的分析。SWOT分析是一种根据企业自身的既定内在条件进行分析，找出企业的优势、劣势和核心竞争力所在，是在综合上述两者的基础上，以资源学派学者为代表，将公司的内部分析与产业竞争环境的外部分析结合，形成自己结构化的平衡系统分析体系。

（一）中国企业优势分析（S）

从理论上说，企业要参与国际竞争必须具备一定优势，这种优势从总体上可分为绝对比较优势和相对比较优势。中国广大企业中具有绝对比较优势的企业比例还很低，但是从某一个或某几个方面来看，这些企业却具有自己的独特优势。

1. 有利的政策进入条件

老挝于1988年正式实施对外开放，一方面，由于经济综合实力较弱、国内自有资金贫乏，所以奉行较为开放的外资政策；另一方面，东南亚国家先后制定的鼓励性外资政策加大了老挝吸引外资的外部竞争压力，所以其在外资立法时体现了较高开放性。此外，老挝政局的稳定和政策的连续性、法

律体系的完备性和公正性等对于投资者的意义重大。

2. 技术技能优势

中国企业有着独特的生产技术，低成本生产方法，领先的革新能力，雄厚的技术实力，丰富的营销经验。长期自主开发形成了某些传统专有技术和高精尖技术，如中药、气功、烹调、生物工程等具有明显的竞争优势。

3. 无形资产优势

中老两国政府之间有着深厚的政治外交与经济外交结合的基础，民间团体间相互交流频繁，深刻地缘优势也使人民对于彼此的文化、信仰、习俗有较好的认识，这些现状在一定程度上消除了相互间的误解和矛盾，有利于中方企业在进入老挝市场后的客户维系工作，为树立良好的中国企业形象奠定基础。另外老挝有很多华人华侨，他们广泛人际网络和对于祖国亲情的归属感可以很好地帮助中国企业熟悉市场和拓展营销网络。

4. 其他

中方企业拥有更为先进的生产流程和设备，完备的资料信息等有形资产优势；老挝和中国的地缘关系和同为“澜沧江—湄公河次区域”中，所以一些产品的进出口有着优惠政策，使得进出口手续更为简洁；货币优势，人民币相对于老挝“基普”来说是“硬币”，这就使得汇率风险和货币兑换等问题对于中方企业的影响更小。

（二）中国企业潜在机会（W）

1. 市场进入壁垒低

进入壁垒是指政府为了防止这个行业过度发展，或者保护行业现有竞争优势而制定的各种措施。但是由于老挝处于经济发展的快车道上，为鼓劲投资，设定了较低的进入壁垒，这就使得不同类型和不同规模的公司都更有机会和可能进入老挝市场。

2. 资金的来源

《外资银行管理条例》规定中国银行业于 2006 年 12 月 11 日前向外资银行全面开放，从此中国企业，特别是广大的中小企业难以获得金融服务和融资的状况开始改变，中外银行都采取行动来争取更多的业务。这为中国企业的海外发展之路增添了巨大的底气和动力，在对老挝投资过程中更显优势。

3. 企业“抱团”经营

无论是通过什么方式，要走出去首要迈过的是增强实力这道坎，这样才可能适应海外市场利益与风险并存的贸易环境。“抱团”这种合资或者战略联盟的方式，可以使企业形成整体合力和强大的抗风险能力，同时尽可能多的与双方政府部门加强联系与合作。

4. 其他

政策法规的进一步完善。以老挝当前的经济发展需求可以预见其对外开放和需求的程度将越来越高，配套法律法规必将进一步完善以吸引更多投资；中方企业在熟悉了市场情况后，可以进行核心业务的拓展，也可以进一步开发新的细分市场，扩大产品系列，这样也在无形中削减竞争对手的力量；中国产品通过老挝向周边邻国延伸和辐射，偌大的区域和众多的国家之间的相互差异，势必会创造出一种很强的互补性，从而构成一个充满活力和生机的区域市场。

（三）中国企业的潜在劣势（O）

1. 产品或服务的同质化

在市场细分理论中已经提道，中老两国在产业结构上存在重合，从而存在竞争性。这在一定程度上对中方企业在老挝的投资产生了阻碍和不利影响。

2. 散失商誉

是任何企业对外投资过程中都要小心的问题，任何企业都不能低估信誉的重要性。无论在任何市场，一旦因为企业内因或一些外部因素而失去信誉的话，对企业的生存发展是一个极大的负面影响。

3. 缺乏品牌意识

尽管中国的产品在老挝市场占有一定份额，但总的看来，出口企业多而杂，大多数产品为低档货，缺乏名牌产品。因此在老挝市场，这些商品很难与诸如泰国等其他国家的商品竞争。

4. 其他

在发展的方向性上，无方向或是随意随时更改方向会对企业的发展带来恶性影响；与当地人民或者政府部门的高度冲突也绝对是潜在的劣势，冲突一旦发生，对于企业自己发展绝无好处。

（四）中国企业的潜在威胁分析（T）

1. 进入壁垒低

老挝经济生活的各方面的薄弱吸引了很多企业前来投资。较低的进入壁垒使得中国企业在易于进入市场时也使得发达国家一些更为优秀的大企业有更多的优势进入市场。这些潜在的进入者是威胁这一。

2. 政府改变对产品和服务的政策条件

政府政策制定的方向对于任何企业在任何国家投资来说都是一个重要的影响。一旦老挝政府认为本国某一行业需要保护，进而改变对外来投资的政策，这对于外来投资者是一个负面影响。

3. 竞争对手拥有更好的分销渠道

比如越南和泰国利用自身政治和地缘优势，加紧抢占市场步伐。越南利用与老挝的特殊政治关系，争取老挝工程承包市场过半份额，泰国利用地缘、人文及经济优势，争夺对己有利的市场等。

4. 价格战

一旦某种商品在当地畅销后，随即大量企业匆忙组织生产和出品，结果是多家企业在老挝经销同一商品是一种非常普遍的现象。同时为了争夺市场，企业销价竞争。价格战的结果往往不会对企业产生正面效应。

通过上述老挝服务业对外资直接投资的需求和我国企业的投资前景的详细分析，从老挝本国的角度可以看到服务业引进 FDI 可以加速本国的经济增长，缓解本国经济发展过程中资本短缺问题，促进对外贸易、资本形成、就业和经济增长。所以老挝对于外来直接投资是持欢迎的态度和强烈的渴望，服务业在老挝有着较大的发展空间。从中国企业自身的角度而言，从“剩余出路”理论可以看到，中国企业投资老挝市场不仅是为自身的发展找到了合适的市场，更重要的是为剩余产品提供了“出路”，进而为经济增长做出有利的贡献。其次市场细分理论表明了老挝市场与中国企业之间的契合度非常高，而且通过这一理论的分析，企业应该更进一步的扬长避短，着重出口和投资不具有同质性的产品。wells 小规模技术理论的分析，加上企业的产品差异化和低成本这两个优势，表明老挝市场适合企业发挥其相对优势和最大优势，从而获得利益。最后 SWOT 综合分析得出的结论和前面几个理论的结论一致。

同时应注意到，阻碍许多企业进入老挝的困难，很多时候并不是不可逾越的客观困难，而是由于出口恐惧感造成的心理障碍。例如“缺乏信息”和“缺乏关系”，实际上并不是在进入国际市场过程中实际遇到的主要困难。出口信息、海外关系的不足相对来说是一个暂时性的问题。而企业遇到的实际问题，不仅仅在于海外市场的开拓，更在于海外市场开拓后的管理，诸如出口手续、应收款管理、国外市场预测等。

所以，尽管中国企业以直接投资方式投资老挝服务业的过程中存在一些问题和困难，但是依旧无法否定老挝服务业非常适合中国企业的进入和投资的事实，老挝市场有巨大的投资潜力和光明前景。

第十一章　文　莱

第一节　文莱农业投资潜力

一、文莱农业生产现状

文莱属赤道雨林气候，常年高温，气温介于21℃和23℃之间。雨量方面，由于受东北季候风影响，从10月份到来年的2月份，雨量较充沛，气候凉爽。而3月份到8月份气候炎热，少雨。年雨量海岸区为2 540毫米，内陆区则高达5 080毫米，湿度较大，平均在67%~91%之间。75%的土地为森林覆盖，耕地面积只占国土面积（5765平方公里）的5%。

文莱的农业比较落后，土壤贫瘠，20世纪70年代以后，由于石油、天然气的生产和公共服务业的发展，很多人弃农转业，使传统农业受到冲击，而现代化农业又远未发展起来，目前仅种植少量水稻、橡胶、胡椒、椰子和番木瓜等热带作物和水果，生产力水平较低，一般是家庭式经营。近年来文莱政府鼓励经济多元化，重视发展现代化农业，加强排水和灌溉工程，增加土壤的肥沃度，积极创造更多机会让本国公民从事农业活动，扩大粮食和果菜的种植面积，增加牛、羊、鸡、鱼、虾的养殖量，扩大蛋、奶的生产，增加食品的自给率。鼓励外国企业家进行投资，强调要实现食物自给并让国民享用安全食品。在八五计划（2001—2005年）期间，政府拨款9 050万文元支持农业发展，占政府拨款总额的1.24%。

长期以来，文莱对农产品的进口实施零关税，也没有非关税壁垒，只是对某些食品实行较严格的穆斯林检疫。不交个人所得税、增值税、销售税。公司税为30%，但有3~5年的免税期。2000年文莱的农业产值1.40亿文元、2001年1.46亿文元，2001年比2000年增加2.9%，农业产值连续10年约占国内生产总值的2%。

在粮食方面，大米是文莱人民的主食，农业项目开发是文莱经济多元化所鼓励的重点领域，根据FAO统计，2003年水稻种植面积为240公顷，产量为400吨，平均每公顷产量1.66吨。全国每年需要3万吨大米，人均73公斤。98%以上的缺口需要进口，现主要从泰国进口。为改变这种状况，在八五期间，文莱农业局的计划是争取达到大米的自给率由目前的不足2%提高到4%，达到1300吨。为达到此目标，文莱政府采取了许多鼓励措施，其措施有：第一，改善稻田的基本设施；第二，提出更有效保护农作物的策略；第三，采用高品质稻种。

为了提高宣传力度，农业局计划举办数个活动如稻米收割节，作为常年活动之一。主办稻米收割节活动宗旨是：第一，培养互相合作文化，密切政府与农民之间的关系；第二，提高公众对种稻的认识；第三，展示政府对本地农民的关怀。除了推动性的活动外，农业局在认真评估水稻业的经济发展，在稻米种植法多元化的过程中注重对自然环境、经济、文化、社会及安全食物影响的考虑。在稻米收割后种植其他农作物如玉米、花生、大豆、胡椒等，不但改善地质，也增加农民收入，降低土地对农药的依赖。农业局官员鼓励稻农使用综合方式提高经济效益，如在稻田中养鱼，稻田旁种植香蕉等水果。政府今年拨出75万文元给农业局，以提高大米产量。近两年内，政府共拨出240万文元支持农业，其中60万文元分配给购买稻米援助基金，20万文元作为改善灌溉系统及道路等。

在蔬菜方面，2000年总产量为8863吨，2002年总产量8900吨，满足了国内70%的需求，其中绝大部分是叶菜类，其中98.8%用传统方法生产。全国现有500名菜农。蔬菜主要分四类菜：叶菜、果菜、根菜和食用菌类。根据2000年的统计，这4类菜分别占52.4%、47.2%、0.3%、0.1%。八五目标为生产12 700吨蔬菜，产值3 500万文元，自给率争取达到94%，实现计划的途径是农民扩大蔬菜种植面积、政府提供技术、优质种子服务等。

在水果方面，水果全国的产量很小，2001年总产量为3180吨。主要品种有香蕉、西瓜、菠萝、榴梿。内需的80%从其他国家进口，2001年进口总量为 15 497 吨。2002 年文莱进口的热带水果分别为，鲜菠萝 564 吨、香蕉 683 吨、芒果 456 吨、番木瓜 274 吨、油梨 23 吨、西瓜 931 吨、其他热带水果 1 750 吨。八五计划通过改善基础设施，增加机械设备等，实现年生产 8 000 吨水果、产值 2000 万文元、自给率达 47% 的目标。

二、文莱农业生产与森林资源保护利用

文莱农业比较落后，80% 的内需农产品依靠进口。目前，仅种植少量水稻、橡胶、胡椒、椰子和番木瓜等热带作物，生产力水平较低，一般是家庭式的经营。近年来政府鼓励经济多元化，重视发展现代化农业，加强排水和灌溉工程，增加土壤的肥沃度，积极创造更多机会让本国公民从事农业活动，扩大粮食和果菜的种植面积，增加牛、羊、鸡、鱼、虾的养殖量，扩大蛋、奶的生产，增加食品的自给率。鼓励外国企业家进行投资，强调要实现食物自给并让国民享用安全食品。长期以来，文莱对农产品的进口实施零关税，也没有非关税壁垒，只是对某些食品实行较严格的穆斯林检疫。

文莱十分重视其森林资源的保护与合理利用，国内自然生态观光旅游业开发是经济多元化发展中一个极具潜力的领域。文莱的植物资源占婆罗洲岛的 60%，全国约有 2000 个树种。在文莱总面积为 50 791 平方公里的土地上，有 80% 为热带雨林所覆盖。由于较早地采取保护措施，有 60% 热带雨林仍处于原始状态。20 世纪 80 年代，苏丹政府通过国家林业局，在原有森林法律和法规的基础上，制订了全面的国家森林政策，规定保护森林资源的原则，重视森林在环境、生态、经济和社会等方面的功能，严格限制采伐林木，并禁止出口木材，同时鼓励开展高附加值的木材加工与贸易。在国家工业和初级资源部的号召下，众多行政部门、自愿组织和私营企业共同参与了再植林开辟工程。文莱的国有森林按不同的功能类型划分为保存雨林、经济林、保护林、游憩林和国家公园。作为国家公园之一的 Kuala Belalong 雨林研究中心是世界上最好的开放式森林研究室，目前，有 300 多家机构在此开展相关的研究工作。在系列森林管理项目的实施下，森林商业利用与种质保存得以

平衡发展。

三、文莱水稻发展潜力

（一）影响水稻产量的主要因素

1. 土壤因素

一是土壤偏酸性，前期检测带回国内的文莱土壤 pH 为 3.38，现场检测文莱土壤 pH 为 5.25，因此，在水稻种植时应适量施撒石灰，有利于水稻生产。

二是肥力问题，前期土壤检测表明文莱土壤含有丰富的N、K肥和有机质，但 P 肥相对较少，并且文莱土壤储水能力较差，水肥流失严重，要夺取高产应施足肥料。

2. 水分因素

文莱雨季集中于每年的 11、12 和 1 月，但其排灌系统较差，若能利用好雨季降水，每年可种植 1 造水稻；若水利设施良好，则每年可种植 2 造甚至 3 造水稻。水稻成熟收割期应避开 11、12 和 1 月的雨季，以免影响水稻灌浆黄熟和收晒。

3. 光温因素

文莱常年温度较高，日照长，年均气温 28℃，白天温度一般 30℃以上，晚上温度一般 20℃以上，宜种植感温型水稻品种。

4. 病虫害因素

文莱气候条件利于各种病虫害的发生，除国内常见的“三虫两病”外，文莱水稻还受蛄蝼、叶蝉、蝗虫、椿蟓、细菌性基腐病等危害较多，我国生产的农药对这些病虫害有很好的防治效果。此外，文莱树多鸟多，严重危害稻谷生产，除传统防鸟赶鸟措施外，要多尝试新办法，特别要根据各水稻品种的生育期，合理安排水稻的播种期，使其集中抽穗，以减少单位时间、面积上的鸟害。

（二）发展思路

文莱阳光充足，土壤肥沃，适宜水稻种植。然而，目前文莱的水稻生产方式较粗放，产量较低，若能加强管理，增加投入，水稻增产的潜力较大。

1. 完善与落实水稻发展规划

水稻发展规划应根据文莱实际情况制定，规划要求客观、可行性强。应将短、中、长期规划有机结合，短期规划要贯彻落实文莱国家的扶持政策，充分调动水稻种植农场主和农户的积极性；而中、长期规划应涵盖品种选育、高产栽培、加工包装、开拓市场等内容，完善水稻生产链，提高水稻种植经济效益。

2. 健全水稻生产指导机构，加强农田水利设施建设

文莱水稻生产指导机构不健全，水稻生产技术人员较少，而我国水稻生产技术成熟先进，技术人员多，因此可聘请部分中国水稻生产技术人员为文莱水稻生产指导机构工作。中国方面应加大政府帮扶力度，但不应过于注重项目实施的经济收益，应侧重于通过该项目为文莱解决粮食问题，从而增进两国友谊，并推动其他合作项目的发展。

从修筑田埂、平整田面开始着手，加强农田水利设施建设。应合理利用雨季安排水稻生产，使施肥喷药等技术措施得以有效实施，有利于高产稳产。

3. 建立水稻生产示范基地，组织农民参加培训

文莱水稻单产较低，管理粗放是主要原因之一。因此，可通过文中两国的项目合作，建立水稻高产基地。组织专家对当地农民进行相关知识的授课，并在水稻生产示范基地进行参观和实习，以提高水稻生产技术水平，从而提高水稻产量。

4. 选种适宜品种，确保生产物资供应

应针对文莱日照时间长、温度高等气象特点及文莱国民对米质的要求，选择种植优质高产感温型品种，并进一步试种和筛选，确保选出适种品种的同时，总结高产栽培技术，以大幅度提高水稻产量。同时，应确保种子、肥料、农药、农机、农具等生产物资的供应，以适应文莱水稻发展的新形势，保证水稻发展规划的顺利实施。

第二节　文莱渔业发展前景

一、文莱渔业概述

（一）渔业资源概况

文莱地处东南亚中心位置，海洋渔业区内有丰富的渔业资源。文莱海岸线沿岸覆盖有 18 418 公顷保存最好的红树林，有大量的虾苗和鱼苗繁殖。文莱海域没有污染，又无台风、地震等自然灾害袭击，非常适宜开展海洋捕捞和鱼虾养殖。据文莱渔业局统计，文莱海域最大可捕捞量（MEY）约 21 300 吨，文莱海域还是金枪鱼徊游的途经之路，有丰富的金枪鱼资源。

（二）文莱渔业经济概况

传统上，文莱是一个经济结构比较单一的国家，其经济主要建立在传统农业和沿海渔业的基础上。海水鱼是文莱人民的主要蛋白质来源，是地区内人均水产品消费量最高的种类之一，每年约 45 公斤。20 世纪初叶文莱境内发现石油和天然气后，文莱经济开始转向主要依赖于石油、天然气的出口。2008 年，文莱出口总额为 149 亿文元（约合 120 亿美元），其中，原油出口创汇占出口总额的 53.2%，液化天然气占 44.6%。近年来，文莱政府逐步加大实施经济多元化战略部署的力度，力求改变经济过于依赖石油和天然气的单一经济模式。经多年的努力，虽然目前其经济结构还以油、气收入为主，但正逐步开始由传统的单一经济向多元化经济模式转变。

渔业是文莱最具有发展潜力的产业之一，是文莱实施经济多元化战略的重要组成部分。文莱于 1966 年成立渔业局，隶属于文莱工业与初级资源部（MIPR）。渔业局的主要职责是负责监督渔业的发展，并协助企业扩大生产以满足本地与出口市场需求；策划和从事系列发展项目，以增加生产并利用各种利基市场；根据地区与国际海洋公约制定各种渔业法规等。凭借得天独厚的地理位置，文莱希望成为地区海产品加工和进出口的中心。文莱政府制定了政策鼓励商业渔场开发，推动海产品加工业的发展，推动包括建设鱼类储存及批发中心和地区海产品进出口中心的开发项目。到 2012 年，文莱渔业总产值从 20 年前的 1 700 万文元增至 8 200 万文元，增长近 5 倍，约占文莱国内 GDP 总量的 3% [数字根据国际货币基金组织（IMF）公布的 2012 文莱经济总量（PPP. 209.69 亿美元）换算]。其中，捕鱼业占总产值 88%，约 7 200 万文元，水产养殖业占 4%，约 300 万文元，海产加工业占 8%，约 600 万文元。21 世纪初，文莱的鱼类产品自给率只有 50% 左右，近几年，文莱鱼类产品自给率已达到 90%。此外，亦有数据称，目前文莱渔业年均产值约 2 亿文元，2008 年鱼产品供应量 1.747×10^4 吨，自给率达 92%，

（三）文莱的水产养殖业

为保护海洋渔业资源，实现可持续发展，近年来，文莱将水产养殖业确定为发展渔业、为国民经济做贡献的“主力军”之一。渔业局大力吸引本地和外国投资，建立养殖场，配套建设道路、电力和海水供应的基础设施，建立科技园区等。文莱政府已着手建设农业科技园，以期吸引国外农业、渔业和森林领域的生物科技公司进驻，并将斥资数百万元新设水产园区，主攻高价鱼种的养殖。为配合国内的农、渔业发展，政府也将设立农产试验室，以支援养殖、畜牧、种植业的科学发展及监督农药残余问题。根据文莱渔业局预测，水产养殖业的潜在价值为每年 7 100 万文元，到 2023 年，文莱水产养殖业总产值有望达到 2 亿美元，达到整个渔业的一半。

文莱政府鼓励以出口为主的高档水产品养殖业，如海虾与名贵海鱼的生产。其海水水产养殖品种主要以文莱当地的虎虾（tiger prawns）以及墨西哥湾蓝虾（Gulf of Mexico blue shrimp）为主，此外，利用文莱海域优越的地理环境与气候条件，通过与中国等国家开展技术交流进行深水网箱养殖也发展较快。养殖品种包括金目鲈（Gold perch）、红曹（Lutjauus sauguaueus）红鸡（Lutjauus gibbus）、金鲳（Trachauotus ovatus）、银鲳（Pampus argeuteus）、老虎斑（如 iuephelusfuscoguttatus）、老鼠斑（Chromileptes altivelis）和青斑（如 iuephelus awoara）等。2012 年 10 月，由中文合资的金航（文莱）海洋生物有限公司利用深水网箱养殖的 45 吨石斑鱼首批出口中

国香港。

文莱淡水养殖面积很少，产量也较小，但文莱淡水资源丰富，政府也鼓励养殖生产观赏鱼如日本锦鲤、金鱼及其他胎生品种。

总体说来，文莱水产养殖业仍处于起步阶段，基于财力及技术所限，大部分水产养殖场长期以来无法取得突破性的业务进展。如能攻克技术瓶颈，加大投资力度，文莱的水产养殖业存在极大的发展空间。

（四）文莱的对外渔业合作

文莱政府鼓励与国外进行渔业合作。除制定政策鼓励与外国公司合作，共同进行第三、第四海区的商业渔场开发外，还期望利用其特殊的地理位置，将文莱发展成为地区性海产品加工与进出口中心。2009 年 3 月，文莱启动水产中心项目建设，项目包括 2 个 100 吨冷冻库，3 个 20 吨冷冻库，总投资 480 万文元，能够给本地海产业提供仓储、加工支持。同时，文莱政府积极加强与南海周边国家的渔业合作。2007 年，文莱与印度尼西亚首次提出进行渔业技术与贸易合作的提议。此外，文莱与越南、泰国、菲律宾等国也签署了渔业合作协议或备忘录。

文莱政府自 1999 年开始与来自美国夏威夷的水产专家合作，在文莱开展墨西哥蓝虾养殖，历经十几年的发展，如今，墨西哥蓝虾已成为文莱的主要水产养殖品种。文莱与美国在虾类养殖方面一直保持密切的合作关系。2006 年，文莱渔业局聘请一家美国渔业渔产公司（Integrated Aquaculture International）提供高科技养虾专业咨询服务，以推进文莱养虾业发展，改进养虾技术，促进相关产品出口海外市场。

2010 年，文莱渔业局又与美国 Darden Aquafarm Inc 公司签订协议，共同开展龙虾养殖合作。由于文莱地区的虾产品质量优、产量高，而且欧洲市场的虾销售价格较高，文莱渔业局把欧洲作为未来文莱虾产品发展的潜力市场。尽管文莱虾已经符合了诸如美国、日本和韩国对于出口食品的安全和质量标准，但鉴于欧洲市场对食品进口的标准最为严格，政府正在积极努力使文莱虾产品达到出口欧洲的标准。

二、文莱渔业的发展

（一）中国与文莱渔业合作的互补性

中国与东盟签订的《中国—东盟全面经济合作框架协议》对加强中国与东盟各国的渔业合作具有重要意义。落实中国东盟自由贸易区有关协议，促进中国东盟自由贸易区顺利建成，加强与包括文莱在内的东盟各国渔业合作，兴办独资、合资、合作企业，将更快促进区域内渔业的发展，提高区域内水产品在国际市场上的竞争能力，加快中国—东盟自贸区建设进程。

文莱全国有30多家企业投资海产品养殖，建有50多个鱼虾养殖场，主要养殖虎虾、蓝虾、石斑鱼等名优品种，产品除本地销售外，还出口到美国、中国台湾、日本、马来西亚和新加坡。随着全球市场对虾需求的增加，文莱工业及初级资源部已开始研究引进国外投资和技术，增加养虾产量，现已在都东县规划500公顷新地作为海水养殖专用。中国和文莱两国渔业发展的差异性和互补性，决定了双方渔业合作的前景。

1. 渔业资源的互补性

在渔业方面，文莱处于热带地区，而中国海域大部分地区处于温带，双方主要的水产品种类不同，存在较强的互补性。正是这种渔业资源上的互补性，使得中国和文莱的渔业合作成为可能。区域内海洋渔业资源丰富，为中国与文莱渔业合作提供了广阔基础。

2. 渔业技术的互补性

从渔业资源开发角度来看，中国人均资源拥有量相对稀缺，渔业资源相对有限，但中国沿海渔业捕捞和养殖技术相对成熟。中国在产业层面上与文莱存在着一定互补性，在与海洋捕捞和海水养殖有关的层面上可以提供各种技术服务，这给双方在发展海洋产业方面提供了合作的领域和空间。

3. 经济发展水平与市场互补性

中国与文莱的经济发展水平不一致。从经济发展水平看，文莱是东南亚较富裕的国家。从产业结构看，文莱的主要产业是以开采石油和天然气为主，渔业生产不发达。文莱政府针对产业结构单一的问题，提出要加大实施经济多元化战略力度。而广阔的中国内地市场更可以使中国与文莱结成贸易与合作的紧密伙伴关系。

三、推动文莱渔业发展的主要途径

（一）建立完善协调政策体系

第一，要进行传统海洋渔业改造，大力发展生态型渔业。改造传统海洋渔业，抓好近海海域渔业资源的保护和恢复工作，加大渔业资源增殖力度。不断完善休渔制度，严格执行禁渔期和禁渔区等制度规定，采用科学捕捞方式，减轻近海海域渔业资源捕捞强度；重点开展近海渔业资源保护工作，规模化建设人工渔礁，逐步恢复近海渔业资源总量；进一步加强鱼类选种育种科学研究，扩大渔业养殖技术与相关设施的推广范围，以海洋渔业养殖示范区的建设为动力，促进传统海洋养殖业的转型升级；建设一批海洋水产品加工基地，以水产加工业的发展拉动养殖业的科学提升，增强国内外市场竞争力；继续加强相关扶持政策的研究、制定与实施，以高标准的渔港设施建设相配套；促进科技与渔业的进一步结合，扶持新兴渔业的发展。

第二，大力发展生态型渔业，将海洋渔业养殖与环境保护有机结合，协调好经济效益、生态效益与环境效益之间的关系。一是要根据养殖容量等海域实际情况进行适度养殖，在科学调查研究的基础上，合理规划养殖的品种、总量、布局，充分考虑养殖排污总量与近海域污染自我净化能力之间的平衡；二是要积极推广立体多元化生态养殖模式，根据生态系统之间的紧密联系，将净水微生物、海洋植物和鱼虾蟹等海洋物种进行科学混养，提高海洋水质净化能力，积极改善海域水质；三是要重点发展可沉降式水网箱养殖模式，该养殖模式一方面可以减弱赤潮、水体污染等对渔业养殖的影响，另一方面可以有效解决传统养殖模式的自身污染排放问题。

（二）强化海洋渔业环境监测的合作

依靠“南海海洋生物立体监测和信息服务中心”，实行渔业资源的多价值、一体化管理是为了实现南海渔业资源资源的充分有效利用。多价值管理的目标不是以损害海洋资源的自然价值而实现其人文价值，也不是以减少海洋资源的人文价值的同时保护其自然价值，而是既尊重海洋资源自然价值无限多样性的需求，又满足其人文价值需求为人类发展做出牺牲的特征。一体化管理，就是在南海渔业资源开发利用、环境保护和区域经济规划等方面进行综合考虑和协调，在管理上打破区域界限，实行建立在自然系统基础上的统一调度和操作实施，以确保南海渔业资源开发的程度、方法与其所依赖的自然体系的可持续性利用能力和存活能力之间的动态平衡。

（三）建立健全多方联动的防灾减灾体系

要进一步加强海洋环境状况预报工作，依托海洋预报台，配套完善卫星遥感、航空遥感、船舶、岸站、浮标组成的海洋监测网络，加强海浪、海流、海洋温、盐、声的分析、预报和风暴潮、海啸等海洋灾害性天气的预警等专业海洋预报服务，加强海洋灾害的实时与跟踪监测，有效开展海洋灾害的监测预警和防灾减灾工作。

加快建立区域联合抗灾救灾中心，利用现代化信息技术拓展信息资源网络，将海洋气象数据、交通航道、地震预报、环境保护等各类资源信息充分整合，通过信息资源网络实现相关信息的共享，进而提高对海洋气象灾害的预警、甄别、分析和处理能力；结合海域实际制定操作性强的海洋灾害应急与防范措施，并做到与时俱进，不断完善，形成有效的减灾防灾工作机制；健全海域安全搜救体系，充分利用海警部队力量和现有的民用船只，配备适合海上救援任务的导航船、救护船、打捞船等，组建安全救援快速反应队伍；加强海上搜救后勤基础设施建设，科学合理规划海上救援网点，依靠海洋信息资源共享机制，完善海上救助通信网络；加快建设以直升机、巡逻艇以及各种搜救船只为主体的海空联合搜救体系，提高区域联合救护能力。加强海洋减灾基础设施建设，继续搞好沿海防潮堤工程建设，重点加强沿海城市、低平海岸地带等重点区域的防护能力，逐步建成和完善风暴潮防御工程体系。

（四）建立健全渔业联合管理制度

健全渔业情况通报制度，加强渔业资源、渔业水域环境的管理。开展渔业政策法规交流研讨，调整重要经济鱼类的捕捞量，把捕捞量压缩到小于其种群的增长量。强化禁渔区、禁渔期的有效管理，开展常规性资源调查评估，保证可持续利用。进一步查清海区生物资源的数量、分布、大洋性经济鱼种的洄游规律及渔业资源的数量变动规律，共同协商确定争议水域附近和各国专属经济区内渔业资源的可捕捞总量，结合具体实际实施捕捞配额制度，共同发放配额捕捞许可证。调查形式采取专业科研调查与群众生产渔情监测相结合，生产、管理与科研部门相结合，以大宗鱼类、优质品种的生物资源调查为主，先外后内，以外海区、争议区、重叠区为重点，以定期与不定期、定性与定量相结合的办法进行调查。

联合各方渔业主管部门加强人工渔礁建设，保护渔业资源。人工渔礁对于海洋生态环境修复有重要作用，主要工作机理是制定强制措施，阻止渔船沿海脱网作业，达到保护幼小鱼类的目的。周边国家及地区可以考虑共同设立南海渔业资源开发与保护基金，定期开展投放人工渔礁、培育和放流优质苗种等渔业增殖活动，修复渔业资源数量。此外，各方应就可获得的科学情报、渔获量和渔捞努力量统计以及其他有关鱼类种群养护的资料，经常进行交换和交流，健全区域性渔业资源动态监测站网，联合开展随船监测与岛礁建站相结合的机制，逐步在各渔场建立渔业监测与管理补给基地，实现渔业生产的可持续发展。

（五）加快渔业科研进度、促进相关技术跨区域流动

推进关键应用技术的开发研究。要通过相关科技政策的引导，有针对性的组建科研队伍，着重研究开发渔业资源开发与保护工作中的关键技术，推动海洋科技产业化程度的提升和海洋环保能力的增强。要开展海岸带资源利用技术研究，特别是加强区域海岸带环境污染实时监控技术研究，提高近海渔业资源可持续利用效率。积极发展基因工程等育种技术，引导渔业养殖技

术向高新技术产业转化，进一步提高海洋渔业资源开发深度。进行遥感和自动监测等高新技术的研究，大面、高效、长期、连续获取海洋环境资料，科学、有针对地分析海洋生态环境状况。

比如涉及海洋灾害的预报技术、近海岸污染检测技术、突发性海洋环境污损时间应急监测技术等等，一般情况下，这些重要的科研课题一旦结题，往往按兵不动，没有进一步将其转化为科技应用，造成某种程度上的浪费。这样下去，对海洋环保技术的进一步研究开发有一定消极影响。南海周边国家及地区在联合推进海洋环境监测工作发展的同时，要整理好研究发展思路，注意吸收国家技术成果转化的经验成果，做到环境监测技术研究开发与实际能力相匹配，同时确定业务转化基地，尽快将已开发成果转化为渔业科技生产力，加快形成科学研究与业务开发相结合、科研成果迅速转化进入业务化应用的机制，借海洋环境保护技术业务化提升促科技成果的形成，依靠科技成果的转化带动业务化水平的提高。要建立各种形式的海洋科技市场，健全科研成果转化的中介机构，提高海洋科技成果的转化率，促进相关技术跨区域流动，进而带动整个南海区域渔业科技的迅速发展。

第三节 “中文”产能合作

一、中国与文莱关系的发展趋势

（一）政治上相互尊重与信任，为建立稳定的中文关系打下坚实基础

中国与文莱建交以来由最初恢复传统的睦邻友好关系发展成“好朋友，好邻居，好伙伴”，两国实现了政治互信，领导人之间相互尊重并建立了深厚的友谊，取得如此显著的外交成果与两国几代领导人的共同努力分不开，从外部因素而言，与中国在东南亚的软实力不断增强分不开。美国著名国际关系学者约瑟夫奈评价说：“近年来，中国对世界其他国家的吸引力逐步增强。巨大的经济成就，再加上中国文化特别是传统文化，都使这种吸引力越来越大。中国实行了一系列对其他国家而言具有吸引力的政策，对东南亚国家尤

为如此。”中国政府一直秉承“国家有大有小，人口有多有少，力量有强有弱，但是只要相互尊重，平等相待，求同存异，就可以成为好邻居、好朋友、好伙伴”的外交理念，受到文莱苏丹的高度赞赏，同时还高度评价和充分肯定东盟在国际和地区合作中的重要地位和作用，为未来中国与文莱关系的进一步稳定打下了坚实的基础。

（二）中文关系逐渐上升至战略合作的新高度

文莱因石油和天然气的出口而富甲一方，据统计，每年石油和天然气出口为政府创收的外汇占全国外汇总额的70%以上，是典型的单一出口经济模式。但文莱其他行业发展相对落后，从1975年起，文莱就致力于产业结构多元化，并积极引进外国投资和先进技术。发展同其他国家各个行业的合作已上升为文莱的重要经济战略。随着中国与东盟区域经济合作不断深入，中国与东盟已成为战略合作伙伴关系，中国与文莱在各个行业也体现出合作不断加深并走向战略合作趋势。在中国文莱首次经贸磋商中文莱向中方介绍了文莱《2035宏愿》，包括在交通、电信、制造业、贸易、金融、教育、基础设施建设等领域的发展设想。中国企业在基础设施建设领域有很强竞争力，双方在石油化工、港口建设等多个方面可加强合作，将双边经贸关系提升到新的水平。根据世界经济论坛10月8日公布的2008—2009年报告，文莱首次参加全球竞争力排名，列第39位，其中宏观经济稳定性指标排名全球第二。文莱工业与初级资源部部长叶海亚发表评论，评估报告反映出文莱经济多元化进程取得了较理想成果。这些成果的取得必定离不开中国与文莱的密切合作，中文合作将朝着更广阔的前景迈进。

（三）泛北部湾区域经济合作为中文合作提供广阔平台

中国经济持续不断地增长，亚洲国家逐渐意识到中国正成为亚洲区域经济发展的动力。同时北美和西欧区域经济一体化不断加深以及激烈的全球经济竞争，东盟国家也开始考虑与中国建立密切的经济关系来维持他们自己的经济发展。与此同时，中国也积极投身于区域合作并致力于区域经济发展，在中国—东盟商务与投资峰会上，前国家总理温家宝提出了“积极探讨开展泛北部湾经济合作的可行性”倡议，得到了包括文莱在内的东盟各国领导人的积极响应。“泛北部湾合作”总体上可纳入中国—东盟战略伙伴关系和“中国—东盟自由贸易区”框架内，在经济合作的基本制度、规划和建设进程安排，如货物贸易、服务贸易、投资等方面，遵循中国—东盟自由贸易区建设的原则和制度安排，在这些方面不另起炉灶。从而大大方便了中国与文莱在经济方面的交流，成为文莱经济走向中国，走向东盟，走向世界的窗口。在泛北部湾经济合作中，潜在的合作领域还覆盖到能源（煤、石油和天然气）、港口开发、海洋和航空运输、旅游和文化交流、农业和海洋捕捞、海洋资源的开发和保护、贸易便利化等。中国有些企业已经达到国际水平，拥有一批技术较强、制造成本低廉、具有国际竞争力的制造业企业，文莱可以根据自身发展经济的需要，制定出愿意与中国相关产业合作的目标和提出具体项目，组织双方企业进行产业合作洽谈。

二、中国与文莱的经贸合作关系

（一）中国与文莱的经济合作

1. 相互投资

到目前为止，已先后有华为公司办事处、中兴公司驻文莱办事处、中原对外工程公司经理部、中海油（文莱）有限公司、中铁二局深圳港创公司文莱公司、天狮（文莱）公司和龙胜公司等 7 家中资机构在文莱注册从事经营活动。其中，华为公司自 2001 年拓展文莱市场。2003 年，文莱政府批准华为公司承担价值 2000 多万美元的“下一代网络”项目，提供话音业务和宽带上网服务设备，成为两国最大的技术合作项目。2005 年，文莱政府又批准华为公司承担“第三代移动系统”项目，提供覆盖文莱全国的网络设备。此外，中兴公司也于 2005 年进入文莱市场投标竞争文莱第二个 3G 项目。中海油文莱公司于 2005 年开拓文莱市场，重点与文莱公司合作投标海上安装、陆上建造平台等项目。中铁二局港创公司于 2006 年进入文莱市场，并与文莱经济发展局签订了承建都东—诗里亚公路 18 公里路桥改造项目，项目合同额 8 900 万文元。另外，该公司还在争取文莱的民用住宅小区和城市下水道工程等项目。

尽管中国企业对文莱的投资已取得一定的成效，但尚处于起步阶段，投资领域主要集中在电讯、建筑等行业。至 2007 年 9 月底，中国累计在文莱非金融类投资 340 万美元。就目前而言，中国企业在文莱的投资经营的项目数量少、投资规模有限，在文莱的外资中的比重甚小，2004 年占 1.4%，2006 年仅占 1.1%。

相对而言，文莱企业对华投资起步较早，在投资项目数和投资额方面也有较大的增长。截至 2002 年底，文莱在华投资项目 67 项，协议投资金额 1.1 亿美元，实际投入 1 700 万美元。2004 年 1 ~ 4 月，文莱对华投资项目数为 39 个，合同外资额 7 820 万美元，实际投入外资 1 808 万美元，创历史新高。截至 2004 年 4 月底，文莱累计对华投资项目数总共 121 个，实际投资总额为 3 942 万美元。2005 年 1 ~ 6 月，文莱在华投资项目增加 112 个，合同外资额 3.37 亿美元，同比增长 18.41%，实际利用外资额 0.72 亿美元，同比增长 108.37%。对华投资项目与投资额的不断增长，反映出文莱企业家对中国经济发展充满信心。至 2007 年 9 月底，文莱在华投资项目 1 219 项，累计实际投入 8.5 亿美元。

2. 承包劳务

在中文两国企业在对方国家进行投资兴办实业的同时，两国在承包工程和劳务方面也展开了密切的合作。截至 2001 年底，中国在文莱承包劳务合同 24 份，合同金额 1.1 亿美元，完成营业额 8 649 万美元。2003 年 1 ~ 5 月，中国与文莱新签承包劳务合同 4 份，合同额 125 万美元。截至 2003 年 5 月底，中国与文莱共签承包劳务合同 30 份，合同金额 11 211 万美元，完成营业额 8 698 万美元。截至 2004 年底，中国企业在文累计签订承包工程合同金额 1.23 亿美元，完成营业额 0.93 亿美元。到 2005 年 6 月底，中资企业在文莱承包工作合劳务合作合同金额 1.32 亿美元，完成营业额 0.97 亿美元。至 2007 年 9 月底，中国在文莱共签订劳务承包合同金额 1.4 亿美元，完成营业额 1.13

亿美元。

3. 旅游合作

自 1995 年起，文莱政府就开始强调注重旅游产业发展。虽然这一新兴产业的起步较晚，但发展迅速。这一方面得益于文莱本身所具有的独特伊斯兰历史文化和自然旅游资源优势，另一方面也是文莱政府积极推动、努力拓展的结果。

据统计，从 1995—2000 年的 5 年间，前往文莱的中国人数为 8388 人，年均 1600 余人。2000 年 11 月 17 日，中国与文莱签订了《中国公民自费赴文莱旅游实施方案的谅解备忘录》，文莱成为中国公民自费旅游的目的地国家之一。据中国方面的估计，自 2002 年以来，每年前往文莱旅游的中国人数估计有 2 万人次，每年到中国旅游的文莱人数也约有 1 万多人。另据文莱旅游局负责人表示，2006 年文莱的中国游客人数达 25 000 人，成为继马来西亚与新加坡之后文莱第三大旅游客源国。到 2007 年，文莱的入境游客仍是马来西亚高居榜首，达 4.49 万人，同比增长 12.5%；中国（含香港）游客 2.99 万人次，同比增长 40%，并已取代新加坡成为文莱第二大游客来源国。另据统计，2008 年 1 ~ 2 月中国内地和中国香港游客已占到来文游客总数的 46.6%。

（二）影响未来中文经贸关系发展的主要因素

1. 中国—东盟关系走势

文莱自独立后一周之内即加入东盟，在外交、外贸等方面均以东盟为基石，在东盟对外关系框架下开展各项对外活动。可以说中国与东盟关系的走势对中文经贸关系影响甚远。中国与东盟关系经历了非凡复杂的发展过程，双方受冷战及意识形态等因素的影响，一度相互对抗、怀疑。后来随着冷战的结束，双方关系逐渐缓和，到了今天，中国不但与东盟建立了战略合作伙伴关系，并且成为东盟最大的贸易伙伴。中国与文莱的经贸关系也经历了类似的发展过程。1984 年文莱独立后，与中国并无过多的商贸往来，只维持着数额较小的商品贸易，受国际因素影响，此类贸易还需经新加坡、中国香港等地进行转口，这类现象一直持续到1988年。此后冷战局势逐渐缓和，中文两国贸易也随着中国与东盟关系的发展出现较大的增长。1988年中文两国进出口贸易总额为901万美元，较上一年度增长近700万美元，到了1995年，两国贸易总额达到3 450万美元，此后，除受1998年金融危机影响的几年时间外，两国贸易总额总体呈上升趋势。由此可见，两国贸易额随着中国与东盟总体关系而起落，这种关系对今后两国经贸关系的发展同样影响深远。

2. 中国与文莱在南海问题上的合作与分歧

南海问题涉及“六国七方”，其中文莱属于“温和派”，其与中国在南海的利益冲突不像越南、菲律宾等国那样激烈，但文莱石油大部分出自南海，可以说其位于南海的油田是文莱经济发展的生命线，南海地区安全则是文莱海上安全政策的大环境与大背景。两国在南海问题上既有分歧也有合作，20世纪80年代，文莱先后两次照会中国外交部，宣布其在南海地区的权利主张，到了90年代，不仅将南通礁划入专属经济区内，更是通过购买水面舰艇、战机等方式来宣示其捍卫既得利益的决心。目前，文莱绝大部分油气出产于其位于南中国海的海上油田，多年来，文莱已从我国南海海域攫取了大量油气资源，损害了我国国家利益。虽然文莱已经提出了对南沙岛礁的占有权，但因其军事力量有限，并无实际占领能力。为了维护其继续在南海开发油气资源的利益，文莱在南海问题上实行了“大国平衡战略”和“集体安全”的外交政策，意图以此来拉拢域外势力，抵消来自中国的影响。比如，将争议海域油气资源的勘探权及开采权授予欧美等国跨国公司，使得本就复杂的南海形势更加复杂化。但与此同时，中文两国出于维护自身在南海地区的利益需要，又常常进行合作，比如在菲律宾提出的“南海仲裁案”问题面前，文莱选择了支持中国政府的立场，以此换来了中国对文莱在南海开采石油的默许以及对文莱发展多元化经济的支持。目前中文两国由于经济上的合作需要，逐渐掩盖了其他次要的安全问题，但双方在南海问题上的分歧与合作仍是影响两国经贸关系发展的重要因素。

3. 中国对外经济发展战略选择的影响

中国经过改革开放几十年来的发展，产业结构及经济发展方式已经不再适合生产力发展的需要，像钢铁、建筑等行业产能过剩已经成为阻碍经济良性发展的障碍。为了转移过剩的产能、发挥数额庞大的外汇资产优势，中国适时提出了建设“一带一路”的倡议和成立亚洲基础设施投资银行（AIIB）的战略任务。它们的提出无疑是为了更好地配合“走出去战略”的实施，将国内相关产业过剩的生产力转移到“新海上丝绸之路”沿线需要的地区，此举不仅可以给我国创造一定的外汇收入，更重要的是可以增加我国企业走出去的机会，锻造企业优良品质，提升中国在国际事务中的影响力和话语权。在21世纪海上丝绸之路的建设规划中，文莱是其中重要的一环，通过建设海上丝绸之路，不仅可以提高文莱企业、民众对中国的认知度，还可以加强双方在经济合作方面的水平和力度。通过海上丝绸之路的建设，可以为文莱带来中国雄厚的资本、先进的技术、成熟的管理经验，从而为其发展水稻种植业、渔业养殖、清真食品加工、建筑业、工业制造业等行业的发展提供支持，促进文莱经济发展、实现经济转型的目标。所以，中国对外经济发展战略的选择将会对中文两国经贸合作产生巨大影响。

（三）中国与文莱双边贸易合作发展的提升路径

1. 增强政治互信携手共谋互利合作

建交以来，中文两国政府是双边贸易合作发展的有力保证和强劲动力，两国政治关系友好，文莱苏丹曾10余次访华，重视同中国政治经贸关系的发展。在南海问题上，文莱政府遵循在《南海各方行为宣言》框架下就“南海行为准则”进行和平友好磋商，维护地区和平发展。2014年，中国政府的“一带一路”倡议也得到文莱政府的积极响应与热忱参与，与文莱“2035宏愿”战略良好对接。在未来双边经贸合作中，秉持互利共赢合作理念，中文两国应加强政府间高层互访，增进政治互信，推动民间往来与交流，夯实民意基础，构建部门间对话协商机制，为经贸合作发展营造良好社会氛围，搭建“中文双边经贸合作信息平台”，创新经贸合作新模式，深化务实合作，使经贸合作成为两国政治关系的物质保障和两国人民福祉的重要源泉。

2. 提高商品质量与层次

文莱位居世界高收入发达国家前列，人民生活富足，消费层次较高，对商品质量、档次、服务尤为关注，对此，中资企业开发文莱市场时应顺应经济发展特征及趋势，了解和尊重当地消费者习俗与偏好，重点扩大高端制造业商品出口，包括中国各类富有竞争优势的资本与技术密集型产品出口，如电子设备、机械制造等。长期以来，美国、新加坡、意大利和日本等发达国家早已进入文莱市场，中资企业面临激烈的国际竞争，顺应形势、统筹规划、合理定位、细分市场、优化结构，提升质量和层次，以质取胜，增强服务意识，树立品牌意识。同时，鉴于文莱民族宗教特征，可积极拓展双方在清真类商品的贸易合作。

3. 深化双方产能合作

2015 年 5 月 16 日，中国国务院出台《关于推进国际产能和装备制造合作的指导意见》，国际产能合作将成为新形势下中国对外经贸合作发展的重要方向，油气资源开发合作成为国际产能合作的重要部分。文莱蕴藏着丰富油气资源，为东南亚第三大产油国和世界第四大天然气生产国，开采加工前景广阔，增强区域产能合作是文莱当前经济发展的需要。近年来，文莱政府正实施经济多元化战略，专门成立经济发展局负责产业规划和对外招商引资工作，与中国“国际产能合作”高度吻合。在 21 世纪海上丝绸之路合作倡议框架下，中国愿意与文莱秉持“共商、共建、共享”合作理念，深化油气资源领域合作，实现合作双赢与共同发展。

三、中国与文莱石化合作的基础

（一）中国与文莱经贸、人文合作发展良好

中国与文莱经贸、人文合作环境良好。2014 年文莱的投资环境指数为 73.5 在亚洲是第五名。其中中国是第 11 位，新加坡、新西兰、中国香港特区和澳大利亚是前四名。中国文莱外贸合作源远流长，并且两国的合作在深

度和广度上逐步扩大，比如旅游业和投资，不仅仅在原油产业其他方面的合作也在增加。中国和文莱在 1991 年正式建立外交关系，两国的领导人曾经多次开展国事访问，两国的政治关系越来越密切，同时在经济、文化等领域的合作强度都在加大。与此同时文莱国内的中国游客数量已经超过 4 万人 / 年，中国是文莱外国游客的主要来源。文莱希望与中国展开多方面深入的合作关系，比如：农业、饮食、教育、旅游等领域。在原油领域，英国的壳牌原油公司一直处于垄断地位，为了削弱其垄断地位，保护本国能源以及经济实力文莱政府出台了一系列的税收、投资优惠政策。中国对于文莱地区也有浓厚的投资兴趣，2015 年中国对文莱地区的投资金额已经达到 960 万美金，而 2016 年第一个季度已经达到 8 610 万美金。

（二）中国与文莱能源消费结构互补性强

根据资源禀赋理论，原油是文莱国内资源丰富的原材料，也就是具有资源禀赋，在当地进行原油的开采以及原油上下游产业的加工其成本会相对低廉，并且将原油极其附属产品进行出口。而中国和文莱相比拥有较先进的开采技术、设备、相对充足的投资资金，同时也有管理、经营经验丰富的人力资源。而文莱在原油等自然资源方面具有比较优势，两国的合作便是比较优势的实际应用。

原油是文莱国内最丰富的矿产资源，据统计位于海域的油田大概有 40 个，海底输油、气管道 1 300 公里。1980 年，文莱原油和天然气的产值占到 GDP 的 83 070。同时由于国内消费量小而绝大部分出口外销。总的来讲，文莱石化资源丰富但是经济过于单一，需要外国投资推动石化业的转型与升级，和中国相比有很强的互补性，合作可以双赢。

中国和文莱的能源结构不同，在中国煤炭是主角，油气、水电起辅助作用，煤炭利用率低并且在使用过程中会污染环境，而在文莱国内油气是主要的能源。中国对原油等能源的需求量大，但是国内的产量短时间内不能提高，人均占有量不足需要大量进口，而文莱恰好拥有足够的原油资源，并且政府鼓励海外投资。中国相对对完善的原油服务和文莱相对丰富的原油资源形成了资源互补。

参考文献

[1]S. M. 沙伊尔，叶德泉. 印度尼西亚的采矿业 [J]. 南洋资料译丛，1960（2）：124—129.

[2] 爱丽. 论泰国旅游业发展及其对泰国经济的影响 [D]. 吉林大学，2014.

[3] 白永秀，王颂吉. 我国经济体制改革核心重构：政府与市场关系 [J]. 改革，2013（7）：14—21.

[4] 包茂红. 菲律宾有机农业的兴起与发展 [J]. 亚太研究论丛，2016（1）.

[5] 本刊. 菲律宾农业发展前景广阔 [J]. 时代金融，2015（7）：55—55.

[6] 彼得·麦克柯莱，许衍敦. 印度尼西亚工业化的发展与前景 [J]. 东南亚研究，1981（2）：53—75.

[7] 卞延龄. 马来西亚建筑市场探析 [J]. 国际工程与劳务，2004（5）：39—41.

[8] 陈超. 南海渔业资源开发与保护国际协调机制研究 [D]. 广东海洋大学，2013.

[9] 陈丽娜. 中国与东南亚经济合作模式与机制研究 [D]. 东北师范大学，2006.

[10] 邓淑碧. 柬埔寨农业的发展 [J]. 东南亚南亚研究，1996（2）：30—32.

[11] 丁爱平. 历史文化与柬埔寨旅游业的发展 [J]. 东南亚纵横，2002（2）：40—42.

[12] 丁志军. 新加坡裕廊岛工业园成功因素分析 [J]. 东方企业文化，2011（23）：80—81.

[13] 杜宇霞，项文娟. 中国与东南亚地区国家贸易现状分析 [J]. 现代经济信息，2016（13）：155—156.

[14] 顾昕. 泰国的医疗救助制度及其对我国的启示 [J]. 中国行政管理，2006（7）：73—77.

[15] 韩杨，杨子江，刘利. 菲律宾渔业发展趋势及其与中国渔业合作空间 [J]. 世界农业，2014（10）：56—61.

[16] 韩杨，张玉强，刘维，等. 中国南海周边国家和地区海洋捕捞渔业发展趋势与政策——基于中国与印度尼西亚、菲律宾、越南、马来西亚、文莱、中国台湾地区的比较 [J]. 世界农业，2016（1）：102—107.

[17] 侯献瑞. 印度尼西亚发展旅游业的策略和措施 [J]. 当代亚太，1998（4）：42—45.

[18] 黄昌. 柬埔寨农业现状及发展机遇 [J]. 农家科技，2008（4）：52—53.

[19] 黄丹. 柬埔寨入境旅游市场分析 [J]. 旅游纵览（下半月），2012（3）：29—30.

[20] 黄友兰，陶氏幸，余颜. 越南电子信息产业发展的机遇与挑战 [J]. 重庆邮电大学学报（社会科学版），2013，25（5）：137—141.

[21] 吉香伊. 印度尼西亚工业化的进程和发展策略 [J]. 东南亚纵横，2017（3）：24—28.

[22] 孔远志. 印度尼西亚的旅游业 [J]. 当代亚太，1992（4）：66—69.

[23] 李东，栾雅钧. 浅议中国与东南亚国家的国际贸易关系 [J]. 东南亚研究，2001（4）：77—80.

[24] 李好. 未来几年老挝投资环境及投资建议 [J]. 广西大学学报（哲学社会科学版），2014，36（3）：42—50.

[25] 李华，夏申. 试析马来西亚的投资法律环境 [J]. 亚太经济，1989（2）：35—38.

[26] 李磊. 新加坡与泰国医疗救助的经验及其启示 [J]. 经济研究导刊，2012（3）：213—214.

[27] 李秋月. 柬埔寨旅游业发展现状及分析 [J]. 中国商论，2011（9）：148—149.

[28] 李瑞霞. 泰国旅游业发展经验及其借鉴 [J]. 消费导刊，2008（3）：12—13.

[29] 李晓伟. 中国与东南亚合作的地缘战略思考 [J]. 云南民族大学学报（哲学社会科学版），2008，25（3）：68—73.

[30] 李中. 我国经济发展方式转变中的制度创新 [D]. 中共中央党校，2012.

[31] 林草. 文莱农业生产与森林资源保护利用概况 [J]. 世界热带农业信息，2004（11）：28—28.

[32] 林丽钦.新加坡裕廊石化产业集群的发展及启示 [J].石家庄经济学院学报,2011,34(3):74—78.

[33] 林梅. 印度尼西亚工业化进程及其政策演变 [J]. 东南亚纵横，2011（6）：11—15.

[34] 林勇新. 菲律宾渔业发展态势研究 [J]. 南海学刊，2015，1（1）：105—110.

[35] 刘才涌. 新加坡生物医药业的发展及其措施 [J]. 东南亚南亚研究，2003（2）：24—27.

[36] 刘晓炜，张慧. 企业对东南亚投资与贸易的法律风险控制 [J]. 中国律师，2013（11）.

[37] 刘妍，赵帮宏，张亮. 中国投资老挝农业的环境、方向与战略预判 [J]. 世界农业，2017（1）：198—203.

[38] 罗满秀，汤希. 论中国与文莱关系特点及前景 [J]. 长春工程学院学报（社会科学版），

2009, 10（2）: 31—34.

[39] 马琳，孙磊，晏世卿. 老挝旅游业投资环境分析——基于 PEST 分析法与等级评分法 [J]. 对外经贸, 2015（10）: 16—20.

[40] 牧野. 马来西亚房地产市场纵览 [J]. 东南亚研究, 1994（z1）: 14—15.

[41] 钱淑萍. 我国经济发展方式的转变及其财税政策研究 [D]. 江西财经大学, 2009.

[42] 史晓丽，祁欢. 国际投资法 [M]. 北京: 中国政法大学出版社, 2009.

[43] 孙仁金，陈焕龙，吕佳桃. 印度尼西亚石油天然气开发管理与对外合作 [J]. 国际经济合作, 2008（8）: 81—86.

[44] 孙雨嘉. 中国与东南亚农业合作展望 [J]. 经济研究导刊, 2007（1）: 37—39.

[45] 谭家才，韦龙艳. 柬埔寨投资法律制度概况 [J]. 中国外资, 2013（24）: 178—179.

[46] 唐莉霞. 泰国旅游业发展的原因和正负面影响 [J]. 东南亚纵横, 2004（7）: 29—32.

[47] 汪巍. 中国与东南亚地区安全合作发展趋势 [J]. 和平与发展, 2011（3）: 68—71.

[48] 王丽萍. 我国经济增长模式转变研究 [D]. 南开大学, 2012.

[49] 王敏, 丁杨, 张俊华. 泰国医疗卫生志愿者体系及其对我国的启示 [J]. 中国卫生人才, 2012（10）: 84—85.

[50] 文苑. 文莱农业生产现状 [J]. 世界热带农业信息, 2004（12）: 3—4.

[51] 吴崇伯. 印度尼西亚经济的新支柱——旅游业 [J]. 外国经济与管理, 1996（6）: 47—48.

[52] 吴崇伯. 印度尼西亚旅游业发展及其与中国在旅游业的合作 [J]. 广西财经学院学报, 2012（4）: 7—11.

[53] 吴世韶. 中国与东南亚国家间次区域经济合作研究 [D]. 华中师范大学, 2011.

[54] 谢无忌. 印度尼西亚的工业化进展和对外贸易结构的变化 [J]. 南洋资料译丛, 1979（3）: 79—88.

[55] 徐艳文. 柬埔寨的道路交通 [J]. 交通与运输, 2015, 31（6）: 69—70.

[56] 杨海. 论我国与东南亚能源合作的几个问题 [J]. 中国社会科学院研究生院学报, 2007（2）: 129—134.

[57] 杨扬，孙磊. 印度尼西亚旅游业投资环境分析——基于等级评分法 [J]. 山西农经, 2015（6）: 33—35.

[58] 尹必健. 印度尼西亚农业发展概述 [J]. 粮食流通技术, 2011（6）: 38—40.

[59] 余宏婧，孙山. 泰国旅游业发展现状与优化策略研究 [J]. 旅游纵览（下半月），2015（10）.

[60] 袁超飞，王小烈，邢佳韵，等. 印度尼西亚固体矿产开发现状与前景分析 [J]. 中国矿业，2017，26（11）：113—117.

[61] 云海. 中国企业在老挝投资的环境分析与产业选择研究 [D]. 昆明理工大学，2012.

[62] 郑国富. "一带一路"建设背景下中国与文莱双边贸易合作发展的提升路径 [J]. 东南亚纵横，2016（4）：55—59.

[63] 钟鸣长，郑慕强. 美国金融危机对泰国金融业的影响 [J]. 东南亚纵横，2009（12）：11—13.

[64] 钟税针. 中国与文莱双边贸易合作发展的提升路径研究 [J]. 现代商业，2017（8）：33—35.

[65] 周国列. 文莱水稻生产现状及发展思路 [J]. 南方农业学报，2011，42（1）：114—116.

[66] 周雨思，阮雯，王茜，等. 文莱渔业近况与发展趋势 [J]. 渔业信息与战略，2013，28（4）：312—316.